U0720008

清 張廷玉等撰

第六册

卷六四至卷七六（志）

中華書局

明史卷六十四

志第四十

儀衞

周官，王之儀衞分掌於天官、春官、夏官之屬，而蹕事則專屬於秋官。漢朝會，則衞官陳車騎，張旗幟。唐沿隋制，置衞尉卿，掌儀仗帳幕之事。宋衞尉領左、右金吾衞司，左、右金吾仗司，六軍儀仗司，主凊道、徼巡、排列、奉引儀仗。元置拱衞司，領控鶴戶，以供其事。歷代制度雖有沿革異同，總以謹出入之防，嚴尊卑之分。愼重則尊嚴，尊嚴則整肅，是故文謂之儀，武謂之衞。天子出，車駕次第，謂之鹵簿。而唐制，四品以上皆給鹵簿，則君臣並得通稱也。明初詔禮官，鹵簿彌文，務從省節，以示尙質去奢之意。凡正、至、聖節、朝會及册拜、接見蕃臣，儀鸞司陳設儀仗。而中宮、東宮、親王皆有儀仗之制。後或隨時增飾，要以洪武創制爲準則焉。茲撮集禮所載大凡，以備考核。其郡王及皇妃、東宮妃以下儀仗，載在會典者，並著於篇云。

皇帝儀仗。吳元年十二月辛酉，中書左相國李善長率禮官以卽位禮儀進。是日清晨，拱衞司陳設鹵簿，列甲士於午門外之東西，列旗仗於奉天門外之東西。龍旗十二，分左右，用甲士十二人。北斗旗一、纛一居前，豹尾一居後，俱用甲士三人。虎豹各二，馴象六，分左右。布旗六十四：〔一〕門旗、日旗、月旗，青龍、白虎、風、雲、雷、雨、江、河、淮、濟旗，天馬、天祿、白澤、朱雀、玄武等旗，木、火、土、金、水五星旗，五嶽旗，熊旗，鸞旗及二十八宿旗，各六行；每旗用甲士五人，一人執旗，四人執弓弩。設五輅於奉天門外：玉輅居中，左金輅，次革輅，右象輅，次木輅，俱並列。丹墀左右布黃麾仗、黃蓋、華蓋、曲蓋、紫方傘、紅方傘、雉扇、朱團扇、羽葆幢、豹尾、龍頭竿、信旛、傳敎旛、告止旛、絳引旛、戟氅、戈氅、儀鍠氅等，各三行。丹陛左右陳幢節、響節、金節、燭籠、青龍白虎幢、班劍、吾杖、立瓜、臥瓜、儀刀、鐙杖、戟、骨朶、朱雀玄武幢等，各三行。殿門左右設圓蓋一、金交椅、金脚踏、水盆、水罐、團黃扇、紅扇。皆校尉擎執。

洪武元年十月定元旦朝賀儀。金吾衞於奉天門外分設旗幟。宿衞於午門外分設兵仗。衞尉寺於奉天殿門及丹陛、丹墀設黃麾仗。內使監擎執於殿上。凡遇冬至、聖節、册拜、親王及蕃使來朝，儀俱同。其宣詔赦、降香，則惟設奉天殿門及丹陛儀仗、殿上擎執云。

其陳布次第，午門外，刀、盾、殳、叉各置於東西，甲士用赤。奉天門外中道，金吾、宿衞二衞設龍旗十二，分左右，用青甲士十二人。北斗旗一、纛一居前，豹尾一居後，俱用黑甲士三人。虎豹各二，馴象六，分左右。

左右布旗六十四。

左前第一行，門旗二，每旗用紅甲士五人，內一人執旗，旗下四人執弓箭。第二行，月旗一，用白甲士五人，內一人執旗，旗下四人執弩；青龍旗一，用青甲士五人，內一人執旗，旗下四人執弩。第三行，風、雲、雷、雨旗各一，每旗用黑甲士五人，內一人執旗，旗下四人執弓箭；天馬、白澤、朱雀旗各一，每旗用紅甲士五人，內一人執旗，旗下四人執弓箭。第四行，木、火、土、金、水五星旗各一，隨其方色，每旗用甲士五人，內一人執旗，旗下四人執弩，其甲木青、火紅、土黃、金白、水黑；熊旗、鸞旗各一，每旗用紅甲士五人，內一人執旗，旗下四人執弩。第五行角、亢、氐、房、心、尾、箕旗各一，每旗用青甲士五人，內一人執旗，旗下四人執弓箭。第六行斗、牛、女、虛、危、室、壁旗各一，每旗用青甲士五人，內一人執旗，旗下四人執弩。

右前第一行，門旗二，每旗用紅甲士五人，內一人執旗，旗下四人執弓箭。第二行，日旗一，用紅甲士五人，內一人執旗，旗下四人執弩；白虎旗一，用白甲士五人，內一人執旗，旗下四人執弩。第三行，江、河、淮、濟旗各一，隨其方色，每旗用甲士五人，內一人執旗，旗下四人執弓箭，其甲江紅、河白、淮青、濟黑；天祿、白澤、玄武旗各一，每旗用甲士五人，內一人執旗，旗下四人執弓箭，天祿、白澤紅甲，玄武黑甲。第四行，東、南、中、西、北五嶽旗各一，隨其方色，每旗用甲士五人，內一人執旗，旗下四人執弩，其甲東嶽青、南嶽紅、中嶽黃、西嶽白、北嶽黑；熊旗、麟旗各一，每旗用紅甲士五人，內一人執旗，旗下四人執弩。第五行，奎、婁、胃、昴、畢、觜、參旗各一，每旗用青甲士五人，內一人執旗，旗下四人執弓箭。第六行，井、鬼、柳、星、張、翼、軫旗各一，每旗用青甲士五人，內一人執旗，旗下四人執弩。

奉天門外，拱衞司設五輅。玉輅居中；左金輅，次革輅；右象輅，次木輅。俱並列。典牧所設乘馬於文武樓之南，各三，東西相向。

丹墀左右布黃麾仗凡九十，分左右，各三行。

左前第一行，十五：黃蓋一，紅大傘二，華蓋一，曲蓋一，紫方傘一，紅方傘一，雉扇四，朱團扇四。第二行，十五：羽葆幢二，豹尾二，龍頭竿二，信旛二，傳敎旛二，告止旛二，絳引旛二，黃麾一。第三行，十五：戟氅五，戈氅五，儀鍠氅五。

右前第一行，十五：黃蓋一，紅大傘二，華蓋一，曲蓋一，紫方傘一，紅方傘一，雉扇四，朱團扇四。第二行，十五：羽葆幢二，豹尾二，龍頭竿二，信旛二，傳敎旛二，告止旛二，絳引旛二，黃麾一。第三行，十五：戟氅五，戈氅五，儀鍠氅五。皆校尉擎執。

丹陛左右，拱衞司陳幢節等仗九十，分左右，爲四行。左前第一行，響節十二，金節三，燭籠三。第二行，青龍幢一，班劍三，吾杖三，立瓜三，臥瓜三，儀刀三，鐙杖三，戟三，骨朶三，朱雀幢一。右前第一行，響節十二，金節三，燭籠三。第二行，白虎幢一，班劍三，吾杖三，立瓜三，臥瓜三，儀刀三，鐙杖三，戟三，骨朶三，玄武幢一。皆校尉擎執。

奉天殿門左右，拱衞司陳設：左行，圓蓋一，金脚踏一，金水盆一，團黃扇三，紅扇三；右行，圓蓋一，金交椅一，金水罐一，團黃扇三，紅扇三。皆校尉擎執。殿上左右內使監陳設：左，拂子二，金唾壺一，金香合一；右，拂子二，金唾盂一，金香爐一。皆內使擎執。和聲郎陳樂於丹墀文武官拜位之南，其器數詳見樂志內。

三年命製郊丘祭祀拜褥，郊丘用席表蒲裏爲褥，宗廟、社稷、先農、山川用紅文綺表紅木棉布裏爲褥。十二年命禮部增設丹墀儀仗，黃傘、華蓋、曲蓋、紫方傘、紅方傘各二，雉扇、紅團扇各四，羽葆幢、龍頭竿、絳引、傳敎、告止、信旛各六，戟氅、戈氅、儀鍠氅各十。〔三〕

永樂元年，禮部言鹵簿中宜有九龍車一乘，請增置。帝曰：「禮貴得中，過爲奢，不及爲儉，先朝審之精矣。當遵用舊章，豈可輒有增益，以啓後世之奢哉？九龍車既先朝所無，其仍舊便。」宣德元年更造鹵簿儀仗，有具服幄殿一座，金交椅一，金脚踏一，金盆一，金罐一，金馬杌一，鞍籠一，金香爐一，金香合一，金唾盂一，金唾壺一，御杖二，擺錫明甲一百副，盔一百，弓一百，箭三千，刀一百。其執事校尉，每人鵝帽，只孫衣，銅帶鞾履鞋一副。常朝，各色羅掌扇四十，各色羅絹傘十，萬壽傘一，黃雙龍扇二。筵宴，銷金羅傘四，銷金雨傘四，金龍響節二十四。

皇后儀仗，洪武元年定。丹陛儀仗三十六人：黃麾二，戟五色繡旛六，戈五色繡旛六，鍠五色錦旛六，小雉扇四，紅雜花團扇四，錦曲蓋二，紫方傘二，紅大傘四。丹墀儀仗五十八人：班劍四，金吾杖四，立瓜四，臥瓜四，儀刀四，鐙杖四，骨朶四，斧四，響節十二，錦花蓋二，金交椅一，金脚踏一，金水盆一，金水罐一，方扇八。宮中常用儀衛二十人：內使八人，色繡旛二，金斧二，金骨朶二，金交椅一，金脚踏一；宮女十二人，金水盆一，金水罐一，金香爐一，金香合一，金唾壺一，金唾盂一，拂子二，方扇四。永樂元年增製紅杖一對。

太皇太后、皇太后儀仗與皇后同。

皇太子儀仗，洪武元年定。門外中道設龍旗六，其執龍旗者並戎服。黃旗一居中，左前青旗一，右前赤旗一，左後黑旗一，右後白旗一，每旗執弓弩軍士六人，服各隨旗色。殿下設三十六人：絳引旛二，戟氅六，戈氅六，儀鍠氅六，羽葆幢六，青方傘二，青小方扇四，青雜花團扇四，皆校尉擎執。殿前設四十八人：班劍四，吾杖四，立瓜四，臥瓜四，儀刀四，鐙杖四，骨朶四，斧四，響節十二，金節四，皆校尉擎執。殿門設十二人：金交椅一，金脚踏一，金水罐一，金水盆一，青羅團扇六，紅圓蓋二，皆校尉擎執。殿上設六人：金香爐一，香合一，唾盂一，唾壺一，拂子二，皆內使擎執。永樂二年，禮部言，東宮儀仗，有司失紀載，視親王差少，宜增製金香爐、金香合各一，殳二，叉二，傳敎、告止、信旛各二，節二，幢二，夾矟二，矟、刀、盾各二十，戟八，紅紙油燈籠六，紅羅銷金邊圓傘、紅羅繡圓傘各一，紅羅曲蓋繡傘、紅羅素圓傘、紅羅素方傘、青羅素方傘各二，紅羅繡孔雀方扇、紅羅繡四季花團扇各四，拂子二，唾盂、唾壺各一，鞍籠一，誕馬八，紅令旗二，淸道旗四，幰弩一，白澤旗二，弓箭二十副。從之。

親王儀仗，洪武六年定。宮門外設方色旗二，青色白澤旗二，執人服隨旗色，並戎服。殿下，絳引旛二，戟氅二，戈氅二，儀鍠氅二，皆校尉執。殿前，班劍二，吾杖二，立瓜二，臥瓜二，儀刀二，鐙杖二，骨朶二，斧二，響節八，皆校尉執。殿門，交椅一，脚踏一，水罐一，水盆一，團扇四，蓋二，皆校尉執。殿上，拂子二，香爐一，香合一，唾壺一，唾盂一。十六年詔，親王儀仗內交椅、盆、罐用銀者，悉改用金。建文四年，禮部言，親王儀仗合增紅油絹銷金雨傘一，紅紗燈籠、紅油紙燈籠各四，魫燈二，大小銅角四。從之。永樂三年命工部，親王儀仗內紅銷金傘，仍用寶珠龍文。凡世子儀仗同。

郡王儀仗。令旗二，清道旗二，幰弩一，刀盾十六，弓箭十八副，絳引、傳教、告止、信旛各二，吾杖、儀刀、立瓜、臥瓜、骨朶、斧各二，戟十六，矟十六，麾一，幢一，節一，響節六，紅銷金圓傘一，紅圓傘一，紅曲柄傘二，紅方傘二，青圓扇四，紅圓扇四，誕馬四，鞍籠一，馬杌一，拂子二，交椅一，脚踏一，水盆一，水罐一，香爐一，紅紗燈籠二，魫燈二，帳房一座。

皇妃儀仗。紅杖二，清道旗二，絳引旛二，戈氅、戟氅、儀鍠氅、吾杖、儀刀、班劍、立瓜、臥瓜、鐙杖、骨朶、金鉞各二，響節四，青方傘四，紅繡圓傘一，繡方扇四，紅花圓扇四，青繡圓扇四，交椅一，脚踏一，拂子二，水盆一，水罐一，香爐一，香合一，唾盂一，唾壺一，紅紗燈籠四。

東宮妃儀仗。紅杖二，清道旗二，絳引旛二，儀鍠氅、戈氅、戟氅、吾杖、儀刀、班劍、立瓜、臥瓜、鐙杖、骨朶、金鉞各二，響節四，青方傘二，紅素圓傘二，紅繡圓傘一，紅繡方扇四，紅繡花圓扇四，青繡圓扇四，交椅一，脚踏一，拂子二，水盆一，水罐一，香爐一，香合一，紅紗燈籠四。永樂二年，禮部言，東宮妃儀仗如親王妃，惟香爐、香合如中宮，但亦不用金，其水盆、水罐皆用銀，從之。

親王妃儀仗。紅杖二，清道旗二，絳引旛二，戟氅、吾杖、儀刀、班劍、立瓜、臥瓜、骨朶、鐙杖各二，響節四，青方傘二，紅綵畫雲鳳傘一，青孔雀圓扇四，紅花扇四，交椅一，脚踏一，水盆一，水罐一，紅紗燈籠四，拂子二。公主、世子妃儀仗俱同。

郡王妃儀仗。紅杖二，清道旗二，絳引旛二，戟氅、吾杖、班劍、立瓜、骨朶各二，響節二，青方傘二，紅圓傘一，青圓扇二，紅圓扇二，交椅一，脚踏一，拂子二，紅紗燈籠二，水盆一，水罐一。

郡主儀仗。紅杖二，清道旗二，班劍、吾杖、立瓜、骨朶各二，響節二，青方傘一，紅圓傘一，青圓扇二，紅圓扇二，交椅一，脚踏一，水盆一，水罐一，紅紗燈籠二，拂子二。

舊例，郡王儀仗有交椅、馬杌，皆木質銀裹；水盆、水罐及香爐、香合，皆銀質抹金；量折銀三百二十兩。郡王妃儀仗，有交椅等大器，量折銀一百六十兩。餘皆自備充用。嘉靖四十四年定，除親王及親王妃初封儀仗照例頒給外，其初封郡王及郡王妃折銀等項，併停止。萬曆十年定，郡王初封係帝孫者，儀仗照例全給，係王孫者免。蓋宗室分封漸多，勢難徧給也。

校勘記

〔一〕布旗六十四　明史稿志四六儀衞志、太祖實録卷二三吳元年十二月辛酉條「布旗」二字上有「左右」二字。

〔二〕戟氅戈氅儀鍠氅各十　儀鍠氅，原脱「儀」字，據明會典卷一四〇、王圻續文獻通考卷一三〇補。本志上文亦作「儀鍠氅」。下文皇太子親王儀仗原作「鍠氅」的，也補「儀」字。

明史卷六十五

志第四十一

輿服一

大輅　玉輅　大馬輦　小馬輦　步輦　大涼步輦　板轎　耕根車

后妃車輿　皇太子親王以下車輿　公卿以下車輿　傘蓋　鞍轡

有虞氏御天下，車服以庸。夏則黻冕致美。商則大輅示儉。成周有巾車、典輅、弁師、司服之職，天子以之表式萬邦，而服車五乘，下逮臣民。漢承秦制，御金根爲乘輿，服袀玄以承大祀。東都乃有九斿、雲罕、旒冕、絇屨之儀物，踵事增華，日新代異。江左偏安，玉輅棲寶鳳，采旄銜金龍。其服冕也，或飾翡翠、珊瑚、雜珠。豈古所謂法駕、法服者哉？唐武德間著車輿、衣服之制，上得兼下，下不得擬上。宋初，袞冕不綴珠玉。政和中詔修車輅，並建旂常，議禮局所釐定，用爲成憲。元制，郊祀則駕玉輅，服袞冕；巡幸，或乘象轎，四時質孫之服，各隨其宜。

明太祖甫有天下，考定邦禮，車服尙質。酌古通今，合乎禮意。迄於世宗，耤田造耕根，燕居服燕弁，講武用武弁，更爲忠靖冠以風有位，爲保和冠以親宗藩，亦一王之制也。

若夫前代傘扇、鞍勒之儀，門戟、旌節之屬，咸別等威，至宋加密。明初，儉德開基，宮殿落成，不用文石甃地。以此坊民，武臣猶有飾金龍於牀幔，馬廄用九五間數，而豪民亦或鎔金爲酒器，飾以玉珠。太祖皆重懲其弊。乃命儒臣稽古講禮，定官民服舍器用制度。歷代守之，遞有禁例。

茲更以朝家册寶、中外符信及宮室器用之等差，附敍於後焉。

天子車輅。明初大朝會，則拱衞司設五輅於奉天門，玉居中，左金，次革，右象，次木。駕出，則乘玉輅，後有腰輿，以八人載之。其後太祖考周禮五輅，以詢儒臣，曰：「玉輅太侈，何若祇用木輅？」博士詹同對曰：「孔子云『乘殷之輅』，卽木輅也。」太祖曰：「以玉飾車，古惟祀天用之，常乘宜用殷輅。然祀天之際，玉輅未備，木輅亦未爲不可。」參政張昶曰：「木輅，戎輅也，不可以祀天。」太祖曰：「孔子斟酌四代禮樂，以爲萬世法，木輅寧不可祀？祀在誠敬，豈泥儀文。」

洪武元年，有司奏乘輿服御，應以金飾，詔用銅。有司言費小不足惜。太祖曰：「朕富有四海，豈吝乎此。第儉約非身先無以率下。且奢泰之習未有不由小而至大者也。」

六年命禮官考五輅制，爲木輅二乘。一以丹漆，祭祀用之；一以皮鞔，行幸用之。是冬，大輅成。命更造大輅一，象輅十，中宮輅一，後宮車十，飾俱以鳳。以將幸中立府，故造之，非常制也。

二十六年始定鹵簿大駕之制。玉輅一，大輅一，九龍車一，步輦一。後罷九龍車。永樂三年更定鹵簿大駕，有大輅、玉輅、大馬輦、小馬輦、步輦、大涼步輦、板轎各一，具服、幄殿各一。

大輅，高一丈三尺九寸五分，廣八尺二寸五分。輅座高四尺一寸有奇，上平盤。前後車櫺並雁翅及四垂如意滴珠板。轅長二丈二尺九寸有奇，紅髹。鍍金銅龍頭、龍尾、龍鱗葉片裝釘。平盤下方箱，四周紅髹，匡俱十二槅。內飾綠地描金，繪獸六，麟、狻猊、犀、象、天馬、天祿；禽六，鸞、鳳、孔雀、朱雀、翟、鶴。盤左右下有護泥板及車輪二，貫軸一。每輪輻十有八，其輞皆紅髹，抹金銅鈒花葉片裝釘。輪內車心，用抹金銅鈒蓮花瓣輪盤裝釘，軸中纓黃絨駕轅諸索。

輅亭高六尺七寸九分，四柱長五尺八寸四分。檻座皆紅髹。前二柱戧金，柱首寶相花，中雲龍文，下龜文錦。前左右有門，高五尺一寸九分，廣二尺四寸九分，四周裝雕木沉香色描金香草板十二片。門旁槅各二及明栿，〔一〕俱紅髹，以抹金銅鈒花葉片裝釘，槅編以黃線條。後紅髹屏風，上雕描金雲龍五，紅髹板戧金雲龍一。屏後地沉香色，上四槅雕描金雲龍四，其次雲板如之。下三槅雕描金雲龍三，其次雲板亦如之。俱抹金銅鈒花葉片裝釘。

亭內黃線條編紅髹匡軟座，下蓮花墜石，上施花毯、紅錦褥席、紅髹坐椅。靠背上雕描金雲龍一，下雕雲板一，紅髹福壽板一幷褥。椅中黃織金椅靠坐褥，四圍椅裙，施黃綺帷幔。亭外靑綺緣邊紅簾十扇。輅頂幷圓盤高三尺有奇，鍍金銅蹲龍頂，帶仰覆蓮座，垂攀頂黃線圓條。盤上以紅髹，其下外四面地沉香色，描金雲；內四角地靑，繪五彩雲。以靑飾輅蓋，亭內貼金斗栱，承紅髹匡寶蓋，鬭以八頂，冒以黃綺，謂之黃屋；中幷四周繡五彩雲龍九。天輪三層，皆紅髹，上安雕木貼金邊耀葉板八十一片，內綠地雕木貼金雲龍文三層，間繪五彩雲襯板八十一片。盤下四周，黃銅釘裝，施黃綺瀝水三層，每層八十一摺，間繡五彩雲龍文。四角垂靑綺絡帶，各繡五彩雲升龍。圓盤四角連輅坐板，用攀頂黃線圓條，幷貼金木魚。輅亭前有左右轉角闌干二扇，後一字帶左右轉角闌干一扇，皆紅髹，內嵌雕木貼金龍，間以五彩雲。三扇共十二柱，柱首雕木貼金蹲龍及線金五彩蓮花抱柱。闌干內四周布花毯。

亭後樹太常旂二，以黃線羅爲之，皆十有二斿，每斿內外繡升龍一。左旂腰繡日月北斗，竿首用鍍金銅龍首。右旂腰繡黻字，竿首用鍍金銅戟。各綴抹金銅鈴二，垂紅纓十二，纓上施抹金銅寶蓋，下垂青線帉錔。踏梯一，紅髹，以抹金銅鈒花葉片裝釘。行馬架二，紅髹，上有黃絨匾條，用抹金銅葉片裝釘。有黃絹幰衣、即遮塵。油絹雨衣、青氈衣及紅油合扇梯、紅油托叉各一。輅以二象駕之。

玉輅，亦駕以二象，制如大輅，而無平盤下十二槅之飾。輅亭前二柱，飾以摶換貼金升龍。屏風後無上四槅雲龍及雲板之飾。天輪內用青地雕木飾玉色雲龍文。而太常旗及踏梯、行馬之類，悉與大輅同。

大馬輦，古者輦以人輓之。周禮巾車后五輅，其一「輦車，組輓」。然縣師有「車輦之稽」，黍苗詩云「我任我輦」，則臣民所乘亦名輦。至秦始去其輪，而制乃尊。明諸輦有輪者駕以馬，以別於步輦焉。

其制，高一丈二尺五寸九分，廣八尺九寸五分，轅長二丈五寸有奇，輦座高三尺四寸有奇，餘同大輅。輦亭，高六尺四寸有奇，紅髹四柱，長五尺四寸有奇。檻座，高與輅同，四周紅髹條環板。前左右有門，高五尺有奇，廣二尺四寸有奇。門旁槅各二，後槅三及明栿，皆紅髹，抹金銅鈒花葉片裝釘。槅心編以黃線條。亭內制與大輅同，第軟座上不用花毯，而用紅毯。亭外用紅簾十二扇。輦頂幷圓盤高二尺六寸有奇，上下俱紅髹，以青飾輦蓋。其銅龍、蓮座、寶蓋、黃屋及天輪、輦亭，制悉與大輅同。太常旗、踏梯、行馬之屬，亦同大輅。駕以八馬，備鞍韉、鞦轡、鈴纓之飾。

小馬輦，視大馬輦高廣皆減一尺，轅長一丈九尺有奇，餘同大馬輦。輦亭高五尺五寸有奇，紅髹四柱，長五尺四寸有奇。檻座，紅髹，四周條環板，前左右有門，高五尺，廣二尺二寸有奇。門旁槅各二及明栿，後屏風壁板，俱紅髹，用抹金銅鈒花葉片裝釘。亭底紅髹，上施紅花毯、紅錦褥席。外用紅簾四扇，駕以四馬。餘同大馬輦。

步輦者，古之步輓。明制，高一丈三尺二寸有奇，廣八尺二寸有奇。輦座高三尺二寸有奇，四周雕木五彩雲渾貼金龍板十二片，間以渾貼金仰覆蓮座，下雕木線金五彩雲板十二片。轅四，紅髹。中二轅長三丈五尺九寸，左右二轅長二丈九尺五寸有奇，俱以鍍金銅龍頭、龍尾裝釘。輦亭高六尺三寸有奇，四柱長六尺二寸有奇。檻座，紅髹，四周雕木沉香色描金香草板十二片，抹金銅鈒花葉片裝釘。前左右有門，高五尺七寸有奇，廣二尺四寸有奇。門旁紅髹十字槅各二扇，雕飾沉香色描金雲龍板八片，下雲板如其數。後紅髹屏風，上雕沉香色描金雲龍五。屏後雕沉香色描金雲龍板三片，又雲板如其數，俱用抹金銅鈒花葉片裝釘。餘同馬輦，惟紅簾用十扇。輦頂幷圓盤高二尺六寸有奇，其蓮座、輦蓋、天輪、𧝔衣之屬，俱同馬輦。

大涼步輦，高一丈二尺五寸有奇，廣一丈二尺五寸有奇。四面紅髹匡，裝雕木五彩雲板二十片，間以貼金仰覆蓮座，下紅髹如意條環板，如其數。紅髹轅六：中二轅長四丈三尺五寸有奇，左右二轅長四丈有奇，外二轅長三丈六尺五寸有奇，前後俱飾以雕木貼金龍頭、龍尾。

輦亭高六尺五寸有奇，廣八尺五寸有奇，四柱紅髹。前左右有門，高五尺八寸有奇，廣二尺五寸有奇，四周描金香草板十二片。門旁槅各二，後槅三及明栱皆紅髹，編以黃線條。

亭底上施墊氈，加紅錦褥幷席。紅髹坐椅一，四周雕木沉香色，描金寶相花，靠背、褥、裙、帷幔與馬輦同。內設紅髹桌二；紅髹闌干香桌一，闌干四，柱首俱雕木貼金蹲龍；鍍金銅龍蓋香爐一，幷香匙、箸、瓶；紅錦墩二。外紅簾三扇。輦頂高二尺七寸有奇，又鍍金銅寶珠頂，帶仰覆蓮座，高一尺三寸有奇；垂攀頂黃線圓條四。頂用丹漆，上冒紅氈，四垂以黃氈爲如意雲，黃氈緣條；四周施黃綺瀝水三層，每層百三十二摺，間繡五彩雲龍文。或用大紅羅冒頂，以黃羅爲如意雲緣條，瀝水亦用黃羅。頂下四周以紅氈爲帷，黃氈緣條，四角鍍金銅雲四。亭內寶蓋繡五龍，頂以紅髹木匡，冒以黃綺爲黃屋，頂心四周繡雲龍各一。輦亭四角至輦座，用攀頂黃線圓條四，幷貼金木魚。輦亭前左右轉角闌干二扇，後一字帶轉角闌干一扇，皆紅髹，雕木渾貼金龍，間以五彩雲板。闌干內四周布席。其闌干十二柱之飾及踏梯之屬，俱與馬輦同。

轎者，肩行之車。宋中興以後，皇后嘗乘龍肩輿。又以征伐，道路險阻，詔百官乘轎，名曰「竹轎子」，亦曰「竹輿」。元皇帝用象轎，駕以二象。至用紅板轎，則自明始也。

其制，高六尺九寸有奇。頂紅髹。近頂裝圓匡蜊房窗，鍍金銅火焰寶，帶仰覆蓮座，四角鍍金銅雲朶。轎杠二，前後以鍍金銅龍頭、龍尾裝釘，有黃絨墜角索。四周紅髹板，左右門二，用鍍金銅釘鉸。轎內紅髹匡坐椅一，福壽板一幷褥。椅內黃織金綺靠坐褥，四周椅裙，下鋪席幷踏褥。有黃絹轎衣、油絹雨衣各一，靑氈衣，紅氈緣條雲子。隆慶四年設郊祀慶成宴，帝乘板輿由歸極門出，入皇極門，至殿上降輿。嘉靖十三年謁廟，帝及后妃俱乘肩輿出宮，至奉天門降輿升輅。

車駕之出，有具服幄殿。按周官大小次，木架葦障，上下四旁周以幄帟，以象宮室。明鹵簿載具服幄殿，儀仗有黃帳房，仍元制也。帳幷帷幕，以黃木棉布爲之。上施獸吻，杜竿紅髹，竿首彩裝蹲獅，氈頂。

耕根車，世宗朝始造。漢有耕車，晉曰耕根車，俱天子親耕所用。嘉靖十年，帝將耕耤田，詔造耕根車。禮官上言：「考大明集禮，耕耤用宋制，乘玉輅，以耕根車載耒耜同行。今考儀注，順天府官奉耒耜及穜稑種置彩輿，先於祭前二日而出。今用耕根車以載耒耜，宜令造車，於祭祀日早進呈，置耒耜，先玉輅以行。第稽諸禮書，祇有圖式，而無高廣尺寸。宜依今置車式差小，通用靑質。」從之。

皇后輅，一。高一丈一尺三寸有奇，平盤。前後車櫺並雁翅，四垂如意滴珠板。轅長一丈九尺六寸，皆紅髹。轅用抹金銅鳳頭、鳳尾、鳳翎葉片裝釘。平盤左右垂護泥板及輪二，貫軸一。每輪輻十有八，皆紅髹，輞以抹金鈒花銅葉片裝釘。輪內車轂，用抹金銅鈒蓮花瓣輪盤裝釘，軸中纏黃絨駕轅諸索。

輅亭高五尺八寸有奇，紅髹四柱。檻座上沉香色描金香草板十二片。前左右有門，高四尺五寸有奇，廣二尺四寸有奇。門旁沉香色線金菱花槅各二，下絛環板，有明栿，抹金銅鈒花葉片裝釘。後紅髹五山屏風，戧金鸞鳳雲文，屏上紅髹板，戧金雲文，中裝雕木渾貼金鳳一。屏後紅髹板，俱用抹金銅鈒花葉片裝釘。亭底紅髹，上施紅花毯、紅錦褥席，紅髹坐椅一。靠背雕木線金五彩裝鳳一，上下香草雲板各一，紅福壽板一幷褥。椅中黃織金綺靠坐褥，四周有椅裙，施黃綺帷幔。或黃線羅。外用紅簾十二扇。前二柱，戧金，上寶相花，中鸞鳳雲文，下龜文錦。輅頂幷圓盤高二尺有奇，抹金銅立鳳頂，帶仰覆蓮座，垂攀頂黃線圓條四。盤上紅髹，下四周沉香色描金雲文，內青地五彩雲文，以青飾輅蓋。內寶蓋，紅髹匡，鬬以八頂，冒以黃綺；頂心及四周繡鳳九，幷五彩雲文。天輪三層，紅髹，上雕木貼金邊耀葉板七十二片，內飾青地雕木五彩雲鸞鳳文三層，間繪五彩雲襯板七十二片。下四周黃銅裝釘，上施黃綺瀝水三層，間繡鸞鳳文。四垂青綺絡帶，繡鸞鳳各一。圓盤四角連輅座板，用攀頂黃線圓條四。

輅亭前後有左右轉角闌干各二扇，內嵌條環板，皆紅髹；計十二柱，柱首雕木紅蓮花，線金青綠裝蓮花抱柱。其踏梯、行馬之屬，與大馬輦同。

安車，本周禮后五輅之一。應劭漢官鹵簿圖有五色安車。晉皇后乘雲母安車。唐皇后安車，制如金輅。明皇后安車獨簡素。

其制，高九尺七寸有奇，平盤，前後車櫺並雁翅板。轅二，長一丈六尺七寸有奇，皆紅髹，用抹金銅鳳頭、鳳尾、鳳翎葉片裝釘。平盤左右垂護泥板及輪二，貫軸一。每輪輻十有八，皆紅髹，軸中纏黃絨駕轅諸索。車亭高四尺四寸，紅髹方柱四，上裝五彩花板十二片。前左右有門，高三尺七寸有奇，廣二尺二寸有奇。門旁紅髹十字槅各二。後三山屏風，屏後壁板俱紅髹，用抹金銅鈒花葉片裝釘。亭底紅髹板，上施紅花毯、紅錦褥，四周施黃綺帷幔，外用紅簾四扇。車蓋用紅髹抹金銅寶珠頂，帶蓮座，高六寸，四角抹金銅鳳頭，用攀條四，並紅髹木魚。蓋施黃綺瀝水三層，銷金鸞鳳文，鳳頭下垂紅帉鍇。其踏梯、行馬、幰衣與輅同。

行障、坐障，自唐、宋有之。皇后重翟車後，皆有行障六，坐障三，左右夾車宮人執之。而唐書、宋史不載其制。金史，行障長八尺，高六尺；坐障長七尺，高五尺。明皇后用行障、坐障，皆以紅綾爲之，繪升降鸞鳳雲文；行障繪瑞草於瀝水，坐障繪雲文於頂。

太皇太后、皇太后輅及安車、行障、坐障，制與皇后同。

皇妃車曰鳳轎，與歷代異名。其制，青頂，上抹金銅珠頂，四角抹金銅飛鳳各一，垂銀香圓寶蓋并彩結。轎身，紅髹木匡，三面篾織紋簟，繪以翟文，抹金銅鈒花葉片裝釘。紅髹裀，飾以抹金銅鳳頭、鳳尾。青銷金羅緣邊紅簾并看帶，內紅交牀并坐踏褥。紅銷金羅轎衣一頂，用銷金寶珠文；瀝水，香草文；看帶并幃，皆鳳文。紅油絹雨轎衣一。

自皇后以下，皆用行障二，坐障一，第別以彩繪。皇妃行障、坐障，俱紅綾爲之，繪雲鳳，而行障瀝水繪香草。

皇太子金輅，高一丈二尺二寸有奇，廣八尺九寸。轅長一丈九尺五寸。輅座高三尺二寸有奇。平盤、滴珠板、輪輻、輪輞悉同玉輅。

輅亭高六尺四寸有奇，紅髹四柱，長五尺四寸。檻座上四周線金五彩香草板。前左右有門，高五尺有奇，廣二尺四寸有奇。門旁槅各二，編紅線條及明栿，皆紅髹。後五山屏風，青地上雕木貼金龍五，間以五彩雲文。屏後紅髹板，皆抹金銅鈒花葉片裝釘。紅髹匡軟座，紅絨墜座，大索四，下垂蓮花墜石，上施紅毯紅錦褥席。紅髹椅一，納板一幷褥。椅中紅織金綺靠坐褥，四周有椅裙，施紅羅帷幔，外用青綺緣邊。紅簾十二扇。椅雕貼金龍彩雲，下線金彩雲板一。

亭內編紅線條。輅頂幷圓盤，高二尺五寸有奇，又鍍金銅寶珠頂，帶仰覆蓮座，高九寸，垂攀頂紅線圓條四。盤上丹漆，下內外皆青地繪雲文，以青飾輅蓋。亭內周圍青斗拱，承以丹漆匡，寶蓋鬬以八頂，冒以紅綺，頂心繡雲龍，餘繡五彩雲文。天輪三層皆紅髹，上雕木貼金邊耀葉板七十二片，內飾青地雕木貼金雲龍文三層，間繪五彩雲襯板七十二片，四周黃銅裝釘。上施紅綺瀝水三層，每層七十二摺，間繡五彩雲龍文。四角之飾與大輅同，第圓條用紅線。

輅亭前一字闌干一扇，後一字帶轉角闌干一扇，左右闌干二扇，內嵌五彩雲板，皆丹漆。計十四柱，柱首制與大輅同。亭後建紅旗二，以紅羅爲之，九斿。每斿內外繡升龍一。左旗腰繡日月北斗，竿用抹金銅龍首。右旗腰繡黻字，竿用抹金銅戟。綴抹金銅鈴二，垂紅纓。其踏梯、行馬之屬，與玉輅同。帳房用青木棉布，竿首青綠蹲猊，餘同乘輿帳房。

東宮妃車，亦曰鳳轎、小轎，制同皇妃。行障、坐障之制亦同。

親王象輅，其高視金輅減六寸，其廣減一尺。轅長視大輅減一尺。輅座高三尺有奇，餘飾同金輅。輅亭高五尺二寸有奇，紅髹四柱。檻座上四周紅髹條環板。前左右有門，高四尺五寸有奇，廣二尺二寸有奇。門旁槅各二及明栿、後五山屏風，皆紅髹，用抹金銅鈒花葉片裝釘。亭底紅髹，施紅花毯、紅錦褥席。其椅靠、坐褥、帷幔、紅簾之制，俱同金輅。輅頂幷圓盤高二尺四寸有奇，用抹金銅寶珠頂，餘同金輅。天輪三層皆紅髹，上雕木貼金邊耀葉板六十三片，〔三〕內飾青地雕木五彩雲文三層，間繪五彩雲襯板六十三片，四周黃銅裝釘。上施紅綺瀝水三層，每層八十一摺，繡瑞草文。前垂青綺絡帶二，俱繡升龍五彩雲文。圓盤四角連輅座板，用攀頂紅線圓條四，幷紅髹木魚。亭前後闌干同金輅，左右闌干各一扇，內嵌條環板，皆紅髹。計十四柱，柱首雕木紅蓮花，線金青綠裝蓮花抱柱，前闌干內布花毯。紅旗二，與金輅所樹同，竿上祇垂紅纓五。其踏梯、行馬之屬，亦同金輅。帳房用綠色螭頭，餘與東宮同。

親王妃車，亦曰鳳轎、小轎，制俱同東宮妃。惟鳳轎衣用木紅平羅。小轎衣二：一用礬紅素紵絲，一用木紅平羅。行障、坐障，制同東宮妃。

公主車，宋用厭翟車，明初因之。其後定制，鳳轎、行障、坐障，如親王妃。

皇孫車，永樂中，定皇太孫婚禮儀仗如親王，降皇太子一等，而用象輅。

郡王無輅，祇有帳房，制同親王。

郡王妃及郡主俱用翟轎，制與皇妃鳳轎同，第易鳳爲翟。行障、坐障同親王妃，而繪雲翟文。

百官乘車之制。洪武元年令，凡車不得雕飾龍鳳文。職官一品至三品，用間金飾銀螭繡帶，青幔。四品五品，素獅頭繡帶，青幔。六品至九品，用素雲頭青帶，青幔。轎同車制。庶民車及轎，並用黑油，齊頭平頂，皁幔，禁用雲頭。六年令，凡車轎禁丹漆，五品以上車止用青幔。婦女許坐轎，官民老疾者亦得乘之。

景泰四年令，在京三品以上得乘轎。弘治七年令，文武官例應乘轎者，以四人舁之。其五府管事，內外鎭守、守備及公、侯、伯、都督等，不問老少，皆不得乘轎，違例乘轎及擅用八人者，奏聞。蓋自太祖不欲勳臣廢騎射，雖上公，出必乘馬。永樂元年，駙馬都尉胡觀越制乘晉王濟熺朱幨櫻轎，爲給事中周景所劾。有詔宥觀而賜濟熺書，切責之。惟文職大臣乘轎，庶官亦乘馬。又文臣皆許乘車，大臣得乘安車。後久廢不用。正德四年，禮部侍郎劉機言，大明集禮，公卿大臣得乘安車，因請定轎扇傘蓋品級等差。帝以京城內，安車傘蓋久不行，却其請，而命轎扇俱如例行。

嘉靖十五年，禮部尚書霍韜言：「禮儀定式，京官三品以上乘轎，邇者文官皆用肩輿，或乘女轎。乞申明禮制，俾臣下有所遵守。」乃定四品下不許乘轎，亦毋得用肩輿。隆慶二年，給事中徐尙劾應城伯孫文棟等乘轎出入，驕僭無狀。帝命奪文棟等俸。乃諭兩京武職非奉特恩不許乘轎，文官四品以下用帷轎者，禁如例。萬曆三年奏定勳戚及武臣不許用帷轎、肩輿幷交牀上馬。至若破格殊典，則宣德中少保黃淮陪遊西苑，嘗乘肩輿入禁中。嘉靖間，嚴嵩奉詔苑直，年及八旬，出入得乘肩輿。武臣則郭勛、朱希忠特命乘肩輿扈南巡蹕，後遂賜常乘焉。皆非制也。

傘蓋之制。洪武元年，令庶民不得用羅絹涼傘，但許用油紙雨傘。三年令京城內一品二品用傘蓋，其餘用雨傘。十六年令尙書、侍郎、左右都御史、通政使、太常卿、應天府尹、國子祭酒、翰林學士許張傘蓋。二十六年定一品、二品傘用銀浮屠頂，三品、四品用紅浮屠頂，俱用黑色茶褐羅表，紅絹裏，三簷；雨傘用紅油絹。五品紅浮屠頂，青羅表，紅絹裏，兩簷；雨傘同。四品、六品至九品，用紅浮屠頂，青絹表，紅絹裏，兩簷；雨傘俱用油紙。三十五年，官員傘蓋不許用金繡，朱丹裝飾。公、侯、駙馬、伯與一品、二品同。成化九年令兩京官遇雨任用油傘，其涼傘不許張於京城。

鞍轡之制。洪武六年令庶民不得描金，惟銅鐵裝飾。二十六年定公、侯、一品、二品用銀鈒，鐵事件，粘用描銀。三品至五品，用銀鈒，鐵事件，粘用油畫。六品至九品，用擺錫，鐵事件，粘用油畫。三十五年，官民人等馬頷下纓并鞦轡俱用黑色，不許紅纓及描金、嵌金、天青、朱紅裝飾。軍民用鐵事件，黑綠油粘。

校勘記

〔一〕門旁槅各二及明栿　明，原作「門」，據明史稿志四七輿服志、嵇璜續文獻通考卷九七改。本志下文記大馬輦、小馬輦制度也都作「明栿」。

〔二〕上雕木貼金邊耀葉板六十三片　原脫「板」字，據明史稿志四七輿服志補。按本志上文記皇太子金輅制度，有「上雕木貼金邊耀葉板七十二片」，也有「板」字。

明史卷六十六

志第四十二

輿服二

皇帝冕服　后妃冠服　皇太子親王以下冠服

皇帝冕服。洪武元年，學士陶安請製五冕。太祖曰：「此禮太繁。祭天地、宗廟，服袞冕。社稷等祀，服通天冠，絳紗袍。餘不用。」三年更定正旦、冬至、聖節並服袞冕，祭社稷、先農、册拜，亦如之。

十六年定袞冕之制。冕，前圓後方，玄表纁裏。前後各十二旒，旒五采玉十二珠，五采繅十有二就，就相去一寸。紅絲組爲纓，黈纊充耳，玉簪導。袞，玄衣黃裳，十二章，日、月、星辰、山、龍、華蟲六章織於衣，宗彝、藻、火、粉米、黼、黻六章繡於裳。白羅大帶，紅裏。蔽膝隨裳色，繡龍、火、山文。玉革帶，玉佩。大綬六采，赤、黃、黑、白、縹、綠，小綬三，色同大

綬。間施三玉環。白羅中單，黻領，青緣襈。〔一〕黄韈，黄舄，金飾。〔二〕

二十六年更定，袞冕十二章。冕版廣一尺二寸，長二尺四寸。冠上有覆，玄表朱裏，餘如舊制。圭長一尺二寸。袞，玄衣纁裳，十二章如舊制。中單以素紗爲之。紅羅蔽膝，上廣一尺，下廣二尺，長三尺，織火、龍、山三章。革帶佩玉，長三尺三寸。大帶素表朱裏，兩邊用緣，上以朱錦，下以綠錦。大綬，六采黄、白、赤、玄、縹、綠織成，純玄質五百首。凡合單紡爲一系，四系爲一扶，五扶爲一首。小綬三，色同大綬。間織三玉環。朱韈，赤舄。

永樂三年定，冕冠以皂紗爲之，上覆曰綖，桐板爲質，衣之以綺，玄表朱裏，前圓後方。以玉衡維冠，玉簪貫紐，紐與冠武足前體下曰武，綏在冠之下，亦曰武。幷繫纓處，皆飾以金。綖以左右垂黈纊充耳，用黄玉。繫以玄紞，承以白玉瑱朱紘。餘如舊制。玉圭長一尺二寸，剡其上，刻山四，以象四鎭之山，蓋周鎭圭之制，異於大圭不瑑者也。以黄綺約其下，別以囊韜之，金龍文。袞服十有二章。玄衣八章，日、月、龍在肩，星辰、山在背，火、華蟲、宗彝在袖，每袖各三。皆織成本色領褾襈裾。褾者袖端。襈者衣緣。纁裳四章，織藻、粉米、黼、黻各二，前三幅，後四幅，前後不相屬，共腰，有辟積，本色綼裼。裳側有純謂之綼，裳下有純謂之裼，純者緣也。中單以素紗爲之。青領褾襈裾，領織黻文十三。蔽膝隨裳色，四章，織藻、粉米、黼、黻各二。本色緣，有紃，施於縫中。玉鉤二。〔三〕玉佩二，各用玉珩一、瑀一、琚二、衝牙一、璜二；瑀下飾爲首。

纁質，三小綬色同大綬。〔五〕間施三玉環，龍文，皆織成。韈舄皆赤色，舄用黑絇純，〔六〕以黃

觸有聲。金鉤二。〔四〕有二小綬，六采黃、白、赤、玄、縹、綠纁質。大綬，六采黃、白、赤、玄、縹、綠

垂玉花一、玉滴二，瑑飾雲龍文描金。自珩而下繫組五，貫以玉珠。行則衝牙、二滴與璜相

嘉靖八年諭閣臣張璁：「袞冕有革帶，今何不用？」璁對曰：「按陳祥道禮書，古革帶、大帶，皆謂之鞶。革帶以繫佩韍，然後加以大帶，而笏搢於二帶之間。夫革帶前繫韍，後繫綬，左右繫佩，自古冕弁恒用之。今惟不用革帶，以至前後佩服皆無所繫，遂附屬裳要之間，失古制矣。」帝曰：「冕服祀天地，享祖宗，若闕革帶，非齊明盛服之意。及觀會典載蔽膝用羅，上織火、山、龍三章，幷大帶緣用錦，皆與今所服不合。卿可幷革帶繫蔽膝、佩、綬之式，詳考繪圖以進。」

又云：「衣裳分上下服，而今衣恒掩裳。裳制如帷，而今兩幅。朕意衣但當與裳要下齊，而露裳之六章，何如？」已又諭璁以變更祖制爲疑。璁對曰：「臣考禮制，衣不掩裳，與聖意允合。夫衣六章，裳六章，義各有取，衣自不容掩裳。大明集禮及會典與古制不異。今衣八章，裳四章，故衣常掩裳，然於典籍無所準。內閣所藏圖註，蓋因官司織造，循習訛謬。今訂正之，乃復祖制，非有變更。」

帝意乃決。因復諭璁曰：「衣有六章，古以繪，今當以織。朕命織染局考國初冕服，日月各徑五寸，當從之。裳六章，古用繡，亦當從之。古色用玄黃，取象天地。今裳用纁，於義無取，當從古。革帶卽束帶，後當用玉，以佩綬繫之於下。蔽膝隨裳色，其繡上龍下火，可不用山。卿與內閣諸臣同考之。」於是楊一清等詳議：「袞冕之服，自黃、虞以來，玄衣黃裳，爲十二章。日、月、星辰、山、龍、華蟲，其序自上而下，爲衣之六章；宗彝、藻、火、粉米、黼、黻，其序自下而上，爲裳之六章。自周以後寖變其制，或八章，或九章，已戾於古矣。我太祖皇帝復定爲十二章之制，司造之官仍習舛訛，非制作之初意。伏乞聖斷不疑。」

帝乃令擇吉更正其制。冠以圓匡烏紗冒之，旒綴七采玉珠十二，青纊充耳，綴玉珠二，餘如舊制。玄衣黃裳，衣裳各六章。洪武間舊制，日月徑五寸，裳前後連屬如帷，六章用繡。蔽膝隨裳色，羅爲之，上繡龍一，下繡火三，繫於革帶。大帶素表朱裏，上緣以朱，下以綠。革帶前用玉，其後無玉，以佩綬繫而掩之。中單及圭，俱如永樂間制。朱韈，赤舄，黃條緣玄纓結。

皇帝通天冠服。洪武元年定，郊廟、省牲，皇太子諸王冠婚、醮戒，則服通天冠、絳紗袍。冠加金博山，附蟬十二，首施珠翠，黑介幘，組纓，玉簪導。絳紗袍，深衣製。白紗內單，皂領褾襈裾。絳紗蔽膝，白假帶，方心曲領。白韈，赤舄。其革帶、佩綬，與袞服同。

皇帝皮弁服。朔望視朝、降詔、降香、進表、四夷朝貢、外官朝覲、策士傳臚皆服之。嘉靖以後，祭太歲山川諸神，亦服之。

其制自洪武二十六年定。皮弁用烏紗冒之，前後各十二縫，每縫綴五采玉十二以爲飾，玉簪導，紅組纓。其服絳紗衣，蔽膝隨衣色。白玉佩革帶。玉鉤艓緋白大帶。白韈，黑舄。

永樂三年定，皮弁如舊制，惟縫及冠武幷貫簪繫纓處，皆飾以金玉。圭長如冕服之圭，有脊幷雙植文。絳紗袍，本色領褾襈裾。紅裳，但不織章數。中單，紅領褾襈裾。餘俱如冕服內制。

皇帝武弁服。明初，親征遣將服之。嘉靖八年諭閣臣張璁云：「會典紀親征、類禡之祭，皆具武弁服。不可不備。」璁對：「周禮有韋弁，謂以韎韋爲弁，又以爲衣裳。國朝視古損益，有皮弁之制。今武弁當如皮弁，但皮弁以黑紗冒之，武弁當以絳紗冒之。」隨具圖以進。帝報曰：「覽圖有韠形，但無繫處。冠制古象上尖，今皮弁則圓。朕惟上銳取其輕利，當如古制。又衣裳韠舄皆赤色，何謂？且佩綬俱無，於祭用之，可乎？」璁對：「自古服冕弁俱用革帶，以前繫韍，後繫綬。韋弁之韠，正繫於革帶耳。武事尚威烈，故色純用赤。」帝復報璁：「冠服、衣裳、韠舄俱如古制，增革帶，佩綬及圭。」

乃定制，弁上銳，色用赤，上十二縫，中綴五采玉，落落如星狀。韎衣、韎裳、韎韐，俱赤色。佩、綬、革帶，如常制。佩綬及韎韐，俱上繫於革帶。舄如裳色。玉圭視鎭圭差小，剡上方下，有篆文曰「討罪安民」。

皇帝常服。洪武三年定，烏紗折角向上巾，盤領窄袖袍，束帶間用金、琥珀、透犀。永樂三年更定，冠以烏紗冒之，折角向上，其後名翼善冠。袍黃，盤領，窄袖，前後及兩肩各織金盤龍一。帶用玉，韡以皮爲之。先是，洪武二十四年，帝微行至神樂觀，見有結網巾者。翼日，命取網巾，頒示十三布政使司，人無貴賤，皆裹網巾，於是天子亦常服網巾。又會典載皇太孫冠禮有云，「掌冠跪加網巾」，而皇帝、皇太子冠服，俱闕而不載。

嘉靖七年更定燕弁服。初，帝以燕居冠服，尙沿習俗，諭張璁考古帝王燕居法服之制。璁乃采禮書「玄端深衣」之文，圖註以進。帝爲參定其制，諭璁詳議。璁言：「古者冕服之外，玄端深衣，其用最廣。玄端自天子達於士，國家之命服也。深衣自天子達於庶人，聖賢之法服也。今以玄端加文飾，不易舊制，深衣易黃色，不離中衣，誠得帝王損益時中之道。」帝因諭禮部曰：「古玄端上下通用，今非古人比，雖燕居，宜辨等威。」因酌古制，更名曰「燕弁」，寓深宮獨處，以燕安爲戒之意。

其制，冠匡如皮弁之制，冒以烏紗，分十有二瓣，各以金線壓之，前飾五采玉雲各一，後列四山，朱條爲組纓，雙玉簪。服如古玄端之制，色玄，邊緣以青，兩肩繡日月，前盤圓龍一，後盤方龍二，邊加龍文八十一，領與兩袪共龍文五九。衽同前後齊，共龍文四九。襯用深衣之制，色黃。袂圓袪方，下齊負繩及踝十二幅。素帶，朱裏青表，綠緣邊，腰圍飾以玉龍九。玄履，朱緣紅纓黃結。白襪。

皇后冠服。洪武三年定，受册、謁廟、朝會，服禮服。其冠，圓匡冒以翡翠，上飾九龍四鳳，大花十二樹，小花數如之。兩博鬢，十二鈿。褘衣，深青繪翟，赤質，五色十二等。素紗中單，黻領，朱羅縠褾襈裾。蔽膝隨衣色，以緅爲領緣，用翟爲章三等。大帶隨衣色，朱裏紕其外，上以朱錦，下以綠錦，紐約用青組。玉革帶。青襪、青舄，以金飾。

永樂三年定制，其冠飾翠龍九，〔七〕金鳳四，中一龍銜大珠一，上有翠蓋，下垂珠結，餘皆口銜珠滴，珠翠雲四十片，大珠花、小珠花數如舊。三博鬢，飾以金龍、翠雲，皆垂珠滴。翠口圈一副，上飾珠寶鈿花十二，翠鈿如其數。托裏金口圈一副。珠翠面花五事。珠排環一對。皁羅額子一，描金龍文，用珠二十一。

翟衣，深青，織翟文十有二等，間以小輪花。紅領褾襈裾，織金雲龍文。中單，玉色紗爲之，紅領褾襈裾，織黻文十三。蔽膝隨衣色，織翟爲章三等，間以小輪花四，以緅爲領緣，織金雲龍文。玉穀圭，長七寸，剡其上，瑑穀文，黃綺約其下，韣以黃囊，金龍文。

玉革帶，青綺鞓，描金雲龍文，玉事件十，金事件四。大帶，表裏俱青紅相半，末純紅，下垂織金雲龍文，上朱緣，下綠緣，青綺副帶一。綬五采，黃、赤、白、縹、綠，纁質，間施二玉環，皆織成。小綬三，色同大綬。玉佩二，各用玉珩一、瑀一、琚二、衝牙一、璜二，瑀下垂玉花一、玉滴二；瑑飾雲龍文描金；自珩而下，繫組五，貫以玉珠，行則衝牙二滴與二璜相觸有聲；上有金鉤，有小綬五采以副之，纁質，織成。青韈舄，飾以描金雲龍，皁純，每舄首加珠五顆。

皇后常服。洪武三年定，雙鳳翊龍冠，首飾、釧鐲用金玉、珠寶、翡翠。諸色團衫，金繡龍鳳文，帶用金玉。四年更定，龍鳳珠翠冠，眞紅大袖衣霞帔，紅羅長裙，紅褙子。冠制如特髻，上加龍鳳飾，衣用織金龍鳳文，加繡飾。

永樂三年更定，冠用皁縠，附以翠博山，上飾金龍一，翊以珠。翠鳳二，皆口銜珠滴。前後珠牡丹二，花八蕊，翠葉三十六。珠翠穰花鬢二，珠翠雲二十一，翠口圈一。金寶鈿花九，飾以珠。金鳳二，口銜珠結。三博鬢，飾以鸞鳳。金寶鈿二十四，邊垂珠滴。金簪二。珊瑚鳳冠觜一副。

大衫霞帔，〔八〕衫黃，霞帔深青，織金雲霞龍文，或繡或鋪翠圈金，飾以珠玉墜子，瑑龍文。四䙆襖子，即褙子。深青，金繡團龍文。鞠衣紅色，前後織金雲龍文，或繡或鋪翠圈金，飾以珠。大帶紅綫羅爲之，有緣，餘或青或綠，各隨鞠衣色。緣襈襖子，黃色，紅領褾襈裾，皆織金采色雲龍文。緣襈裙，紅色，綠緣襈，織金采色雲龍文。

玉帶，如翟衣內制，第減金事件一。玉花采結綬，以紅綠綫羅爲結，玉綬花一，瑑雲龍文。綬帶玉墜珠六，金垂頭花瓣四，小金葉六。紅綫羅繫帶一。白玉雲樣玎璫二，如佩制，有金鉤，金如意雲蓋一，下懸紅組五貫，金方心雲板一，俱鈒雲龍文，襯以紅綺，下垂金長頭花四，中小金鐘一，末綴白玉雲朵五。青韈舄，與翟衣內制同。

皇妃、皇嬪及內命婦冠服。洪武三年定，皇妃受册、助祭、朝會禮服。冠飾九翬、四鳳花釵九樹，小花數如之。兩博鬢九鈿。翟衣，青質繡翟，編次於衣及裳，重爲九等。青紗中單，〔九〕黻領，朱縠褾襈裾。蔽膝隨裳色，加文繡重雉，爲章二等，以緅爲領緣。大帶隨衣色。玉革帶。青韈舄、佩綬。常服，鸞鳳冠，首飾、釧鐲用金玉、珠寶、翠。諸色團衫，金繡鸞鳳，不用黃。帶用金、玉、犀。又定，山松特髻，假鬢花鈿，或花釵鳳冠。眞紅大袖衣，霞帔，紅羅裙，褙子，衣用織金及繡鳳文。

永樂三年更定，禮服，九翟冠二，以皁縠爲之，附以翠博山，飾大珠翟二，小珠翟三，翠翟四，皆口銜珠滴。冠中寶珠一座，翠頂雲一座，其珠牡丹、翠穰花鬢之屬，俱如雙鳳翊龍冠制，第減翠雲十。又翠牡丹花、穰花各二，面花四，梅花環四，珠環各二。其大衫、霞帔、燕居佩服之飾，俱同中宮，第織金繡瑑，俱雲霞鳳文，不用雲龍文。

九嬪冠服。嘉靖十年始定，冠用九翟，次皇妃之鳳。大衫、鞠衣，如皇妃制。圭用次玉縠文。

內命婦冠服。洪武五年定，三品以上花釵、翟衣，四品、五品山松特髻，大衫爲禮服。貴人視三品，以皇妃燕居冠及大衫、霞帔爲禮服，以珠翠慶雲冠，鞠衣、褙子、緣襈襖裙爲常服。

宮人冠服，制與宋同。紫色，團領，窄袖，徧刺折枝小葵花，以金圈之，珠絡縫金帶紅裙。弓樣鞵，上刺小金花。烏紗帽，飾以花，帽額綴團珠。結珠鬢梳。垂珠耳飾。

皇太子冠服。陪祀天地、社稷、宗廟及大朝會、受册、納妃則服衮冕。洪武二十六年定，衮冕九章，冕九旒，旒九玉，金簪導，紅組纓，兩玉瑱。圭長九寸五分。玄衣纁裳，衣五章，織山、龍、華蟲、宗彝、火；裳四章，織藻、粉米、黼、黻。白紗中單，黻領。蔽膝隨裳色，織火、山二章。革帶，金鉤觼，玉佩。綬五采赤、白、玄、縹、綠織成，純赤質，三百三十首。小綬三，色同。間織三玉環。大帶，白表朱裏，上緣以紅，下緣以綠。白韈，赤舄。永樂三年定，冕冠，玄表朱裏，前圓後方，前後各九旒。每旒五采繅九就，貫五采玉九，赤、白、青、黃、黑相次。玉衡金簪，玄紞垂青纊充耳，用青玉。承以白玉瑱，朱紘纓。玉圭長九寸五分，以錦約其下，并韜。衮服九章，玄衣五章，龍在肩，山在背，火、華蟲、宗彝在袖，每袖各三。皆織成。本色領褾襈裾。纁裳四章，織藻、粉米、黼、黻各二，前三幅，後四幅，不相屬，共腰，有襞積，本色綼裼。中單以素紗爲之，青領褾襈裾，領織黻文十一。〔一〇〕蔽膝隨裳色，四章，織藻、粉米、黼、黻。本色緣，有紃，施於縫中。上玉鉤二。玉佩二，各用玉珩一、瑀一、琚一、衝牙一、璜二；〔二〕瑀下垂玉花一、玉滴二。瑑雲龍文，描金。自珩而下，繫組五，貫以玉珠。上有金鉤。小綬四采赤、白、縹、綠以副之，纁質。大帶，素表朱裏，在腰及垂，皆有綼，上綼以朱，下綼以綠。紐約用青組。大綬四采，赤、白、縹、綠。纁質。小綬三采。間施二玉環，龍文，皆織成。韈舄皆赤色，舄用黑絇純，黑飾舄首。

朔望朝、降詔、降香、進表、外國朝貢、朝覲，則服皮弁。永樂三年定，皮弁，冒以烏紗，〔三〕前後各九縫，每縫綴五采玉九，縫及冠武并貫簪繫纓處，皆飾以金。金簪朱纓。玉圭，如冕服內制。絳紗袍，本色領褾襈裾。紅裳，如冕服內裳制，但不織章數。中單以素紗爲之，如深衣制。紅領褾襈裾，領織黻文十一。蔽膝隨裳色，本色緣，有紃，施於縫中；其上玉鉤二，玉佩如冕服內制，但無雲龍文；有小綬四采以副之。大帶、大綬、韈舄赤色，皆如冕服內制。

其常服，洪武元年定，烏紗折上巾。永樂三年定，冠烏紗折角向上巾，亦名翼善冠，親王、郡王及世子俱同。袍赤，盤領窄袖，前後及兩肩各金織盤龍一。玉帶、鞾，以皮爲之。

皇太子妃冠服。洪武三年定，禮服與皇妃同。永樂三年更定，九翬四鳳冠，漆竹絲爲匡，冒以翡翠，上飾翠翬九、金鳳四，皆口銜珠滴。珠翠雲四十片，大珠花九樹，小珠花數如之。雙博鬢，飾以鸞鳳，皆垂珠滴。翠口圈一副，上飾珠寶鈿花九，翠鈿如其數。托裏金口圈一副。珠翠面花五事。珠排環一對。珠皁羅額子一，描金鳳文，用珠二十一。翟衣，青質，織翟文九等，間以小輪花。紅領褾襈裾，織金雲龍文。中單，玉色紗爲之。紅領褾襈裾，領織黻文十一。蔽膝隨衣色，織翟爲章二等，間以小輪花三，以緅爲領緣，織金雲鳳文。其玉圭、帶綬、玉佩、韈舄之制，俱同皇妃。

洪武三年又定常服。犀冠，刻以花鳳。首飾、釧鐲、衫帶俱同皇妃。四年定，冠亦與皇妃同。永樂三年定燕居冠，以皁縠爲之，附以翠博山，上飾寶珠一座，翊以二珠翠鳳，皆口銜珠滴。前後珠牡丹二，花八蕊，翠葉三十六。珠翠穰花鬢二。珠翠雲十六片。翠口圈一副。金寶鈿花九，上飾珠九。金鳳一對，口銜珠結。雙博鬢，飾以鸞鳳。金寶鈿十八，邊垂珠滴。金簪一對。珊瑚鳳冠觜一副。其大衫、霞帔、燕居佩服之飾，俱同皇妃。

親王冠服。助祭、謁廟、朝賀、受册、納妃服衮冕，朔望朝、降詔、降香、進表、四夷朝貢、朝覲服皮弁。洪武二十六年定，冕服俱如東宮，第冕旒用五采，玉圭長九寸二分五釐，青衣纁裳。永樂三年又定冕服、皮弁制，俱與東宮同，其常服亦與東宮同。

嘉靖七年諭禮部：「朕仿古玄端，自爲燕弁冠服，更制忠靜冠服，錫於有位，而宗室諸王制猶未備。今酌燕弁及忠靜冠之制，復爲式具圖，命曰保和冠服。自郡王長子以上，其式已明。鎭國將軍以下至奉國中尉及長史、審理、紀善、教授、伴讀，俱用忠靜冠服，依其品服之。儀賓及餘官不許概服。夫忠靜冠服之異式，尊賢之等也。保和冠服之異式，親親之殺也。等殺既明，庶幾乎禮之所保，保斯和，和斯安，此錫名之義也。其以圖說頒示諸王府，如敕遵行。」

保和冠制，以燕弁爲準，用九䄍，去簪與五玉，後山一扇，分畫爲四。服，青質青緣，前後方龍補，身用素地，邊用雲。襯用深衣，玉色。帶青表綠裏綠緣。履用皁綠結，白韈。

親王妃冠服。受册、助祭、朝會服禮服。洪武三年定九翬四鳳冠。永樂三年又定九翟冠，制同皇妃。其大衫、霞帔、燕居佩服之飾，同東宮妃，第金事件減一，玉綬花，瑑寶相花文。

公主冠服，與親王妃同，惟不用圭。

親王世子冠服。聖節、千秋節幷正旦、冬至、進賀表箋及父王生日諸節慶賀，皆服衮冕。洪武二十六年定，衮冕七章，冕三采玉珠，七旒。圭長九寸。青衣三章，織華蟲、火、宗彝。纁裳四章，織藻、粉米、黼、黻。素紗中單，青領襈，赤韍。革帶，佩白玉，玄組綬。綬紫質，用三采紫、黃、赤織成，間織三白玉環。白韈，赤舄。

永樂三年更定，冕冠前後各八旒，每旒五采繅八就，貫三采玉珠八，赤、白、青色相次。玉圭長九寸。青衣三章，火在肩，華蟲、宗彝在兩袖，皆織成。本色領褾襈裾。其纁裳、玉佩、帶、綬之制，俱與親王同，第領織黻文減二。皮弁用烏紗冒之，前後各八縫，每縫綴三采玉八，餘制如親王。其圭佩、帶綬、韈舄如冕服內制。常服亦與親王同。

嘉靖七年定保和冠服，以燕弁爲準，用八襊，去簪玉，後山以一扇分畫爲四，服與親王同。

世子妃冠服。永樂三年定，與親王妃同，惟冠用七翟。

郡王冠服。永樂三年定，冕冠前後各七旒，每旒五采繅七就，貫三采玉珠七。圭長九寸。青衣三章，粉米在肩，藻、宗彝在兩袖，皆織成。纁裳二章，織黼、黻各二。中單，領織黻文七，餘與親王世子同。皮弁，前後各七縫，每縫綴三采玉七，餘與親王世子同。其圭佩、帶綬、韈舄如冕服內制。常服亦與親王世子同。嘉靖七年定保和冠服，冠用七襊，服與親王世子同。

郡王妃冠服。永樂三年定，冠用七翟，與親王世子妃同。其大衫、霞帔、燕居佩服之飾，俱同親王妃，第繡雲霞翟文，不用盤鳳文。

郡王長子朝服。七梁冠，大紅素羅衣，白素紗中單，大紅素羅裳及蔽膝，大紅素羅白素紗二色大帶，〔三〕玉朝帶，丹礬紅花錦，錦雞綬，玉佩，象笏，白絹韈，皁皮雲頭履鞵。公服，皁縐紗幞頭，大紅素紵絲衣，玉革帶。常服，烏紗帽，大紅紵絲織金獅子開褉，圓領，玉束帶，皁皮銅線鞾。其保和冠，如忠靜之制，用五㯰；服與郡王同，補子用織金方龍。

郡主冠服。永樂三年定，與郡王妃同。惟不用圭，減四珠環一對。

郡王長子夫人冠服，珠翠五翟冠，大紅紵絲大衫，深青紵絲金繡翟褙子，青羅金繡翟霞帔，金墜頭。

鎮國將軍冠服，與郡王長子同。鎮國將軍夫人冠服，與郡王長子夫人同。輔國將軍冠服，與鎮國將軍同；惟冠六梁，帶用犀。輔國將軍夫人冠服，與鎮國將軍夫人同；惟冠用四翟，抹金銀墜頭。奉國將軍冠服，與輔國將軍同；惟冠五梁，帶用金鈒花，常服大紅織金虎豹。奉國將軍淑人冠服，與輔國將軍夫人同；惟褙子、霞帔，金繡孔雀文。鎮國中尉冠服，與奉國將軍同；惟冠四梁，帶用素金，佩用藥玉。鎮國中尉恭人冠服，與奉國將軍淑人同。

輔國中尉冠服，與鎭國中尉同；惟冠三梁，帶用銀鈒花，綬用盤雕，公服用深青素羅，常服紅織金熊羆。輔國中尉宜人冠服，與鎭國中尉恭人同；惟冠用三翟，褙子、霞帔，金繡鴛鴦文，銀墜頭。奉國中尉冠服，與輔國中尉同；惟冠二梁，帶用素銀，綬用練鵲，幞頭黑漆，常服紅織金彪。奉國中尉安人冠服，與輔國中尉宜人同；惟大衫用丹礬紅，褙子、霞帔金繡練鵲文。

縣主冠服。珠翠五翟冠，大紅紵絲大衫，深青紵絲金繡孔雀褙子，青羅金繡孔雀霞帔，抹金銀墜頭。郡君冠服，與縣主同；惟冠用四翟，褙子、霞帔金繡鴛鴦文。縣君冠服與郡君同；惟冠用三翟。鄉君冠服與縣君同；惟大衫用丹礬紅，褙子、霞帔金繡練鵲文。

校勘記

〔一〕青緣襈　原作「青綠襈」，據明史稿志四八輿服志、明會典卷六〇改。

〔二〕黃韈黃舄金飾　黃舄，金飾，原作「黃金舄飾」，「金」「舄」兩字倒置，據明會典卷六〇改。

〔三〕玉鉤二　明會典卷六〇作「其上玉鉤二」，指蔽膝上有玉鉤。本志下文記皇太子冠服制度，作「上玉鉤二」。

〔四〕金鉤二　明會典卷六〇作「其上金鉤二」，指玉佩上有金鉤。本志下文記皇太子冠服制度，作「上有金鉤」。

〔五〕大綬六采黄白赤玄縹綠纁質三小綬色同大綬　原脫「大綬」句，下文「三小綬色同大綬」便沒有承接。據明會典卷六〇補。

〔六〕舄用黑絇純　絇，原作「鉤」，據明史稿志四八輿服志改。下同。

〔七〕其冠飾翠龍九　原脫「其冠」兩字，據上文補。明會典卷六〇作「九龍四鳳冠」。

〔八〕大衫霞帔　衫，原作「彩」，據明史稿志四八輿服志、明會典卷六〇改。本志下文亦作「大衫霞帔」。

〔九〕青紗中單　紗，原作「衫」，據明會典卷六〇改。

〔一〇〕領織黻文十一　十一，原作「十二」，據明史稿志四八輿服志、明會典卷六〇改。按下文皮弁服亦作「領織黻文十一」。

〔一一〕玉佩二各用玉珩一瑀一琚一衝牙一璜二　璜二，原作「璜三」，據明史稿志四八輿服志、明會典卷六〇改。上文皇帝冕服飾只用「璜二」。

〔一二〕冒以烏紗　紗，原作「帽」，據明史稿志四八輿服志、明會典卷六〇改。本志上文皇帝皮弁，也作「烏紗」。

〔一三〕大紅素羅白素紗二色大帶　大帶，原作「夾帶」，據明會典卷六〇改。明會典記世子、郡王冠服都作「大帶」。

明史卷六十七

志第四十三

輿服三

文武官冠服　命婦冠服　內外官親屬冠服　內使冠服
侍儀以下冠服　士庶冠服　樂工冠服　軍隸冠服　外蕃冠服
僧道服色

羣臣冠服。洪武元年命制公服、朝服，以賜百官。時禮部言：「各官先授散官，與見任職事高下不同。如御史董希哲前授朝列大夫澧州知州，而任七品職事；省司郎中宋冕前授亞中大夫黃州知府，而任五品職事。散官與見任之職不同，故服色不能無異，乞定其制。」乃詔省部臣定議。禮部復言：「唐制，服色皆以散官爲準。元制，散官職事各從其高者，服色因之。國初服色依散官，與唐制同。」乃定服色準散官，不計見職，於是所賜袍帶亦並如之。

三年，禮部言：「歷代異尙。夏黑，商白，周赤，秦黑，漢赤，唐服飾黃，旂幟赤。今國家承元之後，取法周、漢、唐、宋，服色所尙，於赤爲宜。」從之。

文武官朝服。洪武二十六年定，凡大祀、慶成、正旦、冬至、聖節及頒詔、開讀、進表、傳制，俱用梁冠，赤羅衣，白紗中單，青飾領緣，赤羅裳，青緣，赤羅蔽膝，大帶赤、白二色絹，革帶，佩綬，白襪黑履。

一品至九品，以冠上梁數爲差。公冠八梁，加籠巾貂蟬，立筆五折，四柱，香草五段，前後玉蟬。侯七梁，籠巾貂蟬，立筆四折，四柱，香草四段，前後金蟬。伯七梁，籠巾貂蟬，立筆二折，四柱，香草二段，前後玳瑁蟬。俱插雉尾。駙馬與侯同，不用雉尾。一品，冠七梁，不用籠巾貂蟬，革帶與佩俱玉，綬用黃、綠、赤、紫織成雲鳳四色花錦，下結青絲網，玉綬環二。二品，六梁，革帶，綬環犀，餘同一品。三品，五梁，革帶金，佩玉，綬用黃、綠、赤、紫織成雲鶴花錦，下結青絲網，金綬環二。四品，四梁，革帶金，佩藥玉，餘同三品。五品，三梁，革帶銀，鈒花，佩藥玉，綬用黃、綠、赤、紫織成盤鵰花錦，下結青絲網，銀鍍金綬環二。一品至五品，笏俱象牙。六品、七品，二梁，革帶銀，佩藥玉，綬用黃、綠、赤織成練鵲三色花錦，下結青絲網，銀綬環二。獨御史服獬廌。八品、九品，一梁，革帶烏角，佩藥玉，綬用黃、綠織成鸂鶒二色花錦，下結青絲網，銅綬環二。六品至九品，笏俱槐木。其武官應直守衞者，別有服色。雜職未入流品者，大朝賀、進表行禮止用公服。三十年令視九品官，用朝服。

嘉靖八年更定朝服之制。梁冠如舊式，上衣赤羅青緣，長過腰指七寸，毋掩下裳。中單白紗青緣。下裳七幅，前三後四，每幅三襞積，赤羅青緣。蔽膝綴革帶。綬，各從品級花樣。革帶之後佩綬，繫而掩之。其環亦各從品級，用玉犀金銀銅，不以織於綬。大帶表裏俱素，惟兩耳及下垂緣綠，又以青組約之。革帶俱如舊式。珮玉一如詩傳之制，去雙滴及二珩。其三品以上玉，四品以下藥玉，及襪履俱如舊式。萬曆五年令百官正旦朝賀，毋僭躡朱履。故事，十一月百官戴煖耳。是年朝覲外官及舉人、監生，不許戴煖耳入朝。

凡親祀郊廟、社稷，文武官分獻陪祀，則服祭服。洪武二十六年定，一品至九品，青羅衣，白紗中單，俱皁領緣。赤羅裳，皁緣。赤羅蔽膝。方心曲領。其冠帶、佩綬等差，並同朝服。又定品官家用祭服。三品以上，去方心曲領。四品以下，并去珮綬。嘉靖八年更定百官祭服。上衣青羅，皁緣，與朝服同。下裳赤羅，皁緣，與朝服同。蔽膝、綬環、大帶、革帶、佩玉、襪履俱與朝服同。其視牲、朝日夕月、耕耤、祭歷代帝王，獨錦衣衞堂上官，大紅蟒衣，飛魚，烏紗帽，鸞帶，佩繡春刀。祭太廟、社稷，則大紅便服。

文武官公服。洪武二十六年定。每日早晚朝奏事及侍班、謝恩、見辭則服之。在外文武官，每日公座服之。

其制，盤領右衽袍，用紵絲或紗羅絹，袖寬三尺。一品至四品，緋袍；五品至七品，青袍；八品九品，綠袍；未入流雜職官，袍、笏、帶與八品以下同。公服花樣：一品，大獨科花，徑五寸；二品，小獨科花，徑三寸；三品，散答花，無枝葉，徑二寸；四品、五品，小雜花紋，徑一寸五分；六品、七品，小雜花，徑一寸；八品以下無紋。幞頭：漆、紗二等，展角長一尺二寸；雜職官幞頭，垂帶，後復令展角，不用垂帶，與入流官同。笏依朝服爲之。腰帶：一品玉，或花或素；二品犀；三品、四品，金荔枝；五品以下烏角。鞓用青革，仍垂撻尾於下。鞾用皁。

其後，常朝止朝服，惟朔望具公服朝參。凡武官應直守衞者，別有服色，不拘此制。公、侯、駙馬、伯服色花樣、腰帶，與一品同。文武官花樣，如無從織造，則用素。百官入朝，雨雪許服雨衣。奉天、華蓋、武英諸殿奏事，必躡履鞵，違者御史糾之。萬曆五年令常朝俱衣本等錦繡服色，其朝覲官見辭、謝恩，不論已未入流，公服行禮。

文武官常服。洪武三年定，凡常朝視事，以烏紗帽、團領衫、束帶爲公服。其帶，一品玉，二品花犀，三品金鈒花，四品素金，五品銀鈒花，六品、七品素銀，八品、九品烏角。凡致仕及侍親辭閑官，紗帽、束帶。爲事黜降者，服與庶人同。至二十四年，又定公、侯、伯、駙馬束帶與一品同，雜職官與八品、九品同。

朝官常服禮鞵，洪武六年定。先是，百官入朝，遇雨皆躡釘鞾，聲徹殿陛，侍儀司請禁之。太祖曰：「古者入朝有履，自唐始用鞾。其令朝官爲軟底皮鞵，冒於鞾外，出朝則釋之。」

禮部言近奢僭越制。詔申禁之，仍參酌漢、唐之制，頒行遵守。凡職官，一品、二品用雜色文綺、綾羅、綵繡，帽頂、帽珠用玉；三品至五品用雜色文綺、綾羅，帽頂用金，帽珠除玉外，隨所用；六品至九品用雜色文綺、綾羅，帽頂用銀，帽珠瑪瑙、水晶、香木。一品至六品穿四爪龍，以金繡爲之者聽。禮部又議：「品官見尊長，用朝君公服，於理未安。宜別製梁冠、絳衣、絳裳、革帶、大帶、大白襪、烏舄、佩綬，其衣裳去緣襈。三品以上佩綬，三品以下不用。」從之。

二十二年令文武官遇雨戴雨帽，公差出外戴帽子，入城不許。二十三年定制，文官衣自領至裔，去地一寸，袖長過手，復回至肘。公、侯、駙馬與文官同。武官去地五寸，袖長過手七寸。二十四年定，公、侯、駙馬、伯服，繡麒麟、白澤。文官一品仙鶴，二品錦雞，三品孔雀，四品雲雁，五品白鷴，六品鷺鷥，七品鸂鶒，八品黃鸝，九品鵪鶉；雜職練鵲；風憲官獬廌。武官一品、二品獅子，三品、四品虎豹，五品熊羆，六品、七品彪，八品犀牛，九品海馬。又令品官常服用雜色紵絲、綾羅、綵繡。官吏衣服、帳幔，不許用玄、黃、紫三色，幷織繡龍鳳文，違者罪及染造之人。朝見人員，四時並用色衣，不許純素。三十年令致仕官服色與見任同，若朝賀、謝恩、見辭，一體具服。

景泰四年令錦衣衞指揮侍衞者，得衣麒麟。天順二年定官民衣服不得用蟒龍、飛魚、斗牛、大鵬、像生獅子、四寶相花、大西番蓮、大雲花樣，幷玄、黃、紫及玄色、黑、綠、柳黃、薑黃、明黃諸色。弘治十三年奏定，公、侯、伯、文武大臣及鎭守、守備，違例奏請蟒衣、飛魚衣服者，科道糾劾，治以重罪。正德十一年設東、西兩官廳，將士悉衣黃罩甲。中外化之。金緋盛服者，亦必加此於上。都督江彬等承日紅笠之上，綴以靛染天鵝翎，以爲貴飾，貴者飄三英，次者二英。兵部尚書王瓊得賜一英，冠以下教場，自謂殊遇。其後巡狩所經，督餉侍郎、巡撫都御史無不衣罩甲見上者。十三年，車駕還京，傳旨，俾迎候者用曳撒大帽、鸞帶。尋賜羣臣大紅紵絲羅紗各一。其服色，一品斗牛，二品飛魚，三品蟒，四、五品麒麟，〔一〕六、七品虎、彪；翰林科道不限品級皆與焉；惟部曹五品下不與。時文臣服色亦以走獸，而麒麟之服逮於四品，尤異事也。

十六年，世宗登極詔云：〔三〕「近來冒濫玉帶，蟒龍、飛魚、斗牛服色，皆庶官雜流幷各處將領夤緣奏乞，今俱不許。武職卑官僭用公、侯服色者，亦禁絕之。」嘉靖六年復禁中外官，不許濫服五彩裝花織造違禁顏色。

七年既定燕居法服之制，閣臣張璁因言：「品官燕居之服未有明制，詭異之徒，競爲奇服以亂典章。乞更法古玄端，別爲簡易之制，昭布天下，使貴賤有等。」帝因復製忠靜冠服圖頒禮部，敕諭之曰：「祖宗稽古定制，品官朝祭之服，各有等差。第常人之情，多謹於明顯，怠於幽獨。古聖王慎之，制玄端以爲燕居之服。比來衣服詭異，上下無辨，民志何由定。朕因酌古玄端之制，更名『忠靜』，庶幾乎進思盡忠，退思補過焉。朕已著爲圖說，如式製造。在京許七品以上官及八品以上翰林院、國子監、行人司，在外許方面官及各府堂官、州縣正堂、儒學教官服之。武官止都督以上。其餘不許濫服。」禮部以圖說頒布天下，如敕奉行。

按忠靜冠仿古玄冠，冠匡如制，以烏紗冒之，兩山俱列於後。冠頂仍方中微起，三梁各壓以金線，邊以金緣之。四品以下，去金，緣以淺色絲線。忠靜服仿古玄端服，色用深青，以紵絲紗羅爲之。三品以上雲，四品以下素，緣以藍青，前後飾本等花樣補子。深衣用玉色。素帶，如古大夫之帶制，青表綠緣邊幷裏。素履，青綠條結。白襪。

十六年，羣臣朝於駐蹕所，兵部尙書張瓚服蟒。帝怒，諭閣臣夏言曰：「尙書二品，何自服蟒？」言對曰：「瓚所服，乃欽賜飛魚服，鮮明類蟒耳。」帝曰：「飛魚何組兩角？其嚴禁之。」於是禮部奏定，文武官不許擅用蟒衣、飛魚、斗牛、違禁華異服色。其大紅紵絲紗羅服，惟四品以上官及在京五品堂上官、經筵講官許服。五品官及經筵不爲講官者，俱服青綠錦繡。遇吉禮，止衣紅布絨褐。品官花樣，並依品級。錦衣衞指揮，侍衞者仍得衣麒麟，其帶俸非侍衞，及千百戶雖侍衞，不許僭用。

歷朝賜服，文臣有未至一品而賜玉帶者，自洪武中學士羅復仁始。衍聖公秩正二品，服織金麒麟袍、玉帶，則景泰中入朝拜賜。自是以爲常。內閣賜蟒衣，自弘治中劉健、李東陽始。麒麟本公、侯服，而內閣服之，則嘉靖中嚴嵩、徐階皆受賜也。仙鶴，文臣一品服也，嘉靖中成國公朱希忠、都督陸炳服之，皆以玄壇供事。而學士嚴訥、李春芳、董份以五品撰青詞，亦賜仙鶴。尋諭供事壇中乃用，於是尙書皆不敢衣鶴。後敕南京織閃黃補麒麟、仙鶴，賜嚴嵩，閃黃乃上用服色也；又賜徐階敎子升天蟒。萬曆中，賜張居正坐蟒；武清侯李偉以太后父，亦受賜。

儀賓朝服、公服、常服，俱視品級，與文武官同，惟笏皆象牙；常服花様視武官。弘治十三年定，郡主儀賓鈒花金帶，胸背獅子。縣主儀賓鈒花金帶，郡君儀賓光素金帶，胸背俱虎豹。縣君儀賓鈒花銀帶，鄉君儀賓光素銀帶，胸背俱彪。有僭用者，革去冠帶，戴平頭巾，於儒學讀書、習禮三年。

狀元及諸進士冠服。狀元冠二梁，緋羅圓領，白絹中單，錦綬，蔽膝，紗帽，槐木笏，光銀帶，藥玉佩，朝鞾，氈襪，皆御前頒賜，上表謝恩日服之。進士巾如烏紗帽，頂微平，展角闊寸餘，長五寸許，系以垂帶，皁紗爲之。深藍羅袍，緣以青羅，袖廣而不殺。槐木笏，革帶、青鞓，飾以黑角，垂撻尾於後。廷試後頒於國子監，傳臚日服之。上表謝恩後，謁先師行釋菜禮畢，始易常服，其巾袍仍送國子監藏之。

命婦冠服。洪武元年定，命婦一品，冠花釵九樹。兩博鬢，九鈿。服用翟衣，繡翟九重。素紗中單，黼領，朱穀褾襈裾。蔽膝隨裳色，以緅爲領緣，加文繡重翟，爲章二等。玉帶。青襪舄，佩綬。二品，冠花釵八樹。兩博鬢，八鈿。服用翟衣八等，犀帶，餘如一品。三品，冠花釵七樹。兩博鬢，七鈿。翟衣七等，金革帶，餘如二品。四品，冠花釵六樹。兩博鬢，六鈿。翟衣六等，金革帶，餘如三品。五品，冠花釵五樹。兩博鬢，五鈿。翟衣五等，烏角帶，餘如四品。六品，冠花釵四樹。兩博鬢，四鈿。翟衣四等，烏角帶，餘如五品。七品，冠花釵三樹。兩博鬢，三鈿。翟衣三等，烏角帶，餘如六品。自一品至五品，衣色隨夫用紫。六品、七品，衣色隨夫用緋。其大帶如衣色。

四年，以古天子諸侯服袞冕，后與夫人亦服褘翟。今羣臣既以梁冠、絳衣爲朝服，不敢用冕，則外命婦亦不當服翟衣以朝。命禮部議之。奏定，命婦以山松特髻、假鬢花鈿、眞紅大袖衣、珠翠蹙金霞帔，爲朝服。以朱翠角冠、金珠花釵、闊袖雜色緑緣，爲燕居之服。一品，衣金繡文霞帔，金珠翠妝飾，玉墜。二品，衣金繡雲肩大雜花霞帔，金珠翠妝飾，金墜子。三品，衣金繡大雜花霞帔，珠翠妝飾，金墜子。四品，衣繡小雜花霞帔，翠妝飾，金墜子。五品，衣銷金大雜花霞帔，生色畫絹起花妝飾，金墜子。六品、七品，衣銷金小雜花霞帔，生色畫絹起花妝飾，鍍金銀墜子。八品、九品，衣大紅素羅霞帔，生色畫絹妝飾，銀墜子。首飾，一品、二品，金玉珠翠。三品、四品，金珠翠。五品，金翠。六品以下，金鍍銀間用珠。

五年更定品官命婦冠服。

一品，禮服用山松特髻，翠松五株，金翟八，口銜珠結。正面珠翠翟一，珠翠花四朶，珠翠雲喜花三朶；後鬢珠梭毬一，珠翠飛翟一，珠翠梳四，金雲頭連三釵一，珠簾梳一，金簪二；珠梭環一雙。大袖衫，用眞紅色。霞帔、褙子，俱用深青色。紵絲綾羅紗隨用。霞帔上施蹙金繡雲霞翟文，鈒花金墜子。褙子上施金繡雲霞翟文。常服用珠翠慶雲冠，珠翠翟三，金翟一，口銜珠結；鬢邊珠翠花二，小珠翠梳一雙，金雲頭連三釵一，金壓鬢雙頭釵二，金腦梳一，金簪二；金脚珠翠佛面環一雙；鐲釧皆用金。長襖長裙，各色紵絲綾羅紗隨用。長襖緣襈，或紫或綠，上施蹙金繡雲霞翟文。看帶，用紅綠紫，上施蹙金繡雲霞翟文。長裙，橫豎金繡纏枝花文。

二品，特髻上金翟七，口銜珠結，餘同一品。常服亦與一品同。

三品，特髻上金孔雀六，口銜珠結。正面珠翠孔雀一，後鬢翠孔雀二。霞帔上施蹙金雲霞孔雀文，鈒花金墜子。褙子上施金繡雲霞孔雀文，餘同二品。常服冠上珠翠孔雀三，金孔雀二，口銜珠結。長襖緣襈。看帶，或紫或綠，並繡雲霞孔雀文。長裙，橫豎襴並繡纏枝花文，餘同二品。

四品，特髻上金孔雀五，口銜珠結，餘同三品。常服亦與三品同。

五品，特髻上銀鍍金鴛鴦四，口銜珠結。正面珠翠鴛鴦一，小珠鋪翠雲喜花三朶；後鬢翠鴛鴦二，銀鍍金雲頭連三釵一，小珠簾梳一，鍍金銀簪二；小珠梳環一雙。霞帔上施繡雲霞鴛鴦文，鍍金銀鈒花墜子。褙子上施雲霞鴛鴦文，餘同四品。常服冠上小珠翠鴛鴦三，鍍金銀鴛鴦二，挑珠牌。鬢邊小珠翠花二朶，雲頭連三釵一，梳一，壓鬢雙頭釵二，鍍金簪二；銀脚珠翠佛面環一雙。鐲釧皆用銀鍍金。長襖緣襈，繡雲霞鴛鴦文。長裙，横豎襴繡纏枝花文，餘同四品。

六品，特髻上翠松三株，銀鍍金練鵲四，口銜珠結。正面銀鍍金練鵲一，小珠翠花四朶；後鬢翠梭毬一，翠練鵲二，翠梳四，銀雲頭連三釵一，珠緣翠簾梳一，銀簪二。大袖衫，綾羅紬絹隨所用。霞帔施繡雲霞練鵲文，鈒花銀墜子。褙子上施雲霞練鵲文，餘同五品。常服冠上鍍金銀練鵲三，又鍍金銀練鵲二，挑小珠牌；鐲釧皆用銀。長襖緣襈。看帶，或紫或綠，繡雲霞練鵲文。長裙，横豎襴繡纏枝花文，餘同五品。

七品，禮服、常服，俱同六品。其八品、九品禮服，惟用大袖衫、霞帔、褙子。大衫同七品。霞帔上繡纏枝花，鈒花銀墜子。褙子上繡摘枝團花。通用小珠慶雲冠。常服亦用小珠慶雲冠，銀間鍍金銀練鵲三，又銀間鍍金銀練鵲二，挑小珠牌；銀間鍍金雲頭連三釵一，銀間鍍金壓鬢雙頭釵二，銀間鍍金腦梳一，銀間鍍金簪二。長襖緣襈、看帶並繡纏枝花，餘同七品。

又定命婦團衫之制，以紅羅爲之，繡重雉爲等第。一品九等，二品八等，三品七等，四品六等，五品五等，六品四等，七品三等，其餘不用繡雉。

二十四年定制，命婦朝見君后，在家見舅姑幷夫及祭祀則服禮服。公侯伯夫人與一品同。大袖衫，眞紅色。一品至五品，紵絲綾羅；六品至九品，綾羅紬絹。霞帔、褙子皆深青段。公侯及一品、二品，金繡雲霞翟文；三品、四品，金繡雲霞孔雀文；五品，繡雲霞鴛鴦文；六品、七品，繡雲霞練鵲文。大袖衫，領闊三寸，兩領直下一尺，間綴紐子三，末綴紐子二，紐在掩紐之下，拜則放之。霞帔二條，各繡禽七，隨品級用，前四後三。墜子中鈒花禽一，四面雲霞文，禽如霞帔，隨品級用。笏以象牙爲之。

二十六年定，一品，冠用金事件，珠翟五，珠牡丹開頭二，珠半開三，〔三〕翠雲二十四片，翠牡丹葉一十八片，翠口圈一副，上帶金寶鈿花八，金翟二，口銜珠結二。二品至四品，冠用金事件，珠翟四，珠牡丹開頭二，珠半開四，翠雲二十四片，翠牡丹葉一十八片，翠口圈一副，上帶金寶鈿花八，金翟二，口銜珠結二。一品、二品，霞帔、褙子俱雲霞翟文，鈒花金墜子。三品、四品，霞帔、褙子俱雲霞孔雀文，鈒花金墜子。五品、六品，冠用抹金銀事件，珠翟三，珠牡丹開頭二，珠半開五，翠雲二十四片，翠牡丹葉一十八片，翠口圈一副，上帶抹金銀寶鈿花八，抹金銀翟二，口銜珠結子二。五品，霞帔、褙子俱雲霞鴛鴦文，鍍金鈒花銀墜子。六品，霞帔、褙子俱雲霞練鵲文，鈒花銀墜子。七品至九品，冠用抹金銀事件，珠翟二，珠月桂開頭二，珠半開六，翠雲二十四片，翠月桂葉一十八片，翠口圈一副，上帶抹金銀寶鈿花八，抹金銀翟二，口銜珠結子二。七品，霞帔、墜子、褙子，與六品同。八品、九品，霞帔用繡纏枝花，墜子與七品同，褙子繡摘枝團花。

內外官親屬冠服。洪武元年，禮部尚書崔亮奏詔議定。內外官父、兄、伯、叔、子、孫、弟、侄用烏紗帽，軟脚垂帶，圓領衣，烏角帶。品官祖母及母、與子孫同居親弟侄婦女禮服，合以本官所居官職品級，通用漆紗珠翠慶雲冠，本品衫，霞帔、褙子，緣襈襖裙，惟山松特髻子，止許受封誥敕者用之。品官次妻，許用本品珠翠慶雲冠、褙子爲禮服。銷金闊領、長襖長裙爲常服。二十五年，令文武官父兄、伯叔、弟侄、子壻，皆許穿靴。

內使冠服。明初置內使監，冠烏紗描金曲脚帽，衣胸背花盤領窄袖衫，烏角帶，靴用紅扇面黑下椿。各宮火者，服與庶人同。洪武三年諭宰臣，內使監未有職名者，當別製冠，以別監官。禮部奏定，內使監凡遇朝會，依品具朝服、公服行禮。其常服，葵花胸背團領衫，不拘顏色；烏紗帽；犀角帶。無品從者，常服團領衫，無胸背花，不拘顏色；烏角帶；烏紗帽，垂軟帶。年十五以下者，惟戴烏紗小頂帽。

按大政記，永樂以後，宦官在帝左右，必蟒服，製如曳撒，繡蟒於左右，繫以鸞帶，此燕閑之服也。次則飛魚，惟入侍用之。貴而用事者，賜蟒，文武一品官所不易得也。單蟒面皆斜向，坐蟒則面正向，尤貴。又有膝襴者，亦如曳撒，上有蟒補，當膝處橫織細雲蟒，蓋南郊及山陵扈從，便於乘馬也。或召對燕見，君臣皆不用袍，而用此；第蟒有五爪、四爪之分，襴有紅、黃之別耳。

弘治元年，都御史邊鏞言：「國朝品官無蟒衣之制。夫蟒無角、無足，今內官多乞蟒衣，殊類龍形，非制也。」乃下詔禁之。十七年諭閣臣劉健曰：「內臣僭妄尤多。」因言服色所宜禁，曰：「蟒、龍、飛魚、斗牛，本在所禁，不合私織。間有賜者，或久而敝，不宜輒自織用。玄、黃、紫、皁乃屬正禁，卽柳黃、明黃、薑黃諸色，亦應禁之。」孝宗加意鉗束，故申飭者再，然內官驕恣已久，積習相沿，不能止也。

初，太祖制內臣服，其紗帽與羣臣異，且無朝冠、幞頭，亦無祭服。萬曆初，穆宗主入太廟，大璫冠進賢，服祭服以從，蓋內府祀中霤、竈井之神，例遣中官，因自創爲祭服，非由廷議也。

侍儀舍人冠服。洪武二年，禮官議定。侍儀舍人導禮，依元制，展脚幞頭，窄袖紫衫，塗金束帶，皁紋鞾。常服，烏紗唐帽，諸色盤領衫，烏角束帶，衫不用黄。四年，中書省議定，侍儀舍人倂御史臺知班，引禮執事，冠進賢冠，無梁，服絳色衣，其蔽膝、履、襪、帶、笏，與九品同，惟不用中單。

校尉冠服。洪武三年定制，執仗之士，首服皆縷金額交脚幞頭，其服有諸色辟邪、寶相花裙襖，銅葵花束帶，皁紋鞾。六年，令校尉衣只孫，束帶，幞頭，鞾襪。只孫，一作質孫，本元制，蓋一色衣也。十四年改用金鵝帽，黑漆戧金荔枝銅釘樣，每五釘攢就，四面稍起邊欄，鞓青緊束之。二十二年令將軍、力士、校尉、旂軍，常戴頭巾或榼腦。二十五年令校尉、力士，上直穿鞾，出外不許。

刻期冠服。宋置快行親從官，明初謂之刻期。冠方頂巾，衣胸背鷹鷂，花腰，線襖子，諸色闊匾絲絛，大象牙雕花環，行縢八帶鞵。洪武六年，惟用雕刻象牙絛環，餘同庶民。

儒士、生員、監生巾服。洪武三年令士人戴四方平定巾。二十三年定儒士、生員衣，自領至裳，去地一寸，袖長過手，復回不及肘三寸。二十四年，以士子巾服，無異吏胥，宜甄別之，命工部制式以進。太祖親視，凡三易乃定。

生員襴衫，用玉色布絹爲之，寬袖皁緣，皁條軟巾垂帶。貢舉入監者，不變所服。洪武末，許戴遮陽帽，後遂私戴之。洪熙中，帝問衣藍者何人，左右以監生對。帝曰：「著青衣較好。」乃易青圓領。嘉靖二十二年，禮部言士子冠服詭異，有凌雲等巾，甚乖禮制，詔所司禁之。萬曆二年禁舉人、監生、生儒僭用忠靜冠巾，錦綺鑲履及張傘蓋，戴煖耳，違者五城御史送問。

庶人冠服。明初，庶人婚，許假九品服。洪武三年，庶人初戴四帶巾，改四方平定巾，雜色盤領衣，不許用黃。又令男女衣服，不得僭用金繡、錦綺、紵絲、綾羅，止許紬、絹、素紗，其鞾不得裁製花樣、金線裝飾。首飾、釵、鐲不許用金玉、珠翠，止用銀。六年令庶人巾環不得用金玉、瑪瑙、珊瑚、琥珀。未入流品者同。庶人帽，不得用頂，帽珠止許水晶、香木。十四年令農衣紬、紗、絹、布，商賈止衣絹、布。農家有一人爲商賈者，亦不得衣紬、紗。二十二年令農夫戴斗笠、蒲笠，出入市井不禁，不親農業者不許。二十三年令耆民衣制，袖長過手，復回不及肘三寸；庶人衣長，去地五寸，袖長過手六寸，袖椿廣一尺，袖口五寸。二十五年，以民間違禁，韡巧裁花様，嵌以金線藍條，詔禮部嚴禁庶人不許穿韡，止許穿皮札𩍐，惟北地苦寒，許用牛皮直縫韡。正德元年禁商販、僕役、倡優、下賤不許服用貂裘。十六年禁軍民衣紫花罩甲，或禁門或四外遊走者，緝事人擒之。

士庶妻冠服。洪武三年定制，士庶妻，首飾用銀鍍金，耳環用金珠，釧鐲用銀，服淺色團衫，用紵絲、綾羅、紬絹。五年令民間婦人禮服惟紫絁，不用金繡，袍衫止紫、綠、桃紅及諸淺淡顏色，不許用大紅、鴉青、黃色，帶用藍絹布。女子在室者，作三小髻，金釵，珠頭䯼，窄袖褙子。凡婢使，高頂髻，絹布狹領長襖，長裙。小婢使，雙髻，長袖短衣，長裙。成化十年禁官民婦女不得僭用渾金衣服，寶石首飾。正德元年令軍民婦女不許用銷金衣服、帳幔，寶石首飾、鐲釧。

協律郎、樂舞生冠服。明初，郊社宗廟用雅樂，協律郎幞頭，紫羅袍，荔枝帶；樂生緋袍，展脚幞頭；舞士幞頭，紅羅袍，荔枝帶，皁韡；文舞生紅袍，武舞生緋袍，俱展脚幞頭，革帶，皂鞾。

朝會大樂九奏歌工：中華一統巾，紅羅生色大袖衫，畫黃鶯、鸚鵡花樣，紅生絹襯衫，錦領，杏紅絹裙，白絹大口袴，青絲絛，白絹襪，茶褐鞵。其和聲郎押樂者：皂羅闊帶巾，青羅大袖衫，紅生絹襯衫，錦領，塗金束帶，皂鞾。

其三舞：

一、武舞，曰平定天下之舞。舞士，皆黃金束髮冠，紫絲纓，青羅生色畫舞鶴花樣窄袖衫，白生絹襯衫，錦領、紅羅銷金大袖罩袍，紅羅銷金裙，皂生色畫花緣襈，白羅銷金汗袴，藍青羅銷金緣，紅絹擁項，紅結子，紅絹束腰，塗金束帶，青絲大絛錦臂鞲，綠雲頭皂鞾。舞師，黃金束髮冠，紫絲纓，青羅大袖衫，白絹襯衫，錦領，塗金束帶，綠雲頭皂鞾。

一、文舞，曰車書會同之舞。舞士，皆黑光描金方山冠，青絲纓，紅羅大袖衫，〔四〕紅生絹襯衫，錦領，紅羅擁項，紅結子，塗金束帶，白絹大口袴，白絹襪，茶褐鞵。舞師冠服與舞士同，惟大袖衫用青羅，不用紅羅擁項、紅結子。

一、文舞，曰撫安四夷之舞。舞士，東夷四人，椎髻於後，繫紅銷金頭繩，紅羅銷金抹額，中綴塗金博山，兩傍綴塗金巾環，明金耳環，青羅生色畫花大袖衫，紅生色領袖，紅羅銷金裙，青銷金裙緣，紅生絹襯衫，錦領，塗金束帶，烏皮鞾。西戎四人，間道錦纏頭，明金耳環，紅紵絲細摺襖子，大紅羅生色雲肩，綠生色緣，藍青羅銷金汗袴，紅銷金緣繫腰合鉢，十字泥金數珠，五色銷金羅香囊，紅絹擁項，紅結子，赤皮鞾。南蠻四人，綰朝天髻，繫紅羅生色銀錠，紅銷金抹額，明金耳環，紅織金短襖子，綠織金細摺短裙，絨錦袴，間道紵絲手巾，泥金頂牌，金珠瓔珞綴小金鈴，錦行纏，泥金獅蠻帶，綠銷金擁項，紅結子，赤皮鞾。北翟四人，戴單于冠，貂鼠皮簷，雙垂髻，紅銷金頭繩，紅羅銷金抹額，諸色細摺襖子，藍青生色雲肩，紅結子，紅銷金汗袴，繫腰合鉢，皁皮鞾。其舞師皆戴白捲簷氈帽，塗金帽頂，一撒紅纓，紫羅帽襻，紅綠金繡襖子，白銷金汗袴，藍青銷金緣，塗金束帶，綠擁項，紅結子，赤皮鞾。

凡大樂工及文武二舞樂工，皆曲脚幞頭，紅羅生色畫花大袖衫，塗金束帶，紅絹擁項，紅結子，皁皮鞾。四夷樂工，皆蓮花帽，諸色細摺襖子，白銷金汗袴，紅銷金緣，紅綠絹束腰，紅羅擁項，紅結子，花鞾。

永樂間，定殿內侑食樂。奏平定天下之舞，引舞、樂工，皆青羅包巾，青、紅、綠、玉色羅銷金胸背襖子，渾金銅帶，紅羅褡𧜉，雲頭皁鞾，青綠羅銷金包髻。舞人服色如之。奏撫安四夷之舞：高麗舞四人，皆笠子，青羅銷金胸背襖子，銅帶，皁鞾；琉球舞四人，皆棉布花手巾，青羅大袖襖子，銅帶，白碾光絹間道踢袴，皁皮鞾；北番舞四人，皆狐帽，青紅紵絲銷金襖子，銅帶；伍魯速回回舞四人，皆青羅帽，比里罕棉布花手巾，銅帶，皁鞾。奏車書會同之舞，舞人皆皁羅頭巾，青、綠、玉色皁沿邊襴，茶褐線條皁皮四縫鞾。奏表正萬邦之舞，引舞二人，青羅包巾，紅羅銷金項帕，紅生絹錦領中單，紅生絹銷金通袖襖子，青綫條銅帶，織錦臂韝，雲頭皁鞾，各色銷金包臀，紅絹褡縛。舞人、樂工服色，與引舞同。奏天命有德之舞，引舞二人，青幪紗如意冠，紅生絹錦領中單，紅生絹大袖袍，各色絹采畫直纏，黑角偏帶，藍絹綵雲頭皁鞾，白布襪。舞人、樂工服色，與引舞同。

洪武五年定齋郎，樂生，文、武舞生冠服。齋郎，黑介幘，漆布爲之，無花樣；服紅絹窄袖衫，紅生絹爲裏；皁皮四縫鞾；黑角帶。文舞生及樂生，黑介幘，漆布爲之，上加描金蟬；服紅絹大紬袍，胸背畫纏枝方葵花，紅生絹爲裏，加錦臂韝二；皁皮四縫鞾；黑角帶。武舞生，武弁，以漆布爲之，上加描金蟬；服飾、鞾、帶，並同文舞生。嘉靖九年定文、武舞生服制：圜丘服青紵絲，方澤服黑綠紗，朝日壇服赤羅，夕月壇服玉色羅。

宮中女樂冠服。洪武三年定制。凡中宮供奉女樂、奉鑾等官妻，本色鬏髻，青羅圓領。提調女樂，黑漆唐巾，大紅羅銷金花圓領，鍍金花帶，皁鞾。歌章女樂，黑漆唐巾，大紅羅銷金裙襖，胸帶，大紅羅抹額，青綠羅彩畫雲肩，描金牡丹花皁鞾。奏樂女樂，服色與歌章同。

嘉靖九年祀先蠶，定樂女生冠服。黑縐紗描金蟬冠，黑絲纓，黑素羅銷金葵花胸背大袖女袍，黑生絹襯衫，錦領，塗金束帶，白襪，黑鞵。

教坊司冠服。洪武三年定。教坊司樂藝，青卍字頂巾，繫紅綠褡(^)。樂妓，明角冠，皂褙子，不許與民妻同。御前供奉俳長，鼓吹冠，紅羅胸背小袖袍，紅絹褡(^)，皂鞾。色長，鼓吹冠，紅青羅紵絲彩畫百花袍，紅絹褡(^)。歌工，弁冠，紅羅織金胸背大袖袍，紅生絹錦領中單，黑角帶，紅熟絹錦脚袴，皂皮琴鞵，白棉布夾襪。樂工服色，與歌工同。凡教坊司官常服冠帶，與百官同；至御前供奉，執粉漆笏，服黑漆幞頭，黑綠羅大袖襴袍，黑角偏帶，皂鞾。教坊司伶人，常服綠色巾，以別士庶之服。樂人皆戴鼓吹冠，不用錦條，惟紅褡(^)，服色不拘紅綠。教坊司婦人，不許戴冠，穿褙子。樂人衣服，止用明綠、桃紅、玉色、水紅、茶褐色。俳、色長，樂工，俱皁頭巾，雜色條。

王府樂工冠服。洪武十五年定。凡朝賀用大樂宴禮，七奏樂樂工，俱紅絹彩畫胸背方花小袖單袍，有花鼓吹冠，錦臂鞲，皂鞾，抹額以紅羅彩畫，束腰以紅絹。其餘，樂工用綠絹彩畫胸背方花小袖單袍，無花鼓吹冠，抹額以紅絹彩畫，束腰以紅絹。

軍士服。洪武元年令製衣，表裏異色，謂之鴛鴦戰襖，以新軍號。二十一年定旂手衞軍士、力士，俱紅袢襖，〔五〕其餘衞所，袢襖如之。凡袢襖，長齊膝，窄袖，內實以棉花。二十六年令騎士服對襟衣，便於乘馬也。不應服而服者，罪之。

皁隸公人冠服。洪武三年定，皁隸，圓頂巾，皁衣。四年定，皁隸公使人，皁盤領衫，平頂巾，白褡褲，帶錫牌。十四年令各衙門祗禁，原服皁衣，改用淡青。二十五年，皁隸伴當，不許着鞾，止用皮札䩺。

外國君臣冠服。洪武二年，高麗入朝，請祭服制度，命製給之。二十七年定蕃國朝貢儀，國王來朝，如嘗賜朝服者，服之以朝。三十一年賜琉球國王併其臣下冠服。永樂中，賜琉球中山王皮弁，玉圭，麟袍，犀帶，視二品秩。宣德三年，朝鮮國王李裪言：「洪武中，蒙賜國王冕服九章，陪臣冠服比朝廷遞降二等，故陪臣一等，比朝臣第三等，得五梁冠服。永樂初，先臣芳遠遣世子禔入朝，蒙賜五梁冠服。臣竊惟世子冠服，何止同陪臣一等，乞爲定制。」乃命製六梁冠賜之。嘉靖六年令外國朝貢人，不許擅用違制衣服。如違，賣者、買者同罪。

僧道服。洪武十四年定，禪僧，茶褐常服，青條玉色袈裟。講僧，玉色常服，綠條淺紅袈裟。教僧，皁常服，黑條淺紅袈裟。僧官如之。惟僧錄司官，袈裟，綠文及環皆飾以金。道士，常服青法服，朝衣皆赤，道官亦如之。惟道錄司官，法服、朝服，綠文飾金。凡在京道官，紅道衣，金襴，木簡。在外道官，紅道衣，木簡，不用金襴。道士，青道服，木簡。

校勘記

〔一〕四五品麒麟　原脫「五」字，據稽璜續文獻通考卷九三補。

〔二〕十六年世宗登極詔云　十六年，原作「十八年」，據本書卷一七世宗紀、世宗實錄卷一正德十六年四月癸卯改。

〔三〕珠半開三　三，原作「二」，據諸司職掌禮部、明會典卷六一改。

〔四〕紅羅大袖衫　紅羅，原作「青紅羅」，「青」字衍，據稽璜續文獻通考卷九三刪。按舞士大袖衫用紅羅，正與下文舞師「惟大袖衫用青羅」相應。

〔五〕俱紅袢襖　袢襖，原作「絆襖」，據下文及明史稿志四九輿服志改。按「袢襖」，本書卷七四百官志、卷七九食貨志都作「胖襖」。

明史卷六十八

志第四十四

輿服四

明初寶璽十七。〔一〕其大者曰「皇帝奉天之寶」，曰「皇帝之寶」，曰「皇帝行寶」，曰「皇帝信寶」，曰「天子之寶」，曰「天子行寶」，曰「天子信寶」，曰「制誥之寶」，曰「敕命之寶」，曰「廣運之寶」，曰「皇帝尊親之寶」，曰「皇帝親親之寶」，曰「敬天勤民之寶」；又有「御前之寶」、「表章經史之寶」及「欽文之璽」。丹符出驗四方。洪武元年欲制寶璽，有賈胡浮海獻美玉，曰：「此出于闐，祖父相傳，當爲帝王寶璽。」乃命製爲寶，不知十七寶中，此玉製何寶也。

成祖又製「皇帝親親之寶」、「皇帝奉天之寶」、「誥命之寶」、「敕命之寶」。

弘治十三年，鄠縣民毛志學於泥河濱得玉璽，其文曰「受命於天，既壽永昌」。色白微青，螭紐。陝西巡撫熊翀以爲秦璽復出，遣人獻之。禮部尚書傅瀚言：「自有秦璽以來，歷代得喪眞僞之跡具載史籍。今所進，篆文與輟耕錄等書摹載魚鳥篆文不同，其螭紐又與史傳所紀文盤五龍、螭缺一角、旁刻魏錄者不類。蓋秦璽亡已久，今所進與宋、元所得，疑皆後世摹秦璽而刻之者。竊惟璽之用，以識文書，防詐僞，非以爲寶玩也。自秦始皇得藍田玉以爲璽，漢以後傳用之。自是巧爭力取，謂得此乃足以受命，而不知受命以德，不以璽也。故求之不得，則僞造以欺人；得之，則君臣色喜，以誇示於天下。是皆貽笑千載。我高皇帝自制一代之璽，文各有義，隨事而施，眞足以爲一代受命之符，而垂法萬世，何藉此璽哉。」帝從其言，却而不用。

嘉靖十八年新製七寶：曰「奉天承運大明天子寶」、「大明受命之寶」、「巡狩天下之寶」、「垂訓之寶」、「命德之寶」、「討罪安民之寶」、「敕正萬民之寶」。與國初寶璽，共爲御寶二十四，尙寶司官掌之。

皇后之册。用金册二片，依周尺長一尺二寸，廣五寸，厚二分五釐。字依數分行，鐫以眞書。上下有孔，聯以紅絛，開闔如書帙，藉以紅錦褥。册盝用木，飾以渾金瀝粉蟠龍，紅紵絲襯裏，內以紅羅銷金小袱裹册，外以紅羅銷金夾袱包之，五色小絛縈於外。寶用金，龜紐，篆文曰「皇后之寶」，依周尺方五寸九分，厚一寸七分。寶池用金，闊取容。寶篋二副，一置寶，一置寶池。每副三重：外篋用木，飾以渾金瀝粉蟠龍，紅紵絲襯裏；中篋用金鈒蟠龍；內小篋飾如外篋，內置寶座，四角雕蟠龍，飾以渾金。座上用錦褥，以銷金紅羅小夾袱裹寶，其篋外各用紅羅銷金大夾袱覆之。臨册之日，册寶俱置於紅髹輿案，案頂有紅羅瀝水，用擔牀舉之。

皇貴妃而下，有册無寶而有印。妃册，用鍍金銀册二片，廣長與后册同。册盝飾以渾金瀝粉蟠鳳。其印用金，龜紐，尺寸與諸王寶同，文曰「皇妃之印」。篋飾以蟠鳳。宣德元年，帝以貴妃孫氏有容德，特請於皇太后，製金寶賜之，未幾卽誕皇嗣。自是貴妃授寶，遂爲故事。嘉靖十年，立九嬪，册用銀，殺皇妃五分之一，以金飾之。

皇太子册寶。册用金，二片，其制及盝篋之飾與皇后册同。寶用金，龜紐，篆書「皇太子寶」。其制及池篋之飾與后寶同。

皇太子妃册寶。其册用金，兩葉，重百兩，每葉高一尺二寸，廣五寸。藉册以錦，聯册以紅絲絛，墊册以錦褥，裹册以紅羅銷金袱。其盝飾以渾金瀝粉雲鳳，內有花銀釘鉸，嵌金絲鐵筦籥；外以紅羅銷金袱覆之。其金寶之制未詳。洪武二十八年更定，止授金册，不用寶。

親王册寶。册制與皇太子同。其寶用金，龜紐，依周尺方五寸二分，厚一寸五分，文曰「某王之寶」。池篋之飾，與皇太子寶同。寶盝之飾，則雕蟠螭。

親王妃册印。其金册，高視太子妃册減一寸，餘制悉同，册文視親王。其金印之制未詳。洪武二十八年更定，止授金册。

公主册印。銀册二片，鐫字鍍金，藉以紅錦褥。册盝飾以渾金瀝粉蟠螭。其印同宋制，用金，龜紐，文曰「某國公主之印」。方五寸二分，厚一寸五分。印池用金，廣取容。印外篋用木，飾以渾金瀝粉盤鳳，中篋用金鈒蟠鳳，內小篋，飾如外篋。

親王世子金册金寶。承襲止授金册，傳用金寶。

世子妃亦用金册。洪武二十三年鑄世子妃印，制視王妃，金印，龜紐，篆文曰「某世子妃印」。

郡王，鍍金銀册、鍍金銀印，册文視世子。其妃止有鍍金銀册。

功臣鐵券。洪武二年，太祖欲封功臣，議爲鐵券，而未有定制。或言台州民錢允一有家藏吳越王鏐唐賜鐵券，遂遣使取之，因其式而損益焉。其制如瓦，第爲七等。公二等：一高尺，廣一尺六寸五分；一高九寸五分，廣一尺六寸。侯三等：一高九寸，廣一尺五寸五分；一高八寸五分，廣一尺五寸；一高八寸，廣一尺四寸五分。伯二等：一高七寸五分，廣一尺三寸五分；一高六寸五分，廣一尺二寸五分。外刻履歷、恩數之詳，以記其功；中鐫免罪、減祿之數，以防其過。字嵌以金。凡九十七副，各分左右，左頒功臣，右藏內府，有故則合之，以取信焉。

三年大封功臣，公六人，侯二十八人，並賜鐵券。公，李善長、徐達、李文忠、馮勝、鄧愈、常茂。侯，湯和、唐勝宗、陸仲亨、周德興、華雲龍、顧時、耿炳文、陳德、郭子興、王志、鄭遇春、費聚、吳良、吳楨、趙庸、廖永忠、俞通源、華高、楊璟、康鐸、朱亮祖、傅友德、胡美、韓政、黃彬、曹良臣、梅思祖、陸聚。二十五年改製鐵券，賜公傅友德，侯王弼、耿炳文、郭英及故公徐達、李文忠，侯吳傑、沐英，凡八家。永樂初，靖難功臣亦有賜者。

百官印信。洪武初，鑄印局鑄中外諸司印信。正一品，銀印，三臺，方三寸四分，厚一寸。六部、都察院並在外各都司，俱正二品，銀印二臺，方三寸二分，厚八分。其餘正二品、從二品官，銀印二臺，方三寸一分，厚七分。惟衍聖公以正二品，三臺銀印，則景泰三年賜也。順天、應天二府俱正三品，銀印，方二寸九分，厚六分五釐。其餘正三品、從三品官，俱銅印，方二寸七分，厚六分。惟太僕、光祿寺並在外鹽運司，俱從三品，銅印，方減一分，厚減五釐。正四品、從四品，俱銅印，方二寸五分，厚五分。正五品、從五品，俱銅印，方二寸四分，厚四分五釐。惟在外各州從五品，銅印，方減一分，厚減五釐。正六品、從六品，俱銅印，方二寸二分，厚三分五釐。正七品、從七品，銅印，方二寸一分，厚三分。正從八品，俱銅印，方二寸，厚二分五釐。正從九品，俱銅印，方一寸九分，厚二分二釐。未入流者，銅條記，闊一寸三分，長二寸五分，厚二分一釐。以上俱直紐，九疊篆文。初，雜職亦方印，至洪武十三年始改條記。

凡百官之印，惟文淵閣銀印，直紐，方一寸七分，厚六分，玉箸篆文，誠重之也。武臣受重寄者，征西、鎭朔、平蠻諸將軍，銀印，虎紐，方三寸三分，厚九分，柳葉篆文。洪武中，嘗用上公佩將軍印，後以公、侯、伯及都督充總兵官，名曰「掛印將軍」。有事征伐，則命總兵佩印以往，旋師則上所佩印於朝。此外，惟漕運總兵，印同將軍。其在外鎭守總兵，參將掛印，則洪熙元年始也。有文臣掛將軍印者，王驥以兵部尙書征湖、貴苗，掛平蠻將軍印；〔三〕王越以左都御史守大同，掛征西將軍印。其他文武大臣，有領敕而權重者，或給以銅關防，直紐，廣一寸九分五釐，長二寸九分，厚三分，九疊篆文，雖宰相行邊，與部曹無異。惟正德時，張永征安化王，用金鑄，嘉靖中，顧鼎臣居守，用牙鏤關防，皆特賜也。

初，太祖重御史之職，分河南等十三道，每道鑄二印，文曰「繩愆糾繆」，守院御史掌其一，其一藏內府，有事則受以出，復命則納之。洪武二十三年，都御史袁泰言各道印篆相類。乃命改製某道監察御史，其奉差者，則曰「巡按某處監察御史」，銅印直紐，有眼，方一寸五分，厚三分，八疊篆文。

成祖初幸北京，有一官署二三印者，夏原吉至兼掌九卿印，諸曹並於朝房取裁，其任重矣。

明初，賜高麗金印，龜紐，方三寸，文曰「高麗國王之印」。賜安南鍍金銀印，駝紐，方三寸，文曰「安南國王之印」。賜占城鍍金銀印，駝紐，方三寸，文曰「占城國王之印」。賜吐蕃金印，駝紐，方五寸，文曰「白蘭王印」。

符牌。凡宣召親王，必遣官齎金符以往。親王之藩及鎮守、巡撫諸官奏請符驗，俱從兵部奏，行尚寶司領之。洪武二十六年定制：凡公差，以軍情重務及奉旨差遣給驛者，兵部既給勘合，即赴內府，關領符驗，給驛而去，事竣則繳。嘉靖三十七年定制：南京、鳳陽守備內外官，並各處鎮守總兵、巡撫，及各守一方不受鎮守節制內外守備，並領符驗奏事。凡監鎗、整飭兵備，並一城一堡守備官，不許關領符驗。其制，上織船馬之狀，起馬者用馬字號，起船者水字號，起雙馬者達字號，起單馬者通字號，起站船者信字號。

洪武四年始製用寶金牌。凡軍機文書，自都督府、中書省長官而外，不許擅奏。有詔調軍，中書省同都督府覆奏，乃各出所藏金牌，入請用寶。又造軍中調發符牌，用鐵，長五寸，闊半之，上鈒二飛龍，下鈒二麒麟，首爲圜竅，貫以紅絲絛。嘗遣官齎金牌、信符詣西番，以茶易馬。其牌四十一，上號藏內府，下號降各番，篆文曰「皇帝聖旨」，左曰「合當差發」，右曰「不信者斬」。二十二年又頒西番金牌、信符。其後番官欵塞，皆齎原降牌符而至。永樂二年製信符、金字紅牌給雲南諸蠻。凡歷代改元，則所頒外國信符、金牌，必更鑄新年號給之。此符信之達於四裔者也。

其武臣懸帶金牌，則洪武四年所造。闊二寸，長一尺，上鈒雙龍，下鈒二伏虎，牌首尾爲圜竅，貫以紅絲絛。指揮佩金牌，雙雲龍，雙虎符。千戶佩鍍金銀牌，獨雲龍，獨虎符。百戶素雲銀牌符。太祖親爲文鈒之曰：「上天祐民，朕乃率撫。威加華夏，實憑虎臣。賜爾金符，永傳後嗣。」天子祀郊廟，若視學、耤田，勳衛扈從及公侯、駙馬、五府都督日直、錦衣衞當直，及都督率諸衞千百戶夜巡內皇城，金吾諸衞各輪官隨朝巡綽，俱給金牌，有龍者、虎者、麒麟者、獅者、雲者，以官爲差。

其扈駕金字銀牌，則洪武六年所造。尋改爲守衞金牌，以銅爲之，塗以金，高一尺，闊三寸，分字號凡五。仁字號，上鈒獨龍蟠雲花，公、侯、伯、都督佩之。義字號，鈒伏虎盤雲花，指揮佩之。禮字號，鈒獬豸蟠雲花，千戶、衞鎭撫佩之。智字號，鈒獅子蟠雲花，百戶、所鎭撫佩之。信字號，鈒蟠雲花，將軍佩之。牌下鑄「守衞」二篆字，背鑄「凡守衞官軍懸帶此牌」等二十四字，牌首竅貫靑絲。鎭撫及將軍隨駕直宿衞者佩之，下直則納之。凡夜巡官，於尙寶司領令牌，禁城各門、金吾等衞指揮、千戶，分領申字號牌，午門自一至四，長安左右門、東華門自五至八，西華門自九至十二，玄武門自十三至十六。五城兵馬指揮亦日領令牌，東西南北中城，分領木、金、火、水、土五字號。

留守五衞、巡城官並金吾等衞守衞官，俱領銅符。留守衞指揮所領承字及東西北字號牌，俱左半字陽文，左比。金吾等衞，端門、承天門、東西北安門指揮千戶所領承字及東西北字號，俱右半字陰文，右比。銅符字號比對相同，方許巡行。內官、內使之出，亦須守門官比對銅符而後行。皇城九門守衞軍與圍子手，各領勇字號銅牌。錦衣校尉上直及光祿寺吏典廚役，遇大祀，俱佩雙魚銅牌。

永樂六年駕幸北京，扈從官俱帶牙牌；五府、六部、都察院、大理寺、錦衣衞各鑄印信，通政司、鴻臚寺各鑄關防，謂之行在衙門印信關防。其後，命內府印綬監收貯。嘉靖十八年南巡，禮部領出，以給扈從者焉。

凡郊廟諸祭陪祀供事官及執事者，入壇俱領牙牌，洪武八年始也。圓花牌，陪祀官領之。長花牌，供事官領之。長素牌，執事人領之。又謂之祀牌。

凡駕詣陵寢，扈從官俱於尙寶司領小牙牌。〔三〕嘉靖九年，皇后行親蠶禮，文官四品以上、武官三品以上命婦及使人，俱於尙寶司領牙牌，有雲花圓牌、鳥形長牌之異。

凡文武朝參官、錦衣衞當駕官，亦領牙牌，以防姦僞，洪武十一年始也。其制，以象牙爲之，刻官職於上。不佩則門者却之，私相借者論如律。牙牌字號，公、侯、伯以勳字，駙馬都尉以親字，文官以文字，武官以武字，敎坊官以樂字，入內官以官字。正德十六年，禮科邢寰言：「牙牌惟常朝職官得懸。比來權姦侵柄，傳旨升官者輒佩牙牌，宜淸核以重名器。」乃命文職不朝參者，毋得濫給牙牌；武官進御侍班、佩刀、執金爐者，給與。嘉靖二十八年，內府供事匠作、武職官，皆帶朝參牙牌，嘗奉旨革奪，旋復給之。給事中陳邦修以爲言，禮部覆奏：「會典所載，文武官出入禁門帶牙牌，有執事、供事、朝參之別。執事、供事者，皆屆期而領，如期而繳。惟朝參牙牌，得朝夕懸之，非徒爲關防之具，亦以示等威之辨也。虛銜帶俸、供事、執事者，不宜概領。第出入禁闥，若一切革奪，何由譏察？尙寶司所貯舊牌數百，上有『入內府』字號，請以給之。至於衞所武官，掌印、僉書侍衞之外，非屬朝參供役者，盡革奪之。其納粟、塡註冒賜牙牌及罷退閑住官舊所關領不繳者，俱逮問。」報可。

洪武十五年製使節，黃色三簷寶蓋，長二尺，黃紗袋籠之。又製丹漆架一，以節置其上。使者受命，則載以行；使歸，則持之以復命。二十三年詔考定使節之制，禮部奏：「漢光武時，以竹爲節，柄長八尺，其毛三重。而黃公紹韻會註：漢節柄長三尺，毛三重，以旄牛爲之。」詔從三尺之制。

宮室之制。吳元年作新內。正殿曰奉天殿，後曰華蓋殿，又後曰謹身殿，皆翼以廊廡。奉天殿之前曰奉天門，殿左曰文樓，右曰武樓。謹身殿之後爲宮，前曰乾清，後曰坤寧，六宮以次列。宮殿之外，周以皇城，城之門，南曰午門，東曰東華，西曰西華，北曰玄武。時有言瑞州文石可甃地者。太祖曰：「敦崇儉樸，猶恐習於奢華，爾乃導予奢麗乎？」言者慚而退。洪武八年改建大內宮殿，十年告成。闕門曰午門，翼以兩觀。中三門，東西爲左、右掖門。午門內曰奉天門，門內奉天殿，嘗御以受朝賀者也。門左右爲東、西角門，奉天殿左、右門，左曰中左，右曰中右，兩廡之間，左曰文樓，右曰武樓。奉天殿之後曰華蓋殿，華蓋殿之後曰謹身殿，殿後則乾清宮之正門也。奉天門外兩廡間有門，左曰左順，右曰右順。左順門外有殿曰文華，爲東宮視事之所。右順門外有殿曰武英，爲皇帝齋戒時所居。制度如舊，規模益宏。二十五年改建大內金水橋，又建端門、承天門樓各五間，及長安東、西二門。

永樂十五年作西宮於北京。中爲奉天殿，側爲左右二殿，南爲奉天門，左右爲東、西角門。其南爲午門，又南爲承天門。殿北有後殿、涼殿、煖殿及仁壽、景福、仁和、萬春、永壽、長春等宮，凡爲屋千六百三十餘楹。

十八年建北京，凡宮殿、門闕規制，悉如南京，壯麗過之。中朝曰奉天殿，通爲屋八千三百五十楹。殿左曰中左門，右曰中右門。丹墀東曰文樓，西曰武樓，南曰奉天門，常朝所御也。左曰東角門，右曰西角門，東廡曰左順門，西廡曰右順門，正南曰午門。中三門，翼以兩觀，觀各有樓，左曰左掖門，右曰右掖門。午門左稍南，曰闕左門，曰神廚門，內爲太廟。右稍南，曰闕右門，曰社左門，內爲太社稷。又正南曰端門，東曰廟街門，卽太廟右門也。西曰社街門，卽太社稷壇南左門也。又正南曰承天門，又折而東曰長安左門，折而西曰長安右門。東後曰東安門，西後曰西安門，北後曰北安門。正南曰大明門，中爲馳道，東西長廊各千步。奉天殿之後曰華蓋殿，又後曰謹身殿。謹身殿左曰後左門，右曰後右門。正北曰乾淸門，內爲乾淸宮，是曰正寢。後曰交泰殿。又後曰坤寧宮，爲中宮所居。東曰仁壽宮，西曰淸寧宮，以奉太后。左順門之東曰文華殿。右順門之西曰武英殿。文華殿東南曰東華門，武英殿西南曰西華門。坤寧宮後曰坤寧門，門之後曰玄武門。其他宮殿，名號繁多，不能盡列，所謂千門萬戶也。皇城內宮城外，凡十有二門：曰東上門、東上北門、東上南門、東中門、西上門、西上北門、西上南門、西中門、北上門、北上東門、北上西門、北中門。復於皇城東南建皇太孫宮，東安門外東南建十王街。

宣宗留意文雅，建廣寒、清暑二殿，及東、西瓊島，游觀所至，悉置經籍。正統六年重建三殿。嘉靖中，於清寧宮後地建慈慶宮，於仁壽宮故基建慈寧宮。

三十六年，三殿門樓災，帝以殿名奉天，非題扁所宜用，敕禮部議之。部臣會議言：「皇祖肇造之初，名曰奉天者，昭揭以示虔爾。既以名，則是昊天監臨，儼然在上，臨御之際，坐以視朝，似未安也。今乃修復之始，宜更定，以答天庥。」明年重建奉天門，更名曰大朝門。四十一年更名奉天殿曰皇極，華蓋殿曰中極，謹身殿曰建極，文樓曰文昭閣，武樓曰武成閣，左順門曰會極，右順門曰歸極，大朝門曰皇極，東角門曰弘政，西角門曰宣治。又改乾清宮右小閣名曰道心，旁左門曰仁蕩，右門曰義平。

世宗初，墾西苑隙地爲田，建殿曰無逸，亭曰豳風，又建亭曰省耕，曰省斂，每歲耕穫，帝輒臨觀。十三年，西苑河東亭榭成，親定名曰天鵝房，北曰飛靄亭，迎翠殿前曰浮香亭，寶月亭前曰秋輝亭，昭和殿前曰澄淵亭，後曰趯臺坡，臨漪亭前曰水雲榭，西苑門外二亭曰左臨海亭、右臨海亭，北閘口曰湧玉亭，河之東曰聚景亭，改呂梁洪之亭曰呂梁，前曰檥金亭，翠玉館前曰擷秀亭。

親王府制。洪武四年定，城高二丈九尺，正殿基高六尺九寸，正門、前後殿、四門城樓，飾以青綠點金，廊房飾以青黛。四城正門，以丹漆，金塗銅釘。宮殿窠栱攢頂，中畫蟠螭，飾以金，邊畫八吉祥花。前後殿座，用紅漆金蟠螭，帳用紅銷金蟠螭。座後壁則畫蟠螭、彩雲，後改爲龍。立山川、社稷、宗廟於王城內。七年定親王所居殿，前曰承運，中曰圜殿，後曰存心；四城門，南曰端禮，北曰廣智，東曰體仁，西曰遵義。太祖曰：「使諸王覩名思義，以藩屏帝室。」九年定親王宮殿、門廡及城門樓，皆覆以青色琉璃瓦。又命中書省臣，惟親王宮得飾朱紅、大青綠，其他居室止飾丹碧。十二年，諸王府告成。其制，中曰承運殿十一間，後爲圜殿，次曰存心殿各九間。承運殿兩廡爲左右二殿，自存心、承運，周迴兩廡，至承運門，爲屋百三十八間。殿後爲前、中、後三宮，各九間。宮門兩廂等室九十九間。王城之外，周垣、四門、堂庫等室在其間，凡爲宮殿室屋八百間有奇。弘治八年更定王府之制，頗有所增損。

郡王府制。天順四年定。門樓、廳廂、廚庫、米倉等，共數十間而已。

公主府第。洪武五年，禮部言：「唐、宋公主視正一品，府第並用正一品制度。今擬公主第，廳堂九間，十一架，施花樣獸脊，梁、棟、斗栱、簷桷彩色繪飾，惟不用金。正門五間，七架。大門，綠油，銅環。石礎、牆甎，鐫鑿玲瓏花樣。」從之。

百官第宅。明初，禁官民房屋，不許雕刻古帝后、聖賢人物及日月、龍鳳、狻猊、麒麟、犀象之形。凡官員任滿致仕，與見任同。其父祖有官，身歿，子孫許居父祖房舍。洪武二十六年定制，官員營造房屋，不許歇山轉角，重簷重栱，及繪藻井，惟樓居重簷不禁。公侯，前廳七間、兩厦，九架。中堂七間，九架。後堂七間，七架。門三間，五架，用金漆及獸面錫環。家廟三間，五架。覆以黑板瓦，脊用花樣瓦獸，梁、棟、斗栱、簷桷綵繪飾。門窗、枋柱金漆飾。廊、廡、庖、庫從屋，不得過五間，七架。一品、二品，廳堂五間，九架，屋脊用瓦獸，梁、棟、斗栱、簷桷青碧繪飾。門三間，五架，綠油，獸面錫環。三品至五品，廳堂五間，七架，屋脊用瓦獸，梁、棟、簷桷青碧繪飾。門三間，三架，黑油，錫環。六品至九品，廳堂三間，七架，梁、棟飾以土黃。門一間，三架，黑門，鐵環。品官房舍，門窗、戶牖不得用丹漆。功臣宅舍之後，留空地十丈，左右皆五丈。不許那移軍民居止，更不許於宅前後左右多占地，構亭館，開池塘，以資遊眺。三十五年申明禁制，一品、三品廳堂各七間，六品至九品廳堂梁棟祇用粉青飾之。

庶民廬舍，洪武二十六年定制，不過三間，五架，不許用斗栱，飾彩色。三十五年復申禁飭，不許造九五間數，房屋雖至一二十所，隨其物力，但不許過三間。正統十二年令稍變通之，庶民房屋架多而間少者，不在禁限。

器用之禁。洪武二十六年定，公侯、一品、二品，酒注、酒盞金，餘用銀。三品至五品，酒注銀，酒盞金，六品至九品，酒注、酒盞銀，餘皆甆、漆。木器不許用硃紅及抹金、描金、雕琢龍鳳文。庶民，酒注錫，酒盞銀，餘用甆、漆。百官，牀面、屏風、槅子，雜色漆飾，不許雕刻龍文，並金飾朱漆。軍官、軍士，弓矢黑漆，弓袋、箭囊，不許用朱漆描金裝飾。建文四年申飭官民，不許僭用金酒爵，其椅棹木器亦不許朱紅金飾。正德十六年定，一品、二品，器皿不用玉，止許用金。商賈、技藝家器皿不許用銀。餘與庶民同。

校勘記

〔一〕明初寶璽十七　本書卷七四職官志亦稱「舊寶十有七」，但兩處均只列寶璽十六。明會要卷二四說：「覈其數止十六，非闕卽譌。」

〔二〕王驥以兵部尚書征湖貴苗掛平蠻將軍印　平，原作「征」，據本書卷一七一王驥傳、英宗實錄卷三一一五天順四年五月丙戌條改。

〔三〕扈從官俱於尚寶司領小牙牌　尚寶司，原作「上寶司」，據本書卷七四職官志、明史稿志五〇輿服志改。

明史卷六十九

志第四十五

選舉一

選舉之法，大略有四：曰學校，曰科目，曰薦舉，曰銓選。學校以教育之，科目以登進之，薦舉以旁招之，銓選以布列之，天下人才盡於是矣。明制，科目爲盛，卿相皆由此出，學校則儲才以應科目者也。其徑由學校通籍者，亦科目之亞也，外此則雜流矣。然進士、舉貢、雜流三途並用，雖有畸重，無偏廢也。薦舉盛於國初，後因專用科目而罷。銓選則入官之始，舍此蔑由焉。是四者釐然具載其本末，而二百七十年間取士得失之故可覩已。

科舉必由學校，而學校起家可不由科舉。學校有二：曰國學，曰府、州、縣學。府、州、縣學諸生入國學者，乃可得官，不入者不能得也。入國學者，通謂之監生。舉人曰舉監，生員曰貢監，品官子弟曰廕監，捐貲曰例監。同一貢監也，有歲貢，有選貢，有恩貢，有納貢。同一廕監也，有官生，有恩生。

國子學之設自明初乙巳始。洪武元年令品官子弟及民俊秀通文義者，並充學生。選國琦、王璞等十餘人，侍太子讀書禁中。入對謹身殿，姿狀明秀，應對詳雅。太祖喜，因厚賜之。天下既定，詔擇府、州、縣學諸生入國子學。又擇年少舉人趙惟一等及貢生董昶等入學讀書，賜以衣帳，命於諸司先習吏事，謂之歷事監生。取其中尤英敏者李擴等入文華、武英堂說書，謂之小秀才。其才學優贍、聰明俊偉之士，使之博極羣書，講明道德經濟之學，以期大用，謂之老秀才。

初，改應天府學爲國子學，後改建於雞鳴山下。旣而改學爲監，設祭酒、司業及監丞、博士、助敎、學正、學錄、典籍、掌饌、典簿等官。分六堂以館諸生，曰率性、修道、誠心、正義、崇志、廣業。學旁以宿諸生，謂之號房。厚給廩餼，歲時賜布帛文綺、襲衣巾鞾。正旦元宵諸令節，俱賞節錢。孝慈皇后積糧監中，置紅倉二十餘舍，養諸生之妻子。歷事生未娶者，賜錢婚聘，及女衣二襲，月米二石。諸生在京師歲久，父母存，或父母亡而大父母、伯叔父母存，皆遣歸省，人賜衣一襲，鈔五錠，爲道里費。其優恤之如此。

而其教之之法，每旦，祭酒、司業坐堂上，屬官自監丞以下，首領則典簿，以次序立。諸生揖畢，質問經史，拱立聽命。惟朔望給假，餘日升堂會饌，乃會講、復講、背書，輪課以爲常。所習自四子本經外，兼及劉向說苑及律令、書、數、御製大誥。每月試經、書義各一道，詔、誥、表、策論、判、內科二道。每日習書二百餘字，以二王、智永、歐、虞、顏、柳諸帖爲法。每班選一人充齋長，督諸生工課。衣冠、步履、飲食，必嚴飭中節。夜必宿監，有故而出必告本班教官，令齋長帥之以白祭酒。監丞置集愆簿，有不遵者書之，再三犯者決責，四犯者至發遣安置。其學規條目，屢次更定，寬嚴得其中。堂宇宿舍，飲饌澡浴，俱有禁例。省親、畢姻回籍，限期以道里遠近爲差。違限者謫選遠方典史，有罰充吏者。

司教之官，必選耆宿。宋訥、吳顒等由儒士擢祭酒，訥尤推名師。歷科進士多出太學，而戊辰任亨泰廷對第一，太祖召訥褒賞，撰題名記，立石監門。辛未許觀，亦如之。進士題名碑由此相繼不絕。每歲天下按察司選生員年二十以上、厚重端秀者，送監考留。會試下第舉人，入監卒業。又因諫官關賢奏，設爲定例。府、州、縣學歲貢生員各一人，翰林考試經、書義各一道，判語一條，中式者一等入國子監，二等送中都，不中者遣還，提調教官罰停廩祿。於是直省諸士子雲集輦下。雲南、四川皆有土官生，日本、琉球、暹羅諸國亦皆有官生入監讀書，輒加厚賜，并給其從人。永、宣間，先後絡繹。至成化、正德時，琉球生猶有至者。

中都之置國學也，自洪武八年。至二十六年乃革，以其師生并入京師。永樂元年始設北京國子監。十八年遷都，乃以京師國子監爲南京國子監，而太學生有南北監之分矣。

太祖慮武臣子弟但習武事，〔一〕鮮知問學，命大都督府選入國學，其在鳳陽者卽肄業於中都。命韓國公李善長等考定教官、生員高下，分列班次，曹國公李文忠領監事以繩核之。嗣後勳臣子弟多入監讀書。嘉靖元年令公、侯、伯未經任事、年三十以下者，送監讀書，尋令已任者亦送監，而年少勳戚爭以入學爲榮矣。

六堂諸生有積分之法，司業二員分爲左右，各提調三堂。凡通四書未通經者，居正義、崇志、廣業。一年半以上，文理條暢者，升修道、誠心。又一年半，經史兼通、文理俱優者，乃升率性。升至率性，乃積分。其法，孟月試本經義一道，仲月試論一道，詔、誥、表、內科一道，季月試經史策一道，判語二條。每試，文理俱優者與一分，理優文劣者與半分，紕繆者無分。歲內積八分者爲及格，與出身。不及者仍坐堂肄業。如有才學超異者，奏請上裁。

洪武二十六年盡擢監生劉政、龍鐔等六十四人爲行省布政、按察兩使，及參政、參議、副使、僉事等官。其一旦而重用之，至於如此。其爲四方大吏者，蓋無算也。李擴等自文華、武英摧御史，擴尋改給事中兼齊相府錄事，蓋臺諫之選亦出於太學。其常調者乃爲府、州、縣六品以下官。

初，以北方喪亂之餘，人鮮知學，遣國子生林伯雲等三百六十六人分教各郡。後乃推及他省，擇其壯歲能文者爲教諭等官。太祖雖間行科舉，而監生與薦舉人才參用者居多，故其時布列中外者，太學生最盛。一再傳之後，進士日益重，薦舉遂廢，而舉貢日益輕。雖積分歷事不改初法，南北祭酒陳敬宗、李時勉等加意振飭，已漸不如其始。衆情所趨向，專在甲科。宦途升沉，定於謁選之日。監生不獲上第，卽奮自鐮礪，不能有成，積重之勢然也。

迨開納粟之例，則流品漸淆，且庶民亦得援生員之例以入監，謂之民生，亦謂之俊秀，而監生益輕。於是同處太學，而舉、貢得爲府佐貳及州縣正官，官、恩生得選部、院、府、衞、司、寺小京職，尙爲正途。而援例監生，僅得選州縣佐貳及府首領官；其授京職者，乃光祿寺、上林苑之屬；其願就遠方者，則以雲、貴、廣西及各邊省軍衞有司首領，及衞學、王府教授之缺用，而終身爲異途矣。

舉人入監，始於永樂中。會試下第，輒令翰林院錄其優者，俾入學以俟後科，給以教諭之俸。是時，會試有副榜，大抵署教官，故令入監者亦食其祿也。宣德八年嘗命禮部尙書胡濙與大學士楊士奇、楊榮選副榜舉人龍文等二十四人，送監進學。翰林院三月一考其文，與庶吉士同，頗示優異。後不復另試，則取副榜年二十五以上者授教職，年未及者，或依親，或入監讀書。既而不拘年齒，依親、入監者皆聽。依親者，回籍讀書，依親肄業也。又有丁憂、成婚、省親、送幼子，皆仿依親例，限年復班。

正統中，天下教官多缺，而舉人厭其卑冷，多不願就。十三年，御史萬節請敕禮部多取副榜，以就教職，部臣以舉人願依親入監者十之七，願就教職者僅十之三，但宜各隨所欲，卻其請不行。至成化十三年，御史胡璘言：「天下教官率多歲貢，言行文章不足爲人師範，請多取舉人選用，而罷貢生勿選。」部議歲貢如其舊，而舉人教官仍許會試。自後就教者亦漸多矣。嘉靖中，南北國學皆空虛，議盡發下第舉人入監，且立限期以趣之。然舉人不願入監者，卒不可力强。於是生員歲貢之外，不得不頻舉選貢以充國學矣。

貢生入監，初由生員選擇，既命各學歲貢一人，故謂之歲貢。其例亦屢更。洪武二十一年定府、州、縣學以一、二、三年爲差。二十五年定府學歲二人，州學二歲三人，縣學歲一人。永樂八年定州縣戶不及五里者，州歲一人，縣間歲一人。十九年令歲貢照洪武二十一年例。宣德七年復照洪武二十五年例。正統六年更定府學歲一人，州學三歲二人，縣學間歲一人。弘治、嘉靖間，仍定府學歲二人，州學二歲三人，縣學歲一人，遂爲永制。後孔、顏、孟三氏，及京學、衞學、都司、土官，川、雲、貴諸遠省，其按年充貢之法，亦間有增減云。歲貢之始，必考學行端莊、文理優長者以充之。其後但取食廩年深者。

弘治中，南京祭酒章懋言：「洪、永間，國子生以數千計，今在監科貢共止六百餘人，歲貢挨次而升，衰遲不振者十常八九。舉人坐監，又每後時。〔三〕差撥不敷，教養罕效。近年有增貢之舉，而所拔亦挨次之人，資格所拘，英才多滯。乞於常貢外令提學行選貢之法，不分廩膳、增廣生員，通行考選，務求學行兼優、年富力强、累試優等者，乃以充貢。通計天下之廣，約取五六百人。以後三、五年一行，則人才可漸及往年矣。」乃下部議行之。此選貢所由始也。

選貢多英才，入監課試輒居上等，撥歷諸司亦有幹局。歲貢頹老，其勢日絀，則惟願就教而不願入監。嘉靖二十七年，祭酒程文德請將廷試歲貢惟留卽選者於部，而其餘盡使入監。報可。歲貢諸生合疏言，家貧親老，不願入監。禮部復請從其所願，而盡使舉人入監。又從之。舉人入監不能如期，南京祭酒潘晟至請設重罰以趣其必赴。於是舉人、選貢、歲貢三者迭爲盛衰，而國學之盈虛亦靡有定也。萬曆中，工科郭如心言：「選貢非祖制，其始欲補歲貢之乏，其後遂妨歲貢之途，請停其選。」神宗以爲然。至崇禎時，又嘗行之。

恩貢者，國家有慶典或登極詔書，以當貢者充之。而其次卽爲歲貢。納貢視例監稍優，其實相仿也。

廕子入監，明初因前代任子之制，文官一品至七品，皆得廕一子以世其祿。後乃漸爲限制，在京三品以上方得請廕，謂之官生。出自特恩者，不限官品，謂之恩生。或即與職事，或送監讀書。官生必三品京官，成化三年從助教李伸言也。時給事中李森不可。帝諭，責其刻薄；第令非歷任年久政績顯著者，毋得濫敍而已。既得廕敍，由提學官考送部試，如貢生例，送入監中。時內閣呂原子㦤由廕監補中書舍人，七年辛卯乞應順天鄉試。部請從之。給事中芮畿不可。帝允㦤所請，不爲例。然其後，以廕授舍人者，俱得應舉矣。嘉、隆以後，宰相之子有初授即爲尙寶司丞，徑轉本司少卿，由光祿、太常以躋九列者，又有以軍功廕錦衣者，往往不由太學。其他並入監。

恩生之始，建文元年錄吳雲子黼爲國子生，以雲死節雲南也。正德十六年定例，凡文武官死於忠諫者，一子入監。其後守土官死節亦皆得廕子矣。又弘治十八年定例，東宮侍從官，講讀年久輔導有功者，歿後，子孫乞恩，禮部奏請上裁。正德元年復定，其祖父年勞已及三年者，一子即授試中書舍人習字；未及三年者，一子送監讀書。八年復定，東宮侍班官三年者，一子入監。又萬曆十二年定例，三品日講官，雖未考滿，一子入監。

例監始於景泰元年，以邊事孔棘，令天下納粟納馬者入監讀書，限千人止。行四年而罷。成化二年，南京大饑，守臣建議，欲令官員軍民子孫納粟送監。禮部尚書姚夔言：「太學乃育才之地，近者直省起送四十歲生員，及納草納馬者動以萬計，不勝其濫。且使天下以貨爲賢，士風日陋。」帝以爲然，爲却守臣之議。然其後或遇歲荒，或因邊警，或大興工作，率援往例行之，訖不能止。此舉、貢、廕、例諸色監生，前後始末之大凡也。

監生歷事，始於洪武五年。建文時，定考覈法上、中、下三等。上等選用，中、下等仍歷一年再考。上等者依上等用，中等者不拘品級，隨才任用，下等者回監讀書。永樂五年選監生三十八人隸翰林院，習四夷譯書。九年辛卯，鍾英等五人成進士，俱改庶吉士。壬辰、乙未以後，譯書中會試者甚多，皆改庶吉士以爲常。歷事生成名，其蒙恩遇如此。仁宗初政，中軍都督府奏監生七人吏事勤慎，請注選授官。帝不許，仍令入學，由科舉以進。他歷事者，多不願還監。於是通政司引奏，六科辦事監生二十人滿日，例應還監，仍願就科辦事。帝復召二十人者，諭令進學。蓋是時，六科給事中多缺，諸生覬得之。帝察知其意，故不授官也。宣宗以教官多缺，選用監生三百八十人，而程富等以都御史顧佐之薦，使於各道歷政三月，選擇任之，所謂試御史也。

監生撥歷，初以入監年月爲先後，丁憂、省祭，有在家延留七八年者，比至入監，即得取撥。陳敬宗、李時勉先後題請，一以坐監年月爲淺深。其後又以存省、京儲、依親、就學、在家年月，亦作坐堂之數。其患病及他事故，始以虛曠論。諸生互爭年月資次，各援科條。成化五年，祭酒陳鑑以兩詞具聞，乞敕禮部酌中定制，爲禮科所駁。鑑復奏，互爭之。乃下部覆議，請一一精覈，仍計地理遠近、水程日月以爲準。然文移往來，紛錯繁揉，上下伸縮，弊端甚多，卒不能畫一也。

初令監生由廣業升率性，始得積分出身。天順以前，在監十餘年，然後撥歷諸司，歷事三月，仍留一年，送吏部銓選。其兵部清黃及隨御史出巡者，則以三年爲率。其後，以監生積滯者多，頻減撥歷歲月以疏通之。每歲揀選，優者輒與撥歷，有未及一年者。

弘治八年，監生在監者少，而吏部聽選至萬餘人，有十餘年不得官者。祭酒林瀚以坐班人少，不敷撥歷，請開科貢。禮部尚書倪岳覆奏，科舉已有定額，不可再增，惟請增歲貢人數，而定諸司歷事，必須日月滿後，方與更替，使諸生坐監稍久，選人亦無壅滯。及至嘉靖十年，監生在監者不及四百人，諸司歷事歲額以千計。禮部尚書李時引岳前議言：「岳權宜二法，一增歲額以足坐班生徒，一議差歷以久坐班歲月。於是府、州、縣學以一歲二貢、二歲三貢、一歲一貢爲差，行之四歲而止。其諸司歷事，三月考勤之後，仍歷一年，其餘寫本一年，清黃、寫誥、清軍、清匠三年，以至出巡等項，俱如舊例日月。今國學缺人，視弘治間更甚，請將前件事例，參酌舉行。」並從之，獨不增貢額。未幾，復以祭酒許誥、提學御史胡時善之請，詔增貢額，如岳、時前議。隆、萬以後，學校積弛，一切循故事而已。崇禎二年從司業倪嘉善言，復行積分法。八年從祭酒倪元璐言，以貢選爲正流，援納爲閏流。貢選不限撥期，以積分歲滿爲率，援納則依原定撥歷爲率。而歷事不分正雜，惟以考定等第爲歷期多寡。諸司教之政事，勿與猥雜差遣。滿日，校其勤惰，開報吏部。不率者，回監教習。時監規頹廢已久，不能振作也。

凡監生歷事，吏部四十一名，戶部五十三名，禮部十三名，大理寺二十八名，通政司五名，行人司四名，五軍都督府五十名，謂之正歷。三月上選，滿日增減不定。又有諸司寫本，戶部十名，禮部十八名，兵部二十名，刑部十四名，工部八名，都察院十四名，大理寺、通政司俱四名，隨御史出巡四十二名，謂之雜歷。一年滿日上選。又有諸色辦事，清黃一百名，寫誥四十名，續黃五十名，淸軍四十名，天財庫十名，初以三年謂之長差，後改一年上選；承運庫十五名，司禮監十六名，尚寶司六名，六科四十名，初作短差，後亦定一年上選。又有隨御史刷卷一百七十八名，工部淸匠六十名，俱事完日上選。又有禮部寫民情條例七十二名，光祿寺刷卷四名，修齋八名，參表二十名，報訃二十名，齎俸十二名，錦衣衞四名，兵部查馬册三十名，工部大木廠二十名，後府磨算十名，御馬監四名，天財庫四名，正陽門四名，崇文、宣武、朝陽、東直俱三名，阜城、西直、安定、德勝俱二名，以半年滿日回監。

郡縣之學，與太學相維，創立自唐始。宋置諸路州學官，元頗因之，其法皆未具。迄明，天下府、州、縣、衞所，皆建儒學，教官四千二百餘員，弟子無算，教養之法備矣。洪武二年，太祖初建國學，諭中書省臣曰：「學校之教，至元其弊極矣。上下之間，波頹風靡，學校雖設，名存實亡。兵變以來，人習戰爭，惟知干戈，莫識俎豆。朕惟治國以教化爲先，教化以學校爲本。京師雖有太學，而天下學校未興。宜令郡縣皆立學校，延師儒，授生徒，講論聖道，使人日漸月化，以復先王之舊。」於是大建學校，府設教授，州設學正，縣設教諭，各一。俱設訓導，府四，州三，縣二。生員之數，府學四十人，州、縣以次減十。師生月廩食米，人六斗，有司給以魚肉。學官月俸有差。生員專治一經，以禮、樂、射、御、書、數設科分教。務求實才，頑不率者黜之。十五年頒學規於國子監，又頒禁例十二條於天下，鐫立臥碑，置明倫堂之左。其不遵者，以違制論。蓋無地而不設之學，無人而不納之教。庠聲序音，重規疊矩，無間於下邑荒徼，山陬海涯。此明代學校之盛，唐、宋以來所不及也。

生員雖定數於國初，未幾卽命增廣，不拘額數。宣德中，定增廣之額：在京府學六十人，在外府學四十人，州、縣以次減十。成化中，定衞學之例：四衞以上軍生八十人，三衞以上軍生六十人，二衞、一衞軍生四十人，有司儒學軍生二十人；土官子弟，許入附近儒學，無定額。增廣既多，於是初設食廩者謂之廩膳生員，增廣者謂之增廣生員。及其既久，人才愈多，又於額外增取，附於諸生之末，謂之附學生員。凡初入學者，止謂之附學，而廩膳、增廣，以歲科兩試等第高者補充之。非廩生久次者，不得充歲貢也。士子未入學者，通謂之童生。當大比之年，間收一二異敏，三場並通者，俾與諸生一體入場，謂之充場儒士。中式卽爲舉人，不中式仍候提學官歲試，合格，乃准入學。提學官在任三歲，兩試諸生。先以六等試諸生優劣，謂之歲考。一等前列者，視廩膳生有缺，依次充補，其次補增廣生。一二等皆給賞，三等如常，四等撻責，五等則廩、增遞降一等，附生降爲青衣，六等黜革。繼取一二等爲科舉生員，俾應鄉試，謂之科考。其充補廩、增給賞，悉如歲試。其等第仍分爲六，而大抵多置三等。三等不得應鄉試，撻黜者僅百一，亦可絕無也。生儒應試，每舉人一名，以科舉三十名爲率。舉人屢廣額，科舉之數亦日增。及求舉者益衆，又往往於定額之外加取，以收士心。凡督學者類然。嘉靖十年嘗下沙汰生員之令，御史楊宜爭之而止。萬曆時，張居正當國，遂核減天下生員。督學官奉行太過，童生入學，有一州縣僅錄一人者，其科舉減殺可推而知也。

生員入學，初由巡按御史，布、按兩司及府州縣官。正統元年始特置提學官，專使提督學政，南、北直隸俱御史，各省參用副使、僉事。景泰元年罷提學官。天順六年復設，各賜敕諭十八條，〔三〕俾奉行之。直省旣設提學，有所轄太廣，及地最僻遠，歲巡所不能及者，乃酌其宜。口外及各都司、衞所、土官以屬分巡道員，直隸廬、鳳、淮、揚、滁、徐、和以屬江北巡按，湖廣衡、永、郴以屬湖南道，辰、靖以屬辰沅道，廣東瓊州以屬海南道，甘肅衞所以屬巡按御史，亦皆專敕行事。萬曆四十一年，南直隸分上下江，湖廣分南北，始各增提學一員。提學之職，專督學校，不理刑名。所受詞訟，重者送按察司，輕者發有司，直隸則轉送巡按御史。督、撫、巡按及布、按二司，亦不許侵提學職事也。

明初，優禮師儒，教官擢給事、御史，諸生歲貢者易得美官。然鉗束亦甚謹。太祖時，教官考滿，兼覈其歲貢生員之數。後以歲貢爲學校常例。二十六年定學官考課法，專以科舉爲殿最。九年任滿，核其中式舉人，府九人、州六人、縣三人者爲最。其教官又考通經，卽與陞遷。舉人少者爲平等，卽考通經亦不遷。舉人至少及全無者爲殿，又考不通經，則黜降。其待教官之嚴如此。生員入學十年，學無所成者，及有大過者，俱送部充吏，追奪廩糧。至正統十四年申明其制而稍更之。受贓、姦盜、冒籍、宿娼、居喪娶妻妾所犯事理重者，直隸發充國子監膳夫，各省發充附近儒學膳夫、齋夫，滿日爲民，俱追廩米。犯輕充吏者，不追廩米。其待諸生之嚴又如此。然其後教官之黜降，生員之充發，皆廢格不行，卽臥碑亦具文矣。諸生，上者中式，次者廩生，年久充貢，或選拔爲貢生。其累試不第、年踰五十、顧告退閒者，給與冠帶，仍復其身。其後有納粟馬捐監之例，則諸生又有援例而出學者矣。提學官歲試校文之外，令教官舉諸生行優劣者一二人，賞黜之以爲勸懲。此其大較也。

諸生應試之文，通謂之舉業。四書義一道，二百字以上。經義一道，三百字以上。取書旨明晳而已，不尙華采也。其後標新領異，益漓厥初。萬曆十五年，禮部言：「唐文初尙靡麗而士趨浮薄，宋文初尙鉤棘而人習險譎。國初舉業有用六經語者，其後引左傳、國語矣，又引史記、漢書矣。史記窮而用六子，六子窮而用百家，甚至佛經、道藏摘而用之，流弊安窮。弘治、正德、嘉靖初年，中式文字純正典雅。宜選其尤者，刊布學宮，俾知趨向。」因取中式文字一百十餘篇，奏請刊布，以爲準則。時方崇尙新奇，厭薄先民矩矱，以士子所好爲趨，不遵上指也。啓、禎之間，文體益變，以出入經史百氏爲高，而恣軼者亦多矣。雖數申詭異險僻之禁，勢重難返，卒不能從。論者以明舉業文字比唐人之詩，國初比初唐，成、弘、正、嘉比盛唐，隆、萬比中唐，啓、禎比晚唐云。

自儒學外，又有宗學、社學、武學。宗學之設，世子、長子、衆子、將軍、中尉年未弱冠者俱與焉。其師，於王府長史、紀善、伴讀、教授等官擇學行優長者除授。萬曆中，定宗室子十歲以上，俱入宗學。若宗子衆多，分置數師，或於宗室中推舉一人爲宗正，領其事。令學生誦習皇明祖訓、孝順事實、爲善陰騭諸書，而四書、五經、通鑑、性理亦相兼誦讀。尋復增宗副二人。子弟入學者，每歲就提學官考試，衣冠一如生員。已復令一體鄉試，許得中式。其後宗學寖多，頗有致身兩榜、起家翰林者。

社學，自洪武八年，延師以教民間子弟，兼讀御製大誥及本朝律令。正統時，許補儒學生員。弘治十七年令各府、州、縣建立社學，選擇明師，民間幼童十五以下者送入讀書，講習冠、婚、喪、祭之禮。然其法久廢，寖不舉行。

武學之設，自洪武時置大寧等衞儒學，教武官子弟。正統中，成國公朱勇奏選驍勇都指揮等官五十一員，熟嫻騎射幼官一百員，始命兩京建武學以訓誨之。尋命都司、衞所應襲子弟年十歲以上者，提學官選送武學讀書，無武學者送衞學或附近儒學。成化中，敕所司歲終考試入學武生。十年以上學無可取者，追廩還官，送營操練。弘治中，從兵部尚書馬文升言，刊武經七書分散兩京武學及應襲舍人。〔四〕嘉靖中，移京城東武學於皇城西隅廢寺，俾大小武官子弟及勳爵新襲者，肄業其中，用文武重臣教習。萬曆中，兵部言，武庫司專設主事一員管理武學，近者裁去，請復專設。教官升堂，都指揮執弟子禮，請遵會典例，立爲程式。詔皆如議。崇禎十年令天下府、州、縣學皆設武學生員，提學官一體考取。已又申會典事例，簿記功能，有不次擢用、黜退、送操、獎罰、激厲之法。時事方棘，無所益也。

校勘記

〔一〕太祖慮武臣子弟但習武事　慮，原作「應」，據明史稿志五二選舉志改。

〔二〕舉人坐監又每後時　後，原作「多」，據明史稿志五一選舉志改。按上文說「舉人不願入監」，故「每後時」。

〔三〕天順六年復設各賜敕諭十八條　十八，原作「十六」，據明史稿志五二選舉志、英宗實錄卷三三六天順六年正月庚戌條改。

〔四〕刊武經七書分散兩京武學及應襲舍人　武經七書，原作「五經七書」。按分散給兩京武學及應襲舍人的，應是「武經」而不是「五經」，據明史稿志五二選舉志改。

明史卷七十

志第四十六

選舉二

科目者，沿唐、宋之舊，而稍變其試士之法，專取四子書及易、書、詩、春秋、禮記五經命題試士。蓋太祖與劉基所定。其文略仿宋經義，然代古人語氣爲之，體用排偶，謂之八股，通謂之制義。三年大比，以諸生試之直省，曰鄉試。中式者爲舉人。次年，以舉人試之京師，曰會試。中式者，天子親策於廷，曰廷試，亦曰殿試。分一、二、三甲以爲名第之次。一甲止三人，曰狀元、榜眼、探花，賜進士及第。二甲若干人，賜進士出身。三甲若干人，賜同進士出身。狀元、榜眼、探花之名，制所定也。而士大夫又通以鄉試第一爲解元，會試第一爲會元，二、三甲第一爲傳臚云。子、午、卯、酉年鄉試，辰、戌、丑、未年會試。鄉試以八月，會試以二月，皆初九日爲第一場，又三日爲第二場，又三日爲第三場。

初設科舉時，初場試經義二道，四書義一道；二場，論一道；三場，策一道。中式後十日，復以騎、射、書、算、律五事試之。後頒科舉定式，初場試四書義三道，經義四道。四書主朱子集註，易主程傳、朱子本義，書主蔡氏傳及古註疏，詩主朱子集傳，春秋主左氏、公羊、穀梁三傳及胡安國、張洽傳，禮記主古註疏。永樂間，頒四書五經大全，廢註疏不用。其後，春秋亦不用張洽傳，禮記止用陳澔集說。二場試論一道，判五道，詔、誥、表、內科一道。三場試經史時務策五道。

廷試，以三月朔。鄉試，直隸於京府，各省於布政司。會試，於禮部。主考，鄉、會試俱二人。同考，鄉試四人，會試八人。提調一人，在內京官，在外布政司官。會試，禮部官監試二人，在內御史，在外按察司官。會試，御史供給收掌試卷；彌封、謄錄、對讀、受卷及巡綽監門，搜檢懷挾，俱有定員，各執其事。舉子，則國子生及府、州、縣學生員之學成者，儒士之未仕者，官之未入流者，皆由有司申舉性資敦厚、文行可稱者應之。其學校訓導專教生徒，及罷閑官吏，倡優之家，與居父母喪者，俱不許入試。

試卷之首，書三代姓名及其籍貫年甲，所習本經，所司印記。試日入場，講問、代冒者有禁。晚未納卷，給燭三枝。文字中迴避御名、廟號，及不許自序門第。彌封編號作三合字。考試者用墨，謂之墨卷。謄錄用硃，謂之硃卷。試士之所，謂之貢院。諸生席舍，謂之號房。人一軍守之，謂之號軍。

試官入院，輒封鑰內外門戶。在外提調、監試等謂之外簾官，在內主考、同考謂之內簾官。廷試用翰林及朝臣文學之優者，爲讀卷官。共閱對策，擬定名次，候臨軒。或如所擬，或有所更定，傳制唱第。

狀元授修撰，榜眼、探花授編修，二、三甲考選庶吉士者，皆爲翰林官。其他或授給事、御史、主事、中書、行人、評事、太常、國子博士，或授府推官、知州、知縣等官。舉人、貢生不第、入監而選者，或授小京職，或授府佐及州縣正官，或授教職。

此明一代取士之大略也。終明之世，右文左武。然亦嘗設武科以收之，可得而附列也。

初，太祖起事，首羅賢才。吳元年設文武二科取士之令，使有司勸諭民間秀士及智勇之人，以時勉學，俟開舉之歲，充貢京師。洪武三年詔曰：「漢、唐及宋，取士各有定制，然但貴文學而不求德藝之全。前元待士甚優，而權豪勢要，每納奔競之人，夤緣阿附，輒竊仕祿。其懷材抱道者，恥與並進，甘隱山林而不出。風俗之弊，一至於此。自今年八月始，特設科舉，務取經明行修、博通古今、名實相稱者。朕將親策於廷，第其高下而任之以官。使中外文臣皆由科舉而進，非科舉者毋得與官。」於是京師行省各舉鄉試：直隸貢額百人，河南、山東、山西、陝西、北平、福建、江西、浙江、湖廣皆四十人，廣西、廣東皆二十五人，才多或不及者，不拘額數。高麗、安南、占城，詔許其國士子於本國鄉試，貢赴京師。明年會試，取中一百二十名。帝親製策問，試於奉天殿，擢吳伯宗第一。午門外張掛黃榜，奉天殿宣諭，賜宴中書省。授伯宗爲禮部員外郎，餘以次授官有差。

時以天下初定，令各行省連試三年，且以官多缺員，舉人俱免會試，赴京聽選。又擢其年少俊異者張唯、王輝等爲翰林院編修，蕭韶爲秘書監直長，令入禁中文華堂肄業，太子贊善大夫宋濂等爲之師。帝聽政之暇，輒幸堂中，評其文字優劣，日給光祿酒饌。每食，皇太子、親王迭爲之主，賜白金、弓矢、鞍馬及冬夏衣，寵遇之甚厚。旣而謂所取多後生少年，能以所學措諸行事者寡，乃但令有司察舉賢才，而罷科舉不用。至十五年，復設。十七年始定科舉之式，命禮部頒行各省，後遂以爲永制，而薦舉漸輕，久且廢不用矣。

十八年廷試，擢一甲進士丁顯等爲翰林院修撰，二甲馬京等爲編修，吳文爲檢討。進士之入翰林，自此始也。使進士觀政於諸司，其在翰林、承敕監等衙門者，曰庶吉士。進士之爲庶吉士，亦自此始也。其在六部、都察院、通政司、大理寺等衙門者仍稱進士，觀政進士之名亦自此始也。其後試額有增減，條例有變更，考官有內外輕重，闈事有是非得失。其細者勿論，其有關於國是者不可無述也。

鄉試之額，洪武十七年詔不拘額數，從實充貢。洪熙元年始有定額。其後漸增。至正統間，南北直隸定以百名，江西六十五名，他省又自五而殺，至雲南二十名爲最少。嘉靖間，增至四十，而貴州亦二十名。〔一〕慶、曆、啓、禎間，兩直隸益增至一百三十餘名，他省漸增無出百名者。交阯初開以十名爲額，迨棄其地乃止。會試之額，國初無定，少至三十二人，其多者，若洪武乙丑、永樂丙戌，至四百七十二人。其後或百名，或二百名，或二百五十名，或三百五十名，增損不一，皆臨期奏請定奪。至成化乙未而後，率取三百名，有因題請及恩詔而廣五十名或百名者，非恒制也。

初制，禮闈取士，不分南北。自洪武丁丑，考官劉三吾、白信蹈所取宋琮等五十二人，皆南士。三月，廷試，擢陳䢿爲第一。帝怒所取之偏，命侍讀張信等十二人覆閱，䢿亦與焉。帝猶怒不已，悉誅信蹈及信、䢿等，戍三吾於邊，親自閱卷，取任伯安等六十一人。六月復廷試，以韓克忠爲第一。皆北士也。然訖永樂間，未嘗分地而取。洪熙元年，仁宗命楊士奇等定取士之額，南人十六，北人十四。宣德、正統間，分爲南、北、中卷，以百人爲率，則南取五十五名，北取三十五名，中取十名。景泰初，詔書遵永樂間例。二年辛未，禮部方奉行，而給事中李侃爭之，言：「部臣欲專以文詞，多取南人。」刑部侍郎羅綺亦助侃言。事下禮部，覆奏：「臣等奉詔書，非私請也。」景帝命遵詔書，不從侃議。未幾，給事中徐廷章復請依正統間例。五年甲戌，會試，禮部奏請裁定，於是復從廷章言，分南、北、中卷：南卷，應天及蘇、松諸府，浙江、江西、福建、湖廣、廣東；北卷，順天、山東、山西、河南、陝西；中卷，四川、廣西、雲南、貴州及鳳陽、廬州二府，滁、徐、和三州也。成化二十二年，萬安當國，周洪謨爲禮部尚書，皆四川人，乃因布政使潘稹之請，南北各減二名，以益於中。弘治二年復從舊制。嗣後相沿不改。惟正德三年，給事中趙鐸承劉瑾指，請廣河南、陝西、山東、西鄉試之額。乃增陝西爲百，河南爲九十五，山東、西俱九十。而以會試分南、北、中卷爲不均，乃增四川額十名，并入南卷，其餘并入北卷，南北均取一百五十名。蓋瑾陝西人，而閣臣焦芳河南人，票旨相附和，各徇其私。瑾、芳敗，旋復其舊。

初制，兩京鄉試，主考皆用翰林。而各省考官，先期於儒官、儒士內聘明經公正者爲之，故有不在朝列累秉文衡者。景泰三年令布、按二司同巡按御史，推舉見任教官，年五十以下、三十以上、文學廉謹者，聘充考官。於是教官主試，遂爲定例。其後有司徇私，聘取或非其人，監臨官又往往侵奪其職掌。成化十五年，御史許進請各省俱視兩京例，特命翰林主考。帝諭禮部嚴飭私弊，而不從其請。屢戒外簾官毋奪主考權，考官不當，則舉主連坐。又令提學考定教官等第，以備聘取。然相沿既久，積習難移。弘治十四年，掌國子監謝鐸言：「考官皆御史方面所辟召，職分既卑，聽其指使，以外簾官預定去取，名爲防閑，實則關節，而科舉之法壞矣。乞敕兩京大臣，各舉部屬等官素有文望者，每省差二員主考，庶幾前弊可革。」時未能從。嘉靖七年用兵部侍郎張璁言，各省主試皆遣京官或進士，每省二人馳往。初，兩京房考亦皆取教職，至是命各加科部官一員，閱兩科，兩京房考，復罷科部勿遣，而各省主考亦不遣京官。至萬曆十一年，詔定科場事宜。部議復舉張璁之說，言：「彼時因主考與監臨官禮節小嫌，故行止二科而罷，今宜仍遣廷臣。」由是浙江、江西、福建、湖廣皆用編修、檢討，他省用科部官，而同考亦多用甲科，教職僅取一二而已。蓋自嘉靖二十五年從給事中萬虞愷言，各省鄉試精聘教官，不足則聘外省推官、知縣以益之。四十三年又從南京御史奏，兩京同考用京官進士，易、詩、書各二人，春秋、禮記各一人，其餘乃參用教官。萬曆四年復議兩京同考、教官衰老者遣回，北京取足於觀政進士、候補甲科，南京於附近知縣、推官取用。至是教官益絀。

初制，會試同考八人，三人用翰林，五人用教職。景泰五年從禮部尚書胡濙請，俱用翰林、部曹。其後房考漸增。至正德六年，命用十七人，翰林十一人，科部各三人。分詩經房五，易經、書經各四，春秋、禮記各二。嘉靖十一年，禮部尚書夏言論科場三事，其一言會試同考，例用講讀十一人，今講讀止十一人，當盡入場，方足供事。乞於部科再簡三四人，以補翰林不足之數。世宗命如所請。然偶一行之，輒如其舊。萬曆十一年，以易卷多，減書之一以增於易。十四年，書卷復多，乃增翰林一人，以補書之缺。至四十四年，用給事中余懋孳奏，詩、易各增一房，共爲二十房，翰林十二人，科部各四人，至明末不變。

洪武初，賜諸進士宴於中書省。宣德五年賜宴於中軍都督府。八年賜宴於禮部，自是遂著爲令。

庶吉士之選，自洪武乙丑，擇進士爲之，不專屬於翰林也。永樂二年既授一甲三人曾棨、周述、周孟簡等官，復命於第二甲擇文學優等楊相等五十人，及善書者湯流等十人，俱爲翰林院庶吉士，庶吉士遂專屬翰林矣。復命學士解縉等選才資英敏者，就學文淵閣。縉等選修撰棨，編修述、孟簡，庶吉士相等共二十八人，以應二十八宿之數。庶吉士周忱自陳少年願學。帝喜而俞之，增忱爲二十九人。司禮監月給筆墨紙，光祿給朝暮饌，禮部月給膏燭鈔，人三錠，工部擇近第宅居之。帝時至館召試。五日一休沐，必使內臣隨行，且給校尉騶從。是年所選王英、王直、段民、周忱、陳敬宗、李時勉等，名傳後世者，不下十餘人。其後每科所選，多寡無定額。永樂十三年乙未選六十二人，而宣德二年丁未止邢恭一人，以其在翰林院習四夷譯書久，他人俱不得與也。

弘治四年，給事中涂旦以累科不選庶吉士，請循祖制行之。大學士徐溥言：「自永樂二年以來，或間科一選，或連科屢選，或數科不選，或合三科同選，初無定限。或內閣自選，或禮部選送，或會禮部同選，或限年歲，或拘地方，或採譽望，或就廷試卷中查取，或別出題考試，亦無定制。自古帝王儲才館閣以教養之。本朝所以儲養之者，自及第進士之外，止有庶吉士一途，而或選或否。且有才者未必皆選，所選者未必皆才，若更拘地方、年歲，則是已成之才又多棄而不用也。請自今以後，立爲定制，一次開科，一次選用。令新進士錄平日所作論、策、詩、賦、序、記等文字，限十五篇以上，呈之禮部，送翰林考訂。少年有新作五篇，亦許投試翰林院。擇其詞藻文理可取者，按號行取。禮部以糊名試卷，偕閣臣出題考試於東閣，試卷與所投之文相稱，卽收預選。每科所選不過二十人，每選所留不過三五輩，將來成就必有足賴者。」孝宗從其請，命內閣同吏、禮二部考選以爲常。

自嘉靖癸未至萬曆庚辰，中間有九科不選。神宗常命間科一選。禮部侍郎吳道南持不可。崇禎甲戌、丁丑，復不選，餘悉遵例。其與選者，謂之館選。以翰、詹官高資深者一人課之，謂之教習。三年學成，優者留翰林爲編修、檢討，次者出爲給事、御史，謂之散館。與常調官待選者，體格殊異。

成祖初年，內閣七人，非翰林者居其半。翰林纂修，亦諸色參用。自天順二年，李賢奏定纂修專選進士。由是，非進士不入翰林，非翰林不入內閣，南、北禮部尚書、侍郎及吏部右侍郎，非翰林不任。而庶吉士始進之時，已羣目爲儲相。通計明一代宰輔一百七十餘人，由翰林者十九。蓋科舉視前代爲盛，翰林之盛則前代所絕無也。

輔臣子弟，國初少登第者。景泰七年，陳循、王文以其子北闈下第，力攻主考劉儼，臺省譁然論其失。帝勉徇二人意，命其子一體會試，而心薄之。正德三年，焦芳子黃中會試中式，芳引嫌不讀卷。而黃中居二甲之首，芳意猶不慊，至降調諸翰林以泄其忿。六年，楊廷和子愼廷試第一，廷和時亦引嫌不讀卷。愼以高才及第，人無訾之者。

嘉靖二十三年廷試，翟鑾子汝儉、汝孝俱在試中。世宗疑二人濫首甲，抑第一爲第三，以第三置三甲。及拆卷，而所擬第三者，果汝孝也，帝大疑之。給事中王交、王堯日因劾會試考官少詹事江汝璧及諸房考朋私通賄，且追論順天鄉試考官秦鳴夏、浦應麒阿附鑾罪，乃下汝璧等鎮撫司獄。獄具，詔杖汝璧、鳴夏、應麒，並革職閑住，而勒鑾父子爲民。

神宗初，張居正當國。二年甲戌，其子禮闈下第，居正不悅，遂不選庶吉士。至五年，其子嗣修遂以一甲第二人及第。至八年，其子懋修以一甲第一人及第。而次輔呂調陽、張四維、申時行之子，亦皆先後成進士。御史魏允貞疏陳時弊，言輔臣子不宜中式。帝爲謫允貞。

十六年，右庶子黃洪憲主順天試，王錫爵子衡爲榜首。禮部郎中高桂論劾舉人李鴻等，并及衡，言：「自故相子一時並進，而大臣之子遂無見信於天下者。今輔臣錫爵子衡，素號多才，青雲不難自致，而人猶疑信相半，宜一體覆試，以明大臣之心跡。」錫爵怒甚，具奏申辨，語過激。刑部主事饒伸復抗疏論之。帝爲謫桂於外，下伸獄，削其官。覆試所劾舉人，仍以衡第一，且無一人黜者。

二十年會試，李鴻中式。鴻，大學士申時行壻也。榜將發，房考給事中某持之，以爲宰相之壻不當中。主考官張位使十八房考公閱，皆言文字可取，而給事猶持不可。位怒曰：「考試不憑文字，將何取衷？我請職其咎。」鴻乃獲收。王衡既被論，當錫爵在位，不復試禮闈。二十九年乃以一甲第二人及第。自後輔臣當國，其子亦無登第者矣。

科場弊竇既多，議論頻數。自太祖重罪劉三吾等，永、宣間大抵帖服。陳循、王文之齮劉儼也，高穀持之，儼亦無恙。

弘治十二年會試，大學士李東陽、少詹事程敏政爲考官。給事中華昶劾敏政鬻題與舉人唐寅、徐泰，乃命東陽獨閱文字。給事中林廷玉復攻敏政可疑者六事。敏政謫官，寅、泰皆斥譴。寅，江左才士，戊午南闈第一，論者多惜之。

嘉靖十六年，禮部尚書嚴嵩連摘應天、廣東試錄語，激世宗怒。應天主考及廣東巡按御史俱逮問。二十二年，帝手批山東試錄譏訕，逮御史葉經杖死闕下，布政以下皆遠謫，亦嵩所中傷也。四十年，應天主考中允無錫吳情取同邑十三人，被劾，與副考胡杰俱謫外。南畿翰林遂不得典應天試矣。

萬曆四年，順天主考高汝愚中張居正子嗣修、懋修，及居正黨吏部侍郎王篆子之衡、之鼎。居正既死，御史丁此呂追論其弊，且言：「汝愚以『舜亦以命禹』爲試題，殆以禪受阿居正。」當國者惡此呂，謫於外，而議者多不直汝愚。

三十八年會試，庶子湯賓尹爲同考官，與各房互換闈卷，共十八人。明年，御史孫居相劾賓尹私韓敬，其互換皆以敬故。時吏部方考察，尚書孫丕揚因置賓尹、敬於察典。敬頗有文名，衆亦惜敬，而以其宣黨，謂其宜斥也。

四十四年會試，吳江沈同和第一，同里趙鳴陽第六。同和素不能文，文多出鳴陽手，事發覺，兩人並謫戍。

天啓四年，山東、江西、湖廣、福建考官，皆以策問譏刺，降諭切責。初命貶調，既而褫革，江西主考丁乾學至下獄擬罪，蓋觸魏忠賢怒也。先是二年辛酉，中允錢謙益典試浙江，所取舉人錢千秋卷七篇大結，跡涉關節。榜後，爲人所訐，謙益自檢舉，千秋謫戍。未幾，赦還。崇禎二年會推閣臣，謙益以禮部侍郎與焉，而尚書溫體仁不與。體仁摘千秋事，出疏攻謙益。謙益由此罷，遂終明世不復起。

其他指摘科場事者，前後非一，往往北闈爲甚，他省次之。其賄買鑽營、懷挾倩代、割卷傳遞、頂名冒籍，弊端百出，不可窮究，而關節爲甚。事屬曖昧，或快恩讐報復，蓋亦有之。其他小小得失，無足道也。

歷科事跡稍異者：

永樂初，兵革倉猝，元年癸未，始令各省鄉試。二年甲申會試，以事變不循午未之舊。七年己丑會試，中陳燧等九十五人。成祖方北征，皇太子令送國子監進學，俟車駕還京廷試。九年辛卯始擢蕭時中第一。

宣德五年庚戌，帝臨軒發策畢，退御武英殿，謂翰林儒臣曰：「取士不尚虛文，有若劉蕡、蘇轍輩直言抗論，朕當顯庸之。」乃賦策士歌以示讀卷官，顧所擢第一人林震，亦無所表見也。八年癸丑廷試第一人曹鼐，由江西泰和典史會試中式。

正統七年壬戌，刑部吏南昱、公陵驛丞鄭溫亦皆中式。十年乙丑，會試、廷試第一皆商輅。輅，淳安人，宣宗末年乙卯，浙榜第一人。三試皆第一，士子豔稱爲三元，明代惟輅一人而已。廷試讀卷盡用甲科，而是年兵部尚書徐晞、十三年戶部侍郎奈亨乃吏員，〔三〕天順元年丁丑讀卷左都御史楊善乃譯字生，時猶未甚拘流品也。迨後無雜流會試及爲讀卷官者矣。七年癸未試日，場屋火，死者九十餘人，俱贈進士出身，改期八月會試。明年甲申三月，始廷試。時英宗已崩，憲宗以大喪未踰歲，御西角門策之。

正德三年戊辰，太監劉瑾錄五十人姓名以示主司，因廣五十名之額。十五年庚辰，武宗南巡，未及廷試。次年，世宗卽位，五月御西角門策之，擢楊維聰第一。而張璁卽是榜進士也，六七年間，當國用事，權侔人主矣。

嘉靖八年己丑，帝親閱廷試卷，手批一甲羅洪先、楊名、歐陽德，二甲唐順之、陳束、任瀚六人對策，各加評獎。大學士楊一清等遂選順之、束、瀚及胡經等共二十人爲庶吉士，疏其名上，請命官敎習。忽降諭云：「吉士之選，祖宗舊制誠善。邇來大臣徇私選取，市恩立黨，於國無益，自今不必選留。唐順之等一切除授，吏、禮二部及翰林院會議以聞。」尚書方獻夫等遂阿旨謂順之等不必留，幷限翰林之額，侍讀、侍講、修撰各三員，編修、檢討各六員。著爲令。蓋順之等出張璁、霍韜門，而心以大禮之議爲非，不肯趨附，璁心惡之。璁又方欲中一清，故以立黨之說進，而故事由此廢。

迨十一年壬辰，已罷館選，至九月復舉行之。十四年乙未，帝親製策問，手自批閱，擢韓應龍第一。降諭論一甲三人及二甲第一名次前後之由。禮部因以聖諭列登科錄之首，而十二人對策，俱以次刊刻。二十年辛丑，考選庶吉士題，文曰原政，詩曰讀大明律，皆欽降也。四十四年乙丑廷試，帝始不御殿。神宗時，御殿益稀矣。

天啓二年壬戌會試，命大學士何宗彥、朱國祚爲主考。故事，閣臣典試，翰、詹一人副之。時已推禮部尚書顧秉謙，特旨命國祚。國祚疏辭，帝曰：「今歲，朕首科，特用二輔臣以光重典，卿不必辭。」嗣後二輔臣典試以爲常。是年開宗科，朱愼鍌成進士，從宗彥、國祚請，即授中書舍人。

崇禎四年，朱統鉓成進士，初選庶吉士。吏部以統鉓宗室，不宜官禁近，請改中書舍人。統鉓疏爭，命仍授庶吉士。七年甲戌，知貢舉禮部侍郎林釺言，舉人顏茂猷文兼五經，作二十三義。帝念其該洽，許送內簾。茂猷中副榜，特賜進士，以其名另爲一行，刻於試錄第一名之前。五經中式者，自此接跡矣。

試。

武科，自吳元年定。洪武二十年命禮部請，立武學，用武舉。武臣子弟於各直省應試。天順八年令天下文武官舉通曉兵法、謀勇出衆者，各省撫、按、三司，直隸巡按御史考試。中式者，兵部同總兵官於帥府試策略，教場試弓馬。答策二道，騎中四矢、步中二矢以上者爲中式。騎、步所中半焉者次之。成化十四年從太監汪直請，設武科鄉、會試，悉視文科例。弘治六年定武舉六歲一行，先策略，後弓馬。策不中者不許騎射。十七年改定三年一試，出榜賜宴。正德十四年定，初場試馬上箭，以三十五步爲則；二場試步下箭，以八十步爲則；三場試策一道。子、午、卯、酉年鄉試。嘉靖初，定制，各省應武舉者，巡按御史於十月考試，兩京武學於兵部選取，俱送兵部。次年四月會試，翰林二員爲考試官，給事中、部曹四員爲同考。鄉、會場期俱於月之初九、十二、十五。起送考驗，監試張榜，大率仿文闈而減殺之。其後倏罷倏復。又倣文闈南北卷例，分邊方、腹裏。每十名，邊六腹四以爲常。萬曆三十八年定會試之額，取中進士以百名爲率。其後有奉詔增三十名者，非常制也。

穆、神二宗時，議者嘗言武科當以技勇爲重。萬曆之末，科臣又請特設將材武科，初場試馬步箭及鎗、刀、劍、戟、拳搏、擊刺等法，二場試營陣、地雷、火藥、戰車等項，三場各就其兵法、天文、地理所熟知者言之。報可而未行也。崇禎四年，武會試榜發，論者大譁。帝命中允方逢年、倪元璐再試，取翁英等百二十人。逢年、元璐以時方需才，奏請殿試傳臚，悉如文例。乃賜王來聘等及第、出身有差。武舉殿試自此始也。十四年諭各部臣特開奇謀異勇科。詔下，無應者。

校勘記

〔一〕而貴州亦二十名　明會典卷七七作「貴州二十五名」。

〔二〕十三年戶部侍郎奈亨乃吏員　原脫「十三年」，據英宗實錄卷一六四正統十三年三月丁酉條補。奈亨，原作「佘亨」，據本書卷七四職官志光祿寺卿下注、明史稿志五二選舉志、同上英宗實錄、弇山堂別集卷五五改。

明史卷七十一

志第四十七

選舉三

太祖下金陵，辟儒士范祖幹、葉儀。克婺州，召儒士許元、胡翰等日講經史治道。克處州，徵耆儒宋濂、劉基、章溢、葉琛至建康，創禮賢館處之。以濂爲江南等處儒學提舉，溢、琛爲營田僉事，基留帷幄預謀議。甲辰三月敕中書省曰：「今土宇日廣，文武並用。卓犖奇偉之才，世豈無之。或隱於山林，或藏於士伍，非在上者開導引拔之，無以自見。自今有能上書陳言、敷宣治道、武略出衆者，參軍及都督府具以名聞。或不能文章而識見可取，許詣闕面陳其事。郡縣官年五十以上者，雖練達政事，而精力旣衰，宜令有司選民間俊秀年二十五以上、資性明敏、有學識才幹者辟赴中書，與年老者參用之。十年以後，老者休致，而少者已熟於事。如此則人才不乏，而官使得人。其下有司，宣布此意。」於是州縣歲舉賢才及武勇謀略、通曉天文之士，間及兼通書律者。既而嚴選舉之禁，有濫舉者逮治之。吳元年遣起居注吳林、魏觀等以幣帛求遺賢於四方。洪武元年徵天下賢才至京，授以守令。其年冬，又遣文原吉、詹同、魏觀、吳輔、趙壽等分行天下，訪求賢才，各賜白金而遣之。三年諭廷臣曰：「六部總領天下之務，非學問博洽、才德兼美之士，不足以居之。慮有隱居山林，或屈在下僚者，其令有司悉心推訪。」六年復下詔曰：「賢才，國之寶也。古聖王勞於求賢。若高宗之於傅說，文王之於呂尚。彼二君者豈其智不足哉，顧皇皇於版築鼓刀之徒者，蓋賢才不備，不足以爲治。鴻鵠之能遠舉者，爲其有羽翼也。蛟龍之能騰躍者，爲其有鱗鬣也。人君之能致治者，爲其有賢人而爲之輔也。山林之士德行文藝可稱者，有司采舉，備禮遣送至京，朕將任用之，以圖至治。」是年，遂罷科舉，別令有司察舉賢才，以德行爲本，而文藝次之。其目，曰聰明正直，曰賢良方正，曰孝弟力田，曰儒士，曰孝廉，曰秀才，曰人才，曰耆民。皆禮送京師，不次擢用。而各省貢生亦由太學以進。於是罷科舉者十年，至十七年始復行科舉，而薦舉之法並行不廢。

時中外大小臣工皆得推舉，下至倉、庫、司、局諸雜流，亦令舉文學才幹之士。其被薦而至者，又令轉薦。以故山林巖穴、草茅窮居，無不獲自達於上，由布衣而登大僚者不可勝數。耆儒鮑恂、余詮、全思誠、張長年輩年九十餘，徵至京，即命爲文華殿大學士。儒士王本、杜斆、趙民望、吳源特置爲四輔官兼太子賓客。賢良郭有道，秀才范敏、曾泰，稅戶人才鄭沂，儒士趙翥起家爲尚書。儒士張子源、張宗德爲侍郎。耆儒劉堉、關賢爲副都御史。明經張文通、阮仲志爲僉都御史。人才赫從道爲大理少卿。孝廉李德爲府尹。儒士吳顒爲祭酒。賢良欒世英、徐景昇、李延中，儒士張璲、王廉爲布政使。孝弟李好誠、聶士舉，賢良蔣安素、薛正言、張端，文學宋亮爲參政。儒士鄭孔麟、王德常、黃桐生，賢良余應舉、馬衛、許安、范孟宗、何德忠、孫仲賢、王福、王淸，聰明張大亨、金思存爲參議，凡其顯擢者如此。其以漸而躋貴仕者，又無算也。嘗諭禮部：「經明行修練達時務之士，徵至京師。年六十以上七十以下者，置翰林以備顧問。四十以上六十以下者，於六部及布、按兩司用之。」蓋是時，仕進無他途，故往往多驟貴者。而吏部奏薦舉當除官者，多至三千七百餘人，其少者亦至一千九百餘人。又俾富戶耆民皆得進見，奏對稱旨，輒予美官。而會稽僧郭傳，由宋濂薦擢爲翰林應奉，此皆可得而考者也。

洎科舉復設，兩途並用，亦未嘗畸重輕。建文、永樂間，薦舉起家猶有內授翰林、外授藩司者。而楊士奇以處士，陳濟以布衣，遽命爲太祖實錄總裁官，其不拘資格又如此。自後科舉日重，薦舉日益輕，能文之士率由場屋進以爲榮；有司雖數奉求賢之詔，而人才既衰，第應故事而已。

宣宗嘗出御製猗蘭操及招隱詩賜諸大臣，以示風勵。實應者寡，人情亦共厭薄。正統元年，行在吏部言：「宣德間，嘗詔天下布、按二司及府、州、縣官舉賢良方正各一人，迄今尙舉未已，宜止之。」帝以朝廷求賢不可止，自今來者，六部、都察院、翰林院堂上官考試，中者錄用，不中者黜之。薦舉者益稀矣。

天順元年詔：「處士中，有學貫天人、才堪經濟、高蹈不求聞達者，所司具實奏聞。」御史陳迹奏崇仁儒士吳與弼學行，命江西巡撫韓雍禮聘赴京。至則召見，命爲左諭德。與弼辭疾不受。帝又命李賢引見文華殿，從容顧問曰：「重卿學行，特授宮僚，煩輔太子。」與弼固辭。賜宴文華殿，命賢侍宴，降敕褒賚，遣行人送歸，蓋殊典也。至成化十九年，廣東舉人陳獻章被薦，授翰林院檢討，而聽其歸，典禮大減矣。其後弘治中，浙江儒士潘辰，嘉靖中，南直隸生員文徵明、永嘉儒士葉幼學，皆以薦授翰林院待詔。萬曆中，湖廣舉人瞿九思亦授待詔，江西舉人劉元卿授國子監博士，江西處士章潢僅遙授順天府訓導。而直隸處士陳繼儒、四川舉人楊思心等雖皆被薦，下之禮部而已。

崇禎九年，吏部復議舉孝廉，言：「祖宗朝皆偶一行之，未有定制。今宜通行直省，加意物色，果有孝廉、懷才抱德、經明行修之士，由司道以達巡按，覆核疏聞，驗試錄用。」於時薦舉紛紛遍天下，然皆授以殘破郡縣，卒無大效。至十七年，令豫、楚被陷州縣員缺悉聽撫、按官辟選更置，不拘科目、雜流、生員人等。此則皇遽求賢，非承平時舉士之典。至若正德四年，浙江大吏薦餘姚周禮、徐子元、許龍，上虞徐文彪。劉瑾以四人皆謝遷同鄉，而草詔出於劉健，矯旨下禮等鎮撫司，謫戍邊衞，勒布政使林符、邵寶、李贊及參政、參議、府縣官十九人罰米二百石，并削健、遷官，且著令，餘姚人不得選京官。此則因薦舉而得禍者，又其變也。

任官之事，文歸吏部，武歸兵部，而吏部職掌尤重。吏部凡四司，而文選掌銓選，考功掌考察，其職尤要。選人自進士、舉人、貢生外，有官生、恩生、功生、監生、儒士，又有吏員、承差、知印、書算、篆書、譯字、通事諸雜流。進士爲一途，舉貢等爲一途，吏員等爲一途，所謂三途並用也。京官六部主事、中書、行人、評事、博士，外官知州、推官、知縣，由進士選。外官推官、知縣及學官，由舉人、貢生選。京官五府、六部首領官，通政司、太常、光祿寺、詹事府屬官，由官廕生選。州、縣佐貳，都、布、按三司首領官，由監生選。外府、外衞、鹽運司首領官，中外雜職、入流未入流官，由吏員、承差等選。此其大凡也。其參差互異者，可推而知也。初授者曰聽選，陞任者曰陞遷。

選人之法，每年吏部六考、六選。凡引選六，類選六，遠方選二。聽選及考定陞降者，雙月大選，其序定於單月。改授、改降、丁憂、候補者，單月急選。其揀選，三歲舉行。舉人乞恩，歲貢就教，無定期。凡陞遷，必滿考。若員缺應補不待滿者，曰推陞。內閣大學士、吏部尚書，由廷推或奉特旨。侍郎以下及祭酒，吏部會同三品以上廷推。太常卿以下，部推。通、參以下，吏部於弘政門會選。詹事由內閣，各衙門由各掌印。在外官，惟督、撫廷推，九卿共之，吏部主之。布、按員缺，三品以上官會舉。監、司，則序遷。其防邊兵備等，率由選擇保舉，付以敕書，邊府及佐貳亦付敕。薊、遼之昌平、薊州等，山西之大同、河曲、代州等，陝西之固原、靜寧等六十有一處，俱為邊缺，尤慎選除。有功者越次擢，悞封疆者罪無赦。內地監司率序遷，其後亦多超遷不拘次，有一歲中四五遷、由僉事至參政者。監、司多額外添設，守巡之外往往別立數銜，不能畫一也。在外府、州、縣正佐，在內大小九卿之屬員，皆常選官，選授遷除，一切由吏部。其初用拈鬮法，至萬曆間變為掣籤。二十九年，文選員外郎倪斯蕙條上銓政十八事，其一曰議掣籤。尚書李戴擬行報可，孫丕揚踵而行之。後雖有譏其失者，終明世不復更也。

洪武間，定南北更調之制，南人官北，北人官南。其後官制漸定，自學官外，不得官本省，亦不限南北也。

初，太祖嘗御奉天門選官，且諭毋拘資格。選人有卽授侍郎者，而監生及薦舉者，參錯互用。給事、御史，亦初授陞遷各半。永、宣以後，漸循資格，而臺省尙多初授。至弘、正後，資格始拘，舉、貢雖與進士並稱正途，而軒輊低昂，不啻霄壤。隆慶中，大學士高拱言：「國初，舉人躋八座爲名臣者甚衆。後乃進士偏重，而舉人甚輕，至於今極矣。請自授官以後，惟考政績，不問其出身。」然勢已積重，不能復返。崇禎間，言者數申「三途並用」之說。間推一二舉人如陳新甲、孫元化者，置之要地，卒以傾覆。用武舉陳啓新爲給事，亦聲名潰裂。於是朝端又以爲不若循資格。而甲榜之僨國者亦正不少也。

給事中、御史謂之科道。科五十員，道百二十員。明初至天順、成化間，進士、舉貢、監生皆得選補。其遷擢者，推官、知縣而外，或由學官。其後監生及新科進士皆不得與。或庶吉士改授，或取內外科目出身三年考滿者考選，內則兩京五部主事、中、行、評、博，國子監博士、助教等，外則推官、知縣。自推、知入者，謂之行取。其有特薦，則俸雖未滿，亦得與焉。考選視科道缺若干，多寡無定額。其授職，吏部、都察院協同注擬，給事皆實補，御史必試職一年始實授，惟庶吉士否。嘉靖、萬曆間，常令部曹不許改科道，後亦間行之。舉貢、推、知，例得與進士同考選，大抵僅四之一。嘉靖間，嘗令監生與選。已罷不行。萬曆中，百度廢弛。二十五年，臺省新舊人數不足當額設之半。三十六年，科止數人，道止二人。南科以一人攝九篆者二歲，南道亦止一人。內臺既空，外差亦缺，淮、揚、蘇、松、江西、陝西、廣東西、宣大、甘肅、遼東巡按及陝西之茶馬，河東之鹽課，缺差至數年。給事中陳治則請急考選，不報。三十九年，考選疏上，復留中不下。推、知擬擢臺省，候命闕下，去留不得自如。四十六年，掌河南道御史王象恒復言：「十三道御史在班行者止八人，六科給事中止五人，而冊封典試諸差，及內外巡方報滿告病求代者踵至，當亟議變通之法。」大學士方從哲亦言：「考選諸臣，守候六載，艱苦備嘗。吏部議咨禮部、都察院按次題差，蓋權宜之術。不若特允部推，令諸臣受命供職，足存政體。」卒皆不報。至光宗初，前後考選之疏俱下，而臺省一旦森列矣。

考選之例，優者授給事中，次者御史，又次者以部曹用。雖臨時考試，而先期有訪單，出於九卿、臺省諸臣之手，往往據以爲高下。崇禎三年，吏部考選畢，奏應擢給事、御史若干人，而以中書二人，訪單可否互異，具疏題請。帝責其推諉，令更確議，而不責訪單之非體也。京官非進士不得考選，推、知則舉貢皆行取。然天下守令，進士十三，舉貢十七；推、知行取，則進士十九，舉貢纔十一。舉貢所得，又大率有臺無省，多南少北。御史王道純以爲言。帝謂用人當論才，本不合拘資格，下所司酌行之。初制，急缺風憲，不時行取。神宗時，定爲三年，至是每年一舉。帝從吏部尚書閔洪學請，仍以三年爲期。此選擇言路之大凡也。

保舉者，所以佐銓法之不及，而分吏部之權。自洪武十七年命天下朝覲官舉廉能屬吏始。永樂元年命京官文職七品以上，外官至縣令，各舉所知一人，量才擢用。後以貪污聞者，舉主連坐，蓋亦嘗間行其法。然洪、永時，選官並由部請。

至仁宗初，一新庶政，洪熙元年特申保舉之令。京官五品以上及給事、御史，外官布、按兩司正佐及府、州、縣正官，各舉所知。惟見任府、州、縣正佐官及曾犯贓罪者，不許薦舉，其他官及屈在下僚，或軍民中有廉潔公正才堪撫字者，悉以名聞。是時，京官勢未重，臺省考滿，由吏部奏陞方面郡守。既而定制，凡布按二司、知府有缺，令三品以上京官保舉。宣德三年，況鍾、趙豫等以薦擢守蘇、松諸府，賜敕行事。十年用郭濟、姚文等爲知府，亦如之。其所奏保者，郎中、員外、御史及司務、行人、寺副皆與，不依常調也。後多有政績。部曹及御史，由堂上官薦引，類能其官。而長吏部者，蹇義、郭璡亦屢奉敕諭。帝又慮諸臣畏連坐而不舉，則語大學士楊溥以全才之難，謂：「一言之薦，豈能保其終身，欲得賢才，尤當厚敎養之法。」故其時吏治蒸蒸，稱極盛焉。沿及英宗，一遵厥舊。然行之既久，不能無弊，所舉或鄉里親舊、僚屬門下，素相私比者。方面大吏方正、謝莊等由保舉而得罪。而無官保舉者，在內御史，在外知府，往往九年不遷。

正統七年罷薦舉縣令之制。十一年，御史黃裳言：「給事、御史，國初奏遷方面郡守。近年方面郡守率由廷臣保陞，給事、御史以糾劾爲職，豈能無忤於一人。乞敕吏部仍按例奏請除授。」帝是其言，命部議行。明年，給事中余忭復指正、莊等事敗，謂宜坐舉主。且言方面郡守有缺，吏部當奏請上裁。尚書王直、英國公張輔等言，方面郡守，保舉陞用，稱職者多，未可擅更易。英宗仍從輔、直言，而採忭疏，許言官指劾。十三年，御史涂謙復陳，舉薦得方面郡守輒改前操之弊。請仍遵洪武舊制，於內外九年考滿官內揀擇陞授，或親擇朝臣才望者任之。詔可。大臣舉官之例遂罷。

景泰中，復行保舉。給事中林聰陳推舉驟遷之弊，言：「今缺參政等官三十餘員，請暫令三品以上官保舉。自後惟布、按兩司三品以上官連名共舉，其餘悉付吏部。」詔並從之。成化五年，科道官復請保舉方面，吏部因幷及郡守。帝從言官請，而命知府員缺仍聽吏部推舉。踰年，以會舉多未當，幷方面官第令吏部推兩員以聞，罷保舉之令。既而都御史李賓請令在京五品以上管事官及給事、御史，各舉所知以任州縣。從之。

弘治十二年復詔部院大臣各舉方面郡守。吏部因請依往年御史馬文升遷按察使、屠滽遷僉都御史之例，超擢一二，以示激勸，而未經大臣薦舉者亦兼采之。並從其議。當是時，孝宗鋭意求治，命吏、兵二部，每季開兩京府部堂上及文武方面官履歷，具揭帖奏覽。第兼保舉法行之，不專恃以爲治也。正德以後，具帖之制漸廢。嘉靖八年，給事中夏言復請循弘治故事，且及舉劾賢否略節，每季孟月，部臣送科以達御前，命著爲令。而保舉方面郡守之法，終明世不復行矣。

至若坐事斥免、因急才而薦擢者，謂之起廢。家居被召、因需缺而預補者，謂之添註。此又銓法之所未詳，而中葉以後間嘗一行者也。

考滿、考察，二者相輔而行。考滿，論一身所歷之俸，其目有三：曰稱職，曰平常，曰不稱職，爲上、中、下三等。考察，通天下内外官計之，其目有八：曰貪，曰酷，曰浮躁，曰不及，曰老，曰病，曰罷，曰不謹。

考滿之法，三年給由，曰初考，六年曰再考，九年曰通考。依職掌事例考覈陞降。諸部寺所屬，初止署職，必考滿始實授。外官率遞考以待覈。雜考或一二年，或三年、九年。郡縣之繁簡或不相當，則互換其官，謂之調繁、調簡。

洪武十一年命吏部課朝覲官殿最。稱職而無過者爲上，賜坐而宴。有過而稱職者爲中，宴而不坐。有過而不稱職者爲下，不預宴，序立於門，宴者出，然後退。此朝覲考覈之始也。

十四年，其法稍定。在京六部五品以下，聽本衙門正官察其行能，驗其勤怠。其四品以上，及一切近侍官與御史爲耳目風紀之司，及太醫院、欽天監、王府官不在常選者，任滿黜陟，取自上裁。直隸有司首領官及屬官，從本司正官考覈，任滿從監察御史覆考。各布政使司首領官，俱從按察司考覈。其茶馬、鹽馬、鹽運、鹽課提舉司，軍職首領官，俱從布政司考覈，仍送按察司覆考。其布政司四品以上，按察司、鹽運司五品以上，任滿黜陟，取自上裁。內外入流幷雜職官，九年任滿，給由赴吏部考覈，依例黜陟。果有殊勳異能、超邁等倫者，取自上裁。

又以事之繁簡，與歷官之殿最，相參互覈，爲等第之陞降。其繁簡之例，在外府以田糧十五萬石以上，州以七萬石以上，縣以三萬石以上，或親臨王府都、布政、按察三司，幷有軍馬守禦，路當驛道，邊方衝要供給處，俱爲事繁。府糧不及十五萬石，州不及七萬石，縣不及三萬石，及僻靜處，俱爲事簡。在京諸司，俱從繁例。

十六年，京官考覈之制稍有裁酌，俱由其長開具送部覈考。十八年，吏部言天下布、按、府、州、縣朝覲官，凡四千一百一十七人，稱職者十之一，平常者十之七，不稱職者十之一，而貪污闒茸者亦共得十之一。帝令稱職者陞，平常者復職，不稱職者降，貪污者付法司罪之，闒茸者免爲民。永、宣間，中外官舊未有例者，稍增入之。又從部議，初考稱職、次考未經考覈、今考稱職者，若初考平常、次考未經考覈、今考稱職者，俱依稱職例陞用。自時厥後，大率遵舊制行之。中間利弊不可枚舉，而其法無大變更也。

考察之法，京官六年，以巳、亥之歲，四品以上自陳以取上裁，五品以下分別致仕、降調、閒住爲民者有差，具册奏請，謂之京察。自弘治時，定外官三年一朝覲，以辰、戌、丑、未歲，察典隨之，謂之外察。州縣以月計上之府，府上下其考，以歲計上之布政司。至三歲，撫、按通核其屬事狀，造册具報，麗以八法。而處分察例有四，與京官同。明初行之，相沿不廢，謂之大計。計處者，不復敍用，定爲永制。

洪武四年命工部尚書朱守仁廉察山東萊州諸郡官吏。六年令御史臺御史及各道按察司察舉有司官有無過犯，奏報黜陟，此考察之始也。洪熙時，命御史考察在外官，以奉命者不能無私，諭吏部尚書蹇義嚴加戒飭，務矢至公。景泰二年，吏部、都察院考察當黜退者七百三十餘人。帝慮其未當，仍集諸大臣更考，存留者三之一。成化五年，南京吏部右侍郎章綸、都察院右僉都御史高明考察庶官。帝以各衙門掌印官不同僉名，疑有未當，令侍郎葉盛、都給事中毛弘從公體勘，亦有所更定。

弘治六年考察當罷者共一千四百員，又雜職一千一百三十五員。帝諭：「方面知府必指實跡，毋虛文泛言，以致枉人。府州以下任未三年者，亦通核具奏。」尚書王恕等具陳以請，而以府、州、縣官貪鄙殃民者，雖年淺不可不黜。帝終謂人才難得，降諭諄諄，多所原宥。當黜而留者九十餘員。給事、御史又交章請黜遺漏及宜退而留者，復命吏部指實跡，恕疏各官考語及本部訪察者以聞。帝終以考語爲未實，諭令復核。恕以言不用，且疑有中傷者，遂力求去。至十四年，南京吏部尚書林瀚言，在外司府以下官，俱三年一次考察，兩京及在外武職官，亦五年一考選，惟兩京五品以下官，十年始一考察，法大闊略。旨下，吏部覆請如瀚言，而京官六年一察之例定矣。

京察之歲，大臣自陳。去留既定，而居官有遺行者，給事、御史糾劾，謂之拾遺。拾遺所攻擊，無獲免者。弘、正、嘉、隆間，士大夫廉恥自重，以掛察典爲終身之玷。至萬曆時，閣臣有所徇庇，間留一二以撓察典，而羣臣水火之爭，莫甚於辛亥、丁巳，事具各傳中。黨局既成，互相報復，至國亡乃已。

兵部凡四司，而武選掌除授，職方掌軍政，其職尤要。凡武職，內則五府、留守司，外則各都司、各衞所及三宣、六慰。流官八等：都督及同知、僉事，都指揮使、同知、僉事，正副留守。世官九等：指揮使及同知、僉事，衞、所鎭撫，正、副千戶，百戶，試百戶。直省都指揮使二十一，留守司二，衞九十一，守禦、屯田、羣牧千戶所二百十有一。此外則苗蠻土司，皆聽部選。自永樂初，增立三大營，各設管操官，各哨有分管、坐營官、坐司官。景泰中，設團營十，已復增二，各有坐營官，俱特命親信大臣提督之，非兵部所銓擇也。

凡大選，曰色目，曰狀貌，曰才行，曰封贈，曰襲廕。其途有四，曰世職，曰武舉，曰行伍，曰納級。初，武職率以勳舊。太祖慮其不率，以武士訓戒錄、大誥武臣錄頒之。後乃參用將材，三歲武舉，六歲會舉，每歲薦舉，皆隸部除授。久之，法紀隳壞，選用紛雜。正德間，冒功陞授者三千有奇。嘉靖中，詹事霍韜言：

成化中，增太祖時軍職四倍，今又增幾倍矣。錦衣初額官二百五員，今至千七百員，殆增八倍。洪武初，軍功襲職子弟年二十者比試，初試不中，襲職署事，食半俸。二年再試，中者食全俸，仍不中者充軍。其法至嚴，故職不冗而俸易給。自永樂後，新官免試，舊官卽比試，賄賂無不中，此軍職所以日濫也。永樂平交阯，賞而不陞。邇者不但獲馘者陞，而奏帶及緝妖言捕盜者亦無不陞，此軍職所以益冗也。

宜命大臣循清黃例，內外武職一切差次功勞，考其祖宗相承，叔姪兄弟繼及。或洪、永年間功，或宣德以後功，或內監弟姪恩廕，或勳戚駙馬子孫，或武舉取中，各分數等，默寓汰省之法。或許世襲，或許終身，或許繼，或不許繼，各具册籍，昭示明白，以爲激勸。

於是命給事中夏言等查覈冒濫。言等指陳其弊，言：「鎭守官奏帶舊止五名，今至三四百名，蓋一人而奏帶數處者有之，一時而數處獲功者有之。他復巧立名色，紀驗不加審覈，銓選又無駁勘，其改正重陞、併功加授之類，弊端百出，宜盡革以昭神斷。」〔一〕部核如議。恩倖冗濫者，裁汰以數千計，宿蠹爲清。萬曆十五年復詔嚴加察核。且嘗命提、鎭、科道會同兵部，品年資，課技藝，序薦剡，分爲三等，名曰公選。然徒飾虛名，終鮮實效也。

武官爵止六品，其職死者襲，老疾者替，世久而絕，以旁支繼。年六十者，子替。明初定例，嫡子襲替，長幼次及之。絕者，嫡子庶子孫，次及之；又絕者，以弟繼。永樂後，取官舍旗軍餘丁曾歷戰功者，令原帶俸及管事襲替，悉因之。其降級子孫仍替見降職事。弘治時，令旁支減級承襲。正德中，令旁支入總旗。嘉靖間，旁支無功者，不得保送。凡陞職官舍，如父職。其陣亡保襲者，流官一等。凡襲替官舍，以騎射試之。大抵世職難覈，故例特詳，而長弊叢奸，亦復不少。

官之大者，必會推。五軍都督府掌印缺，於見任公、侯、伯取一人。僉書缺，於帶俸公、侯、伯及在京都指揮，在外正副總兵官，推二人。錦衣衞堂上官及前衞掌印缺，視五府例推二人。都指揮、留守以下，上一人。正德十六年令五府及錦衣衞必由都指揮屢著勳猷者陞授。諸衞官不世，獨錦衣以世。

武之軍政，猶文之考察也。成化二年令五年一行，以見任掌印、帶俸、差操及初襲官一體考核。十三年令兩京通考以爲常。五府大臣及錦衣衞堂上官自陳候旨，直省總兵官如之。在內五府所屬幷直省衞所官，悉由巡視官及部官註送；在外都司、衞所官，由撫、按造册繳部。副參以下，千戶以上，由都、布、按三司察註送撫，咨部考舉題奏。錦衣衞管戎務者倍加嚴考，南、北鎭撫次之。各衞所及地方守禦幷各都司隸巡撫者，例同。惟管漕運者不與考。

校勘記

〔一〕宜盡革以昭神斷　以昭神斷，明經世文編卷二〇二頁二一〇五夏言查革正德中濫授武職疏作「以遵明旨」。

明史卷七十二

志第四十八

職官一

明官制，沿漢、唐之舊而損益之。自洪武十三年罷丞相不設，析中書省之政歸六部，以尙書任天下事，侍郎貳之。而殿閣大學士祇備顧問，帝方自操威柄，學士鮮所參決。其糾劾則責之都察院，章奏則達之通政司，平反則參之大理寺，是亦漢九卿之遺意也。分大都督府爲五，而征調隸於兵部。外設都、布、按三司，分隸兵刑錢穀，其考核則聽於府部。是時吏、戶、兵三部之權爲重。

迨仁、宣朝，大學士以太子經師恩，累加至三孤，望益尊。而宣宗內柄無大小，悉下大學士楊士奇等參可否。雖吏部蹇義、戶部夏原吉時召見，得預各部事，然希闊不敵士奇等親。自是，內閣權日重，卽有一二吏、兵之長與執持是非，輒以敗。

至世宗中葉，夏言、嚴嵩迭用事，遂赫然爲眞宰相，壓制六卿矣。然內閣之擬票，不得不決於內監之批紅，而相權轉歸之寺人。於是朝廷之紀綱，賢士大夫之進退，悉顚倒於其手。伴食者承意指之不暇，間有賢輔，卒蒿目而不能救。初，領五都督府者，皆元勳宿將，軍制肅然。永樂間，設內監監其事，猶不敢縱。沿習數代，勳戚紈袴司軍紀，日以惰毀。旣而內監添置益多，邊塞皆有巡視，四方大征伐皆有監軍，而疆事遂致大壞，明祚不可支矣。跡其興亡治亂之由，豈不在用人之得失哉！至於設官分職，體統相維，品式具備，詳列後簡。覽者可考而知也。

宗人府　三公三孤　太子三師三少　內閣　吏部　戶部 附總督倉場

禮部　兵部 附協理京營戎政　刑部　工部 附提督易州山廠

宗人府。宗人令一人，左、右宗正各一人，左、右宗人各一人，並正一品，掌皇九族之屬籍，以時修其玉牒，書宗室子女適庶、名封、嗣襲、生卒、婚嫁、謚葬之事。凡宗室陳請，爲聞於上，達材能，錄罪過。初，洪武三年置大宗正院。二十二年改爲宗人府，並以親王領之。秦王樉爲令，晉王棡、燕王棣爲左、右宗正，周王橚、楚王楨爲左、右宗人。其後，以勳戚大臣攝府事，不備官，而所領亦盡移之禮部。其屬，經歷司，經歷一人，正五品，典出納文移。

太師、太傅、太保爲三公，正一品，少師、少傅、少保爲三孤，從一品，掌佐天子理陰陽，經邦弘化，其職至重。無定員，無專授。洪武三年授李善長太師，徐達太傅。先是，常遇春已贈太保。三孤無兼領者。建文、永樂間罷公、孤官，仁宗復設。永樂二十二年八月復置三公、三少。宣德三年敕太師、英國公張輔，少師、吏部尚書蹇義，少傅、兵部尚書、華蓋殿大學士楊士奇，少保兼太子少傅、戶部尚書夏原吉，各輟所領，侍左右，咨訪政事。公孤之官，幾於專授。逮義、原吉卒，士奇還領閣務。自此以後，公、孤但虛銜，爲勳戚文武大臣加官、贈官。而文臣無生加三公者，惟贈乃得之。嘉靖二年加楊廷和太傅，辭不受。其後文臣得加三公，惟張居正，萬曆九年加太傅，十年加太師。

太子太師、太子太傅、太子太保，並從一品，掌以道德輔導太子，而謹護翼之。太子少師、太子少傅、太子少保，並正二品，掌奉太子以觀三公之道德而教諭焉。太子賓客，正三品，掌侍太子贊相禮儀，規誨過失。皆東宮大臣，無定員，無專授。洪武元年，太祖有事親征，慮太子監國，別設宮僚或生嫌隙，乃以朝臣兼宮職：李善長兼太子少師，徐達兼太子少傅，常遇春兼太子少保，治書侍御史文原吉、范顯祖兼太子賓客。三年，禮部尚書陶凱請選人專任東宮官，罷兼領，庶於輔導有所責成。帝諭以江充之事可爲明鑑，立法兼領，非無謂也。由是，東宮師傅，止爲兼官、加官及贈官。惟永樂間，成祖幸北京，以姚廣孝專爲太子少師，留輔太子。自是以後，終明世皆爲虛銜，於太子輔導之職無與也。

中極殿大學士，舊名華蓋殿，建極殿大學士，舊名謹身殿，文華殿大學士，武英殿大學士，文淵閣大學士，東閣大學士，並正五品，掌獻替可否，奉陳規誨，點檢題奏，票擬批答，以平允庶政。凡上之達下，曰詔，曰誥，曰制，曰册文，曰諭，曰書，曰符，曰令，曰檄，皆起草進畫，以下之諸司。下之達上，曰題，曰奏，曰表，曰講章，曰書狀，曰文册，曰揭帖，曰制對，曰露布，曰譯，皆審署申覆而修畫焉，平允乃行之。凡車駕郊祀、巡幸則扈從。御經筵，則知經筵或同知經筵事。東宮出閣講讀，則領其事，敍其官，而授之職業。冠婚，則充賓贊及納徵等使。修實錄、史志諸書，則充總裁官。春秋上丁釋奠先師，則攝行祭事。會試充考試官，殿試充讀卷官。進士題名，則大學士一人撰文，立石於太學。大典禮、大政事，九卿、科道官會議已定，則按典制，相機宜，裁量其可否，斟酌入告。頒詔則捧授禮部。會敕則稽其由狀以請。宗室請名、請封，諸臣請謚，並擬上。以其授餐大內，常侍天子殿閣之下，避宰相之名，又名內閣。

先是，太祖承前制，設中書省，置左、右丞相，正一品。甲辰正月，初置左、右相國，以李善長爲右相國，徐達爲左相國。吳元年命百官禮儀俱尚左，改右相國爲左相國，左相國爲右相國。洪武元年改爲左、右丞相。平章政事，從一品，左、右丞，正二品，參知政事，從二品，以統領衆職。置屬官，左、右司，郎中，正五品，員外郎，正六品，都事、檢校，正七品，照磨、管勾，從七品。參議府，參議，正三品，參軍、斷事官，從三品，斷事、經歷，正七品，知事，正八品。都鎮撫司，都鎮撫，正五品。考功所，考功郎，正七品。甲辰十月以都鎮撫司隸大都督府。吳元年革參議府。洪武元年革考功所。二年革照磨、檢校所、斷事官。〔一〕七年設直省舍人十人，尋改中書舍人。

洪武九年汰平章政事、參知政事。十三年正月誅丞相胡惟庸，遂罷中書省。其官屬盡革，惟存中書舍人。九月置四輔官，以儒士王本等爲之。置四輔官，告太廟，以王本、杜祐、龔斅爲春官，〔二〕杜斅、趙民望、吳源爲夏官，兼太子賓客。秋、冬官缺，以本等攝之。一月內分司上中下三旬。位列公、侯、都督之次。尋亦罷。十五年倣宋制，置華蓋殿、武英殿、文淵閣、東閣諸大學士，禮部尙書邵質爲華蓋，〔三〕檢討吳伯宗爲武英，翰林學士宋訥爲文淵，典籍吳沉爲東閣。又置文華殿大學士，徵耆儒鮑恂、余詮、張長年等爲之，以輔導太子。秩皆正五品。二十八年敕諭羣臣：「國家罷丞相，設府、部、院、寺以分理庶務，立法至爲詳善。以後嗣君，其毋得議置丞相。臣下有奏請設立者，論以極刑。」當是時，以翰林、春坊詳看諸司奏啓，兼司平駁。大學士特侍左右，備顧問而已。建文中，改大學士爲學士。

悉罷諸大學士，各設學士一人。又改謹身殿爲正心殿，設正心殿學士。

成祖卽位，特簡解縉、胡廣、楊榮等直文淵閣，參預機務。閣臣之預務自此始。然其時，入內閣者皆編、檢、講讀之官，不置官屬，不得專制諸司。諸司奏事，亦不得相關白。仁宗以楊士奇、楊榮東宮舊臣，陞士奇爲禮部侍郎兼華蓋殿大學士，榮爲太常卿兼謹身殿大學士，謹身殿大學士，仁宗始置。閣職漸崇。其後士奇、榮等皆遷尙書職，雖居內閣，官必以尙書爲尊。景泰中，王文始以左都御史進吏部尙書，入內閣。自後，誥敕房、制敕房俱設中書舍人，六部承奉意旨，靡所不領，而閣權益重。世宗時，三殿成，改華蓋爲中極，謹身爲建極，閣銜因之。嘉靖以後，朝位班次，俱列六部之上。

吏部。尙書一人，正二品，左、右侍郎各一人，正三品。其屬，司務廳，司務二人，從九品。文選、驗封、稽勳、考功四淸吏司，各郎中一人，正五品，員外郎一人，從五品，主事一人，正六品。洪武三十一年增設文選司主事一人。正統十一年增設考功司主事一人。

尙書掌天下官吏選授、封勳、考課之政令，以甄別人才，贊天子治。蓋古冢宰之職，視五部爲特重。侍郞爲之貳。

司務掌催督、稽緩、勾銷、簿書。明初，設主事、司務各四人，爲首領官，有主事印。洪武二十九年改主事爲司官，裁司務二人。各部並同。

文選掌官吏班秩遷陞、改調之事，以贊尚書。凡文官之品九，品有正從，爲級一十八。不及九品曰未入流。凡選，每歲有大選，有急選，有遠方選，有歲貢就教選，間有揀選，有舉人乞恩選。選人咸登資簿，釐其流品，平其銓注而序遷之。凡陞必考滿，若員缺當補，不待考滿，曰推陞。類推上一人，單推上二人。三品以上，九卿及僉都御史、祭酒，廷推上二人或三人。內閣，吏、兵二部尚書，廷推上二人。凡王官不外調，王姻不內除，大臣之族不得任科道，僚屬同族則以下避上。外官才地不相宜，則酌其繁簡互換之。有傳陞、乞陞者，並得執奏。以署職、試職、實授奠年資，以開設、裁併、兼攝適繁簡，以薦舉、起廢、徵召振幽滯，以帶俸、添注寄恩冗，以降調、除名厭罪過，以官程督吏治，以寧假悉人情。

驗封掌封爵、襲廕、褒贈、吏算之事，以贊尚書。凡爵非社稷軍功不得封，封號非特旨不得與。或世，或不世，皆給誥券。衍聖公及戚里恩澤封，不給券。凡券，左右各一，左藏內府，右給功臣之家。襲封則徵其誥券，稽其功過，覈其宗支，以第其世流降除之等。土官則勘其應襲與否，移文選司注擬。宣慰、宣撫、安撫、長官諸司領土兵者，則隸兵部。

凡廕敍，明初，自一品至七品，皆得廕一子以世其祿。洪武十六年定職官子孫廕敍。正一品子，正五品用。從一品子，從五品用。正二品子，正六品用。從二品子，從六品用。正三品子，正七品用。從三品子，從七品用。正四品子，正八品用。從四品子，從八品用。正五品子，正九品用。從五品子，從九品用。正六品子，於未入流上等職內敍用。從六品子，於未入流中等職內敍用。正從七品子，於未入流下等職內敍用。〔四〕後乃漸爲限制，京官三品以上，考滿著績，始廕一子曰官生，其出自特恩者曰恩生。

凡封贈，公、侯、伯之追封，皆遞進一等。三品以上政績顯異及死諫、死節、陣亡者，皆得贈官。其見任則初授散階，京官滿一考，及外官滿一考而以最聞者，皆給本身誥敕。七品以上皆得推恩其先。五品以上授誥命，六品以下授敕命。一品，三代四軸。二品、三品，二代三軸。四品、五品、六品、七品，一代二軸。八品以下流內官，本身一軸。一品軸以玉，二品軸以犀，三品、四品軸以盜金，五品以下軸以角。曾祖、祖、父皆如其子孫官。公、侯、伯視一品。外內命婦視夫若子之品。生曰封，死曰贈。若先有罪譴則停給。

文之散階四十有二，以歷考爲差。正一品，初授特進榮祿大夫，陞授特進光祿大夫。從一品，初授榮祿大夫，陞授光祿大夫。正二品，初授資善大夫，陞授資政大夫，加授資德大夫。從二品，初授中奉大夫，陞授通奉大夫，加授正奉大夫。正三品，初授嘉議大夫，陞授通議大夫，加授正議大夫。從三品，初授亞中大夫，陞授中大夫，加授大中大夫。正四品，初授中順大夫，陞授中憲大夫，加授中議大夫。從四品，初授朝列大夫，陞授朝議大夫，加授朝請大夫。正五品，初授奉議大夫，陞授奉政大夫。從五品，初授奉訓大夫，陞授奉直大夫。正六品，初授承直郎，陞授承德郎。從六品，初授承務郎，陞授儒林郎，吏材幹出身授宣德郎。正七品，初授承事郎，陞授文林郎，吏材幹授宣議郎。〔五〕從七品，初授從仕郎，陞授徵仕郎。正八品，初授廸功郎，陞授修職郎。從八品，初授廸功佐郎，陞授修職佐郎。正九品，初授將仕郎，陞授登仕郎。從九品，初授將仕佐郎，陞授登仕佐郎。外命婦之號九。公曰某國夫人。侯曰某侯夫人。伯曰某伯夫人。一品曰夫人，後稱一品夫人。二品曰夫人。三品曰淑人。四品曰恭人。五品曰宜人。六品曰安人。七品曰孺人。因其子孫封者，加太字，夫在則否。凡封贈之次，七品至六品一次，五品一次，初制有四品一次，後省，三品、二品、一品各一次。三母不並封，兩封從優品。父職高於子，則進一階。父應停給，及子爲人後者，皆得移封。嫡在不封生母，生母未封不先封其妻。妻之封，止於一嫡一繼。其封贈後而以墨敗者，則追奪。

稽勳掌勳級、名籍、喪養之事，以贊尚書。凡文勳十。正一品，左、右柱國。從一品，柱國。正二品，正治上卿。從二品，正治卿。正三品，資治尹。從三品，資治少尹。正四品，贊治尹。從四品，贊治少尹。正五品，修正庶尹。從五品，協正庶尹。自五品以上，歷再考，乃授勳。凡百官遷除、降調皆開寫年甲、鄉貫、出身。每歲十二月貼黃，春秋淸黃，皆赴內府。有故，揭而去之。凡父母年七十，無兄弟，得歸養。凡三年喪，解職守制，糾擿其奪喪、匿喪、短喪者。惟欽天監官，奔喪三月復任。

考功掌官吏考課、黜陟之事，以贊尙書。凡內外官給由，三年初考，六年再考，並引請九年通考，奏請綜其稱職、平常、不稱職而陟黜之。陟無過二等，降無過三等，其甚者黜之、罷之。京官六年一察，察以巳、亥年。五品下考察其不職者，降罰有差；四品上自陳，去留取旨。外官三年一朝，朝以辰、戌、丑、未年。前期移撫、按官，各綜其屬三年內功過狀註考，彙送覆核以定黜陟。倉場庫官一年考，巡檢三年考，教官九年考。府州縣官之考，以地之繁簡爲差。吏之考，三、六年滿，移驗封司撥用。九年滿，又試授官。惟王官及欽天、御用等監官不考。凡內外官彈章，稽其功過，擬去留以請上裁。薦舉、保留，則核其政績旌異焉。

明初，設四部於中書省，分掌錢穀、禮儀、刑名、營造之務。洪武元年始置吏、戶、禮、兵、刑、工六部，設尚書、侍郎、郎中、員外郎、主事，尚書正三品，侍郎正四品，郎中正五品，員外郎正六品，主事正七品。仍隸中書省。六年，部設尚書二人，侍郎二人。吏部設總部、司勳、考功三屬部，部設郎中、員外郎各一人，主事各二人。十三年罷中書省，倣周官六卿之制，陞六部秩，各設尚書、侍郎一人。惟戶部侍郎二人。每部分四屬部，吏部屬部加司封。每屬部設郎中、員外郎、主事各一人，尋增侍郎一人。二十二年改總部爲選部。二十九年定爲文選、驗封、稽勳、考功四司幷五部屬，皆稱淸吏司。建文中，改六部尚書爲正一品，設左、右侍中正二品，位侍郎上，除去諸司淸吏字。成祖初，悉復舊制。

永樂元年，以北平爲北京，置北京行部尚書二人，侍郎四人，其屬置六曹淸吏司。吏、戶、禮、兵、工五曹，郎中、員外郎、主事各一人。刑曹，郎中一人，員外郎一人，主事四人，照磨、檢校各一人，司獄一人。尋戶曹亦增設主事三人。後又分置六部，各稱行在某部。十八年定都北京，罷行部及六曹，以六部官屬移之北，不稱行在。其留南京者，加「南京」字。洪熙元年復置各部官屬於南京，去「南京」字，而以在北京者加「行在」字，仍置行部。宣德三年復罷行部。正統六年，於北京去「行在」字，於南京仍加「南京」字，遂爲定制。景泰中，吏部嘗設二尚書。天順初，復罷其一。

按吏部尚書，表率百僚，進退庶官，銓衡重地，其禮數殊異，無與並者。永樂初，選翰林官入直內閣。其後大學士楊士奇等加至三孤，兼尚書銜，然品敍列尚書蹇義、夏原吉下。景泰中，左都御史王文陞吏部尚書，兼學士，入內閣，其班位猶以原銜爲序次。自弘治六年二月，內宴，大學士丘濬遂以太子太保、禮部尚書，居太子太保、吏部尚書王恕之上。其後由侍郎、詹事入閣者，班皆列六部上矣。

戶部。尚書一人，正二品，左、右侍郎各一人，正三品。其屬，司務廳，司務二人，從九品。浙江、江西、湖廣、陝西、廣東、山東、福建、河南、山西、四川、廣西、貴州、雲南十三淸吏司，各郎中一人，正五品。宣德以後增設山西司郎中三人，陝西、貴州、雲南三司郎中各二人，山東司郎中一人。員外郎一人，從五品。宣德七年增設四川、雲南二司員外郎各一人，後仍革。主事二人，正六品。宣德以後增設雲南司主事七人，浙江、江西、湖廣、陝西、福建、河南、山西七司主事各二人，山東、四川、貴州三司主事各一人。照磨所，照磨一人，正八品，檢校一人。正九品。所轄，寶鈔提舉司，提舉一人，正八品，副提舉一人，正九品，典史一人，後副提舉、典史俱革。鈔紙局，大使、副使各一人，後革副使。印鈔局，大使、副使各一人，後俱革。寶鈔廣惠庫，大使一人，正九品，副使二人，從九品，嘉靖中革。廣積庫，大使一人，正九品，副使一人，從九品，典史一人，嘉靖中，副使、典史俱革。贓罰庫，大使一人，正九品，副使二人，從九品，嘉靖中革。甲字、乙字、丙字、丁字、戊字庫，大使五人，正九品，副使六人，從九品。丁字庫二人，嘉靖中革一人，并革乙字、戊字二庫副使。廣盈庫，大使一人，從九品，副使二人，嘉靖中革。外承運庫，大使二人，正九品，副使二人，從九品。後大使、副使俱革。承運庫，大使一人，正九品，副使一人，從九品。嘉靖中革。行用庫，大使、副使各一人，後俱革。太倉銀庫，大使、副使各一人，嘉靖中，革副使。御馬倉，大使一人，從九品，副使一人。軍儲倉，大使一人，從九品，副使一人，後大使、副使俱革。長安、東安、西安、北安門倉，各副使一人，東安門倉舊二人，萬曆八年革一人。張家灣鹽倉檢校批驗所，大使、副使各一人，隆慶六年並革。

尚書掌天下戶口、田賦之政令。侍郎貳之。稽版籍、歲會、賦役實徵之數，以下所司。十年攢黃册，差其戶上下畸零之等，以周知其登耗。凡田土之侵占、投獻、詭寄、影射有禁，人戶之隱漏、逃亡、朋充、花分有禁，繼嗣、婚姻不如令有禁。皆綜覈而糾正之。天子耕耤，則尚書進耒耜。以墾荒業貧民，以占籍附流民，以限田裁異端之民，以圖帳抑兼幷之民，以樹藝課農官，以芻地給馬牧，以召佃盡地利，以銷豁清賠累，以撥給廣恩澤，以給除差優復，以鈔錠節賞賚，以讀法訓吏民，以權量和市糴，以時估平物價，以積貯之政恤民困，以山澤、陂池、關市、坑冶之政佐邦國，贍軍輸，以支兌、改兌之規利漕運，以蠲減、振貸、均糴、捕蝗之令憫災荒，以輸轉、屯種、糴買、召納之法實邊儲，以祿廩之制馭貴賤。洪武二十五年重定內外文武官歲給祿俸之制。正一品，一千四十四石。從一品，八百八十八石。正二品，七百三十二石。從二品，五百七十六石。正三品，四百二十石。從三品，三百一十二石。正四品，二百八十八石。從四品，二百五十二石。正五品，一百九十二石。從五品，一百六十八石。正六品，一百二十石。從六品，九十六石。正七品，九十石。從七品，八十四石。正八品，七十八石。從八品，七十二石。正九品，六十六石。從九品，六十石。未入流，三十六石。俱米鈔本折兼支。

十三司各掌其分省之事，兼領所分兩京、直隸貢賦，及諸司、衞所祿俸，邊鎮糧餉，幷各倉場鹽課、鈔關。

浙江司帶管在京羽林右、留守左、龍虎、應天、龍驤、義勇右、康陵七衞，神機營。

江西司帶管在京旗手、金吾前、金吾後、金吾左、濟陽五衞。

湖廣司帶管國子監、教坊司，在京羽林前、通州、和陽、豹韜、永陵、昭陵六衞，及興都留守司。

福建司帶管順天府，在京燕山左、武驤左、武驤右、驍騎右、虎賁右、留守後、武成中、茂陵八衞，〔六〕五軍、巡捕、勇士、四衞各營，及北直隸永平、保定、河間、眞定、順德、廣平、大名七府，延慶、保安二州，大寧都司、萬全都司，幷北直隸所轄各衞所，山口、永盈、通濟各倉。

山東司帶管在京錦衣、大寧中、大寧前三衞及遼東都司，兩淮、兩浙、長蘆、河東、山東、福建各鹽運司，四川、廣東、海北、雲南黑鹽井、白鹽井、安寧、五井各鹽課提舉司，陝西靈州鹽課司，江西南贛鹽稅。

山西司帶管在京燕山前、鎭南、興武、永淸左、永淸右五衞，及宣府、大同、山西各鎭。

河南司帶管在京府軍前、燕山右、大興左、裕陵四衞，牧馬千戶所及直隸潼關衞、蒲州千戶所。〔七〕

陝西司帶管宗人府、五軍都督府、六部、都察院、通政司、大理寺、詹事府、翰林院、太僕寺、鴻臚寺、尙寶司、六科、中書舍人、行人司、欽天監、太醫院、五城兵馬司、京衞武學、文思院、皮作局，在京留守右、長陵、獻陵、景陵四衞，神樞、隨侍二營，及延綏、寧夏、甘肅、固原各鎭。

四川司帶管在京府軍後、金吾右、騰驤左、騰驤右、武德、神策、忠義後、武功中、武功左、武功右、彭城十一衞及應天府，南京四十九衞，南直隸安慶、蘇州、松江、常州、鎭江、徽州、寧國、池州、太平、廬州、鳳陽、淮安、揚州十三府，徐、滁、和、廣德四州，中都留守司幷南直隸所轄各衞所。

廣東司帶管在京羽林左、留守中、鷹揚、神武左、義勇前、義勇後六衞，蕃牧、奠靖二千戶所。

廣西司帶管太常寺、光祿寺、神樂觀、犧牲所、司牲司、太倉銀庫、內府十庫，在京瀋陽左、瀋陽右、留守前、寬河、蔚州左五衞，及二十三馬房倉，各象房、牛房倉，京府各草場。

雲南司帶管在京府軍、府軍左、府軍右、虎賁左、忠義右、忠義前、泰陵七衞，及大軍倉、皇城四門倉，幷在外臨清、德州、徐州、淮安、天津各倉。

貴州司帶管上林苑監，寶鈔提舉司，都稅司，正陽門、張家灣各宣課司，德勝門、安定門各稅課司，崇文門分司，在京濟州、會州、富峪三衞，及薊州、永平、密雲、昌平、易州各鎭，臨淸、許墅、九江、淮安、北新、揚州、河西務各鈔關。

條爲四科：曰民科，主所屬省府州縣地理、人物、圖志、古今沿革、山川險易、土地肥瘠寬狹、戶口物產多寡登耗之數；曰度支，主會計夏稅、秋糧、存留、起運及賞賚、祿秩之經費；曰金科，主市舶、魚鹽、茶鈔稅課，及贓罰之收折；曰倉科，主漕運、軍儲出納料糧。

凡差三等，由吏部選授曰註差，疏名上請曰題差，劄委曰部差。或三年，或一年，或三月而代。

初，洪武元年置戶部。六年設尙書二人，侍郎二人。分爲五科：一科，二科，三科，四科，總科。每科設郞中、員外郞各一人，主事四人。惟總科郞中、員外郞各二人，主事五人。八年，中書省奏戶、刑、工三部事繁，戶部五科，每科設尙書、侍郎各一人，郞中、員外郞各二人，主事五人，內會總科主事六人，外牽照科主事二人，司計四人，照磨二人，管勾一人。又置在京行用庫，隸戶部。設大使一人，副使二人，典史一人，都監二人。十三年陞部秩，定設尙書一人，侍郎二人。分四屬部：總部，度支部，金部，倉部。每部郎中、員外郎各一人。總部主事四人，度支部、金部主事各三人，倉部主事二人。尋罷在京行用庫。二十二年改總部爲民部。二十三年又分四部爲河南、北平、山東、山西、陝西、浙江、江西、湖廣、廣東、廣西、四川、福建十二部。四川部兼領雲南。部設郎中、員外郎各一人，主事二人，各領一布政司戶口、錢糧等事，量其繁簡，帶管京畿。每一部內仍分四科管理。又置照磨、檢校各一人，稽文書出入之數，而程督之。

十九年復置寶鈔提舉司。洪武七年初置寶鈔提舉司，提舉一人，正七品；副提舉一人，從七品；吏目一人，省注。所屬鈔紙、印鈔二局，各大使一人，正八品；副使一人，正九品；典史一人，省注。寶鈔、行用二庫，各大使二人，正八品；副使二人，正九品；典史一人，省注。尋陞提舉爲正四品。十三年罷，至是年復置，秩正八品。

二十六年令浙江、江西、蘇松人毋得任戶部。二十九年改十二部爲十二清吏司。建文中，仍爲四司。餘見吏部。成祖復舊制。

永樂元年改北平司爲北京司。十八年革北京司，設雲南、貴州、交阯三清吏司。宣德十年革交阯司，定爲十三司。其後歸併職掌。凡宗室、勳戚、文武官吏之廩祿，陝西司兼領之。北直隸府州衞所，福建司兼領之。南直隸府州衞所，四川司兼領之。天下鹽課，山東司兼領之。關稅，貴州司兼領之。漕運及臨、德諸倉，雲南司兼領之。御馬、象房諸倉，廣西司兼領之。

明初，嘗置司農司，尋罷。吳元年置司農司。卿，正三品；少卿，正四品；丞，正五品；庸田署令，正五品；典簿、司計，正七品。洪武元年罷。三年復置司農司，開治所於河南，設卿一人，少卿二人，丞四人，主簿、錄事各二人。四年又罷。後置判錄司，亦罷。洪武十三年置判錄司，掌在京官吏俸給、文移、勘合。設判錄一人，正七品；副判二人，從七品。尋改判錄爲司正，副判爲左、右司副。十八年罷。皆不隸戶部。

總督倉場一人，掌督在京及通州等處倉場糧儲。洪武初，置軍儲倉二十所，各設官司其事。永樂中，遷都北京，置京倉及通州諸倉，以戶部司員經理之。宣德五年始命李昶爲戶部尚書，專督其事，遂爲定制。以後，或尚書，或侍郎，俱不治部事。嘉靖十五年又命兼督西苑農事。隆慶初，罷兼理。萬曆二年另撥戶部主事一人陪庫，每日偕管庫主事收放銀兩，季終更替。九年裁革，命本部侍郎分理之。十一年復設。二十五年以右侍郎張養蒙督遼餉。四十七年增設督餉侍郎。崇禎間，有督遼餉、寇餉、宣大餉，增設三四人。天啓五年又增設督理錢法侍郎。

禮部。尚書一人，正二品，左、右侍郎各一人，正三品。其屬，司務廳，司務二人，從九品。儀制、祠祭、主客、精膳四淸吏司，各郎中一人，正五品，員外郎一人，從五品，主事一人，正六品。正統六年增設儀制、祠祭二司主事各一人。又增設儀制司主事一人，教習駙馬。弘治五年增設主客司主事一人，提督會同館。所轄，鑄印局，大使一人，副使二人。萬曆九年革一人。

尚書掌天下禮儀、祭祀、宴饗、貢舉之政令。侍郎佐之。儀制分掌諸禮文、宗封、貢舉、學校之事。天子卽位，天子冠、大婚，册立皇太子、妃嬪、太子妃，上慈宮徽號，朝賀、朝見，大饗、宴饗，大射、宴射，則舉諸儀注條上之。若經筵、日講、耕耤、視學、策士、傳臚、巡狩、親征、進曆、進春、獻俘、奏捷，若皇太子出閤、監國，親王讀書、之藩，皇子女誕生、命名，以及百官、命婦朝賀皇太子、后妃之禮，與諸王國之禮，皆頒儀式於諸司。

凡傳制、誥，開讀詔、敕、表、箋及上下百官往來移文，皆授以程式焉。凡歲請封宗室王、郡王、將軍、中尉、妃、主、君，各以其親疏爲等。百官於宗王，具官稱名而不臣。王臣稱臣於其王。凡宗室、駙馬都尉、內命婦、蕃王之誥命，則會吏部以請。凡諸司之印信，領其制度。

內閣，銀印，直紐，方一寸七分，厚六分，玉箸篆文。

征西、鎭朔、平羌、平蠻等將軍，銀印，虎紐，方三寸三分，厚九分，柳葉篆文。

宗人府、五軍都督府，俱正一品，銀印，三臺，方三寸四分，厚一寸。〔八〕　六部都察院、各都司，俱正二品，鈕印，二臺，方三寸二分，厚八分。

衍聖公、張眞人、中都留守司，俱正二品，各布政司，從二品，銀印，二臺，方三寸一分，厚七分。後賜衍聖公三臺銀印。

順天、應天二府，俱正三品，銀印，方二寸九分，厚六分五釐。

通政司、大理寺、太常寺、詹事府、京衞、各按察司、各衞，俱正三品，苑馬寺、宣慰司，俱從三品，銅印，方二寸七分，厚六分。

太僕寺、光祿寺、各鹽運司，俱從三品，銅印，方二寸六分，厚五分五釐。

鴻臚寺，各府，俱正四品，國子監、宣撫司，俱從四品，銅印，方二寸五分，厚五分。

翰林院、左右春坊、尚寶司、欽天監、太醫院、上林苑監、六部各司、宗人府經歷司、王府長史司、各衞千戶所，俱正五品，司經局、五府經歷司、招討司、安撫司，俱從五品，銅印，方二寸四分，厚四分五釐。

各州，從五品，銅印，方二寸三分，厚四分。

都察院經歷司、大理寺左右司、五城兵馬司、大興、宛平、上元、江寧四縣，僧錄司、道錄司、中都留守司經歷司、斷事司，各都司經歷司、斷事司，各衞百戶所、長官司、王府審理所，俱正六品，光祿司各署，各布政司經歷司、理問所，俱從六品，銅印，方二寸二分，厚三分五釐。〔九〕

六科行人司、通政司經歷司、工部營繕所、太常寺典簿廳、上林苑監各署、各按察司經歷司、各縣，俱正七品，中書舍人，順天應天二府經歷司、京衞經歷司、光祿寺典簿廳、太僕寺主簿廳、詹事府主簿廳、各衞經歷司、各鹽運司經歷司、苑馬寺主簿廳、宣慰司經歷司，俱從七品，銅印，方二寸一分，厚三分。

戶部、刑部、都察院各照磨所，兵部典牧所，國子監繩愆廳、博士廳、典簿廳，鴻臚寺主簿廳，欽天監主簿廳，各布政司照磨所，各府經歷司，王府紀善、典寶、典膳、奉祀、良醫、工正各所，宣撫司經歷司，俱正從八品，銅印，方二寸，厚二分五釐。

刑部、都察院各司獄司，順天、應天二府照磨所、司獄司，鴻臚寺各署，國子監典籍廳，上林苑監典簿廳，內府寶鈔等各庫，御馬倉、草倉，會同館，織染所，文思院，皮作局，顏料局，鞍轡局，寶源局，軍器局，都稅司，敎坊司，留守司司獄司，各都司司獄司，各按察司照磨所、司獄司，各府照磨所，司獄司，王府長史司典簿廳，敎授、典儀所，各府衞儒學、稅課司，陰陽學、醫學、僧綱司、道紀司、各巡檢司，俱正從九品，銅印，方一寸九分，厚二分二釐。各州縣儒學、倉庫、驛遞、閘壩批驗所、抽分竹木局、河泊所、織染局、稅課局、陰陽學、醫學、僧正司、道正司、僧會司、道會司，俱未入流，銅條記，闊一寸三分，長二寸五分，厚二分一釐。已上俱直紐，九疊篆文。

監察御史，銅印，直紐，有眼，方一寸五分，厚三分，八疊篆文。

總制、總督、巡撫幷鎭守、公差等官，銅關防，直紐，闊一寸九分五釐，長二寸九分，厚三分，九疊篆文。

外國王印三等：曰金，曰鍍金，曰銀。

刓敝則換給之。凡祥瑞，辨其名物，無請封禪以蕩上心。以學校之政育士類，以貢舉之法羅賢才，以鄉飲酒禮敎齒讓，以養老尊高年，以制度定等威，以恤貧廣仁政，以旌表示勸勵，以建言會議悉利病，以禁自宮遏奸民。

祠祭分掌諸祀典及天文、國恤、廟諱之事。凡祭有三，曰天神、地祇、人鬼。辨其大祀、中祀、小祀而敬供之。飭其壇壝、祠廟、陵寢而數省閱之。蠲其牢醴、玉帛、粢羹、水陸瘞燎之品，第其配侑、從食、功德之上下而秩舉之。天下神祇在祀典者，則稽諸令甲，播之有司，以時謹其祀事。督日官頒曆象於天下。日月交食，移內外諸司救護。有災異卽奏聞，甚者乞祭告修省。

凡喪葬、祭祀，貴賤有等，皆定其程則而頒行之。凡謚，帝十七字，后十三字，妃、太子妃並二字，親王一字，郡王二字，以字爲差。勳戚、文武大臣請葬祭贈謚，必移所司，覈行能，傳公論，定議以聞。其侍從勤勞、忠諫死者，官品未應謚，皆得特賜。凡帝后愍忌，祀於陵，輟朝不廢務。凡天文、地理、醫藥、卜筮、師巫、音樂、僧道人，並籍領之，有興造妖妄者罪無赦。

主客分掌諸蕃朝貢接待給賜之事。諸蕃朝貢，辨其貢道、貢使、貢物遠近多寡豐約之數，以定王若使迎送、宴勞、廬帳、食料之等，賞賚之差。凡貢必省閱之，然後登內府，有附載物貨，則給直。若蕃國請嗣封，則遣頒册於其國。使還，上其風土、方物之宜，贈遺禮文之節。諸蕃有保塞功，則授敕印封之。各國使人往來，有誥敕則驗誥敕，有勘籍則驗勘籍，毋令闌入。土官朝貢，亦驗勘籍。其返，則以鏤金敕諭行之，必與銅符相比。凡審言語，譯文字，送迎館伴，考稽四夷館譯字生、通事之能否，而禁飭其交通漏泄。凡朝廷賜賚之典，各省土物之貢，咸掌之。

精膳分掌宴饗、牲豆、酒膳之事。凡御賜百官禮食，曰宴，曰酒飯，爲上中下三等，視其品秩。蕃使、土官有宴，有下程，宴有一次，有二次，下程有常例，有欽賜，皆辨其等。親王之藩，王、公、將軍來朝，及其使人，亦如之。凡膳羞、酒醴、品料，光祿是供，會其數，而程其出納焉。凡廚役，僉諸民，以給使於太常、光祿；年深者，得選充王府典膳。凡歲藏冰、出冰，移所司謹潔之。

初，洪武元年置禮部。六年設尚書二人，侍郎二人。分四屬部：總部，祠部，膳部，主客部。每部設郎中、員外郎各一人，主事各三人。十三年陞部秩，設尚書、侍郎各一人，每屬部設郎中、員外郎、主事各一人。尋復增置侍郎一人。二十二年改總部爲儀部。二十九年改儀部、祠部、膳部爲儀制、祠祭、精膳，惟主客仍舊，俱稱爲淸吏司。

按周宗伯之職雖掌邦禮，而司徒旣掌邦敎，所謂禮者，僅鬼神祠祀而已。至合典樂典敎，內而宗藩，外而諸蕃，上自天官，下逮醫師、膳夫、伶人之屬，靡不兼綜，則自明始也。成、弘以後，率以翰林儒臣爲之。其由此登公孤任輔導者，蓋冠於諸部焉。

兵部。尙書一人，正二品，左、右侍郎各一人，正三品。其屬，司務廳，司務二人，從九品。武選、職方、車駕、武庫四淸吏司，各郎中一人，正五品。正統十年增設武選、職方二司郎中各一人。成化三年增設車駕司郎中一人。萬曆九年並革。員外郎一人，從五品。正統十年增設武選司員外郎一人。弘治九年增設武庫司員外郎一人。後俱革。嘉靖十二年增設職方司員外郎一人。主事二人，正六品。洪武、宣德間，增設武選司主事三人，職方司主事四人。正統十四年增設車駕、武庫二司主事各一人。後革。萬曆十一年又增設車駕司主事一人。所轄，會同館大使一人，正九品，副使二人，從九品。大通關大使、副使各一人，俱未入流。

尚書掌天下武衛官軍選授、簡練之政令。侍郎佐之。武選掌衞所土官選授、陞調、襲替、功賞之事。

凡武官六品，其勳十有二。正一品，左、右柱國。從一品，柱國。正二品，上護軍。從二品，護軍。正三品，上輕車都尉。從三品，輕車都尉。正四品，上騎都尉。從四品，騎都尉。正五品，驍騎尉。從五品，飛騎尉。正六品，雲騎尉。從六品，武騎尉。散階三十。正一品，初授特進榮祿大夫，陞授特進光祿大夫。從一品，初授榮祿大夫，陞授光祿大夫。正二品，初授驃騎將軍，陞授金吾將軍，加授龍虎將軍。從二品，初授鎮國將軍，陞授定國將軍，加授奉國將軍。正三品，初授昭勇將軍，陞授昭毅將軍，加授昭武將軍。從三品，初授懷遠將軍，陞授定遠將軍，加授安遠將軍。正四品，初授明威將軍，陞授宣威將軍，加授廣威將軍。從四品，初授宣武將軍，陞授顯武將軍，加授信武將軍。正五品，初授武德將軍，陞授武節將軍。從五品，初授武略將軍，陞授武毅將軍。正六品，初授昭信校尉，陞授承信校尉。從六品，初授忠顯校尉，陞授忠武校尉。

歲凡六選。有世官，有流官。世官九等，指揮使，指揮同知，指揮僉事，衞鎮撫，正千戶，副千戶，百戶，試百戶，所鎮撫，皆有襲職，有替職。其幼也，有優給。其不得世也，有減革，有通革。流官八等，左右都督，都督同知，都督僉事，都指揮使，都指揮同知，都指揮僉事，正留守，副留守，以世官陞授，或由武舉用之，皆不得世。卽有世者，出特恩。非眞授者曰署職，署職，遞加本職一級作半級，不支俸，非軍功，毋得實授。曰試職，試職作一級，支半俸，不給誥。曰納職，納職帶俸，不莅事。戰功二等：奇功爲上，頭功次之。首功四等：迤北爲大，遼東次之，西番、苗蠻又次之，內地反寇又次之。凡比試，有舊官，洪武三十一年以前爲舊。有新官，成祖以後爲新。軍政，五年一考選，先期撫、按官上功過狀，覆核而去留之。五府、錦衣衛堂上各總兵官，皆自陳，取上裁。推舉上二人，都指揮以下上一人。

凡土司之官九級，自從三品至從七品，皆無歲祿。其子弟、族屬、妻女、若壻及甥之襲替，胥從其俗。附塞之官，自都督至鎭撫，凡十四等，皆以誥敕辨其僞冒。贈官死於王事，加二等；死於戰陣，加三等。

凡除授出自中旨者，必覆奏然後行之。以貼黃徵圖狀，以初績徵誥敕，以効功課將領，以比試練卒徒，以優養恩故絕，以褒恤勵死戰，以寄祿馭恩倖，以殺降、失陷、避敵、激叛之法肅軍機，以典刑、敗倫、行劫、退陣之科斷世祿。

職方掌輿圖、軍制、城隍、鎭戍、簡練、征討之事。凡天下地里險易遠近，邊腹疆界，俱有圖本，三歲一報，與官軍車騎之數偕上。凡軍制內外相維，武官不得輒下符徵發。自都督府，都指揮司，留守司，內外衞守禦、屯田、羣牧千戶所，儀衞司，土司，諸番都司衞所，各統其官軍及其部落，以聽征調、守衞、朝貢、保塞之令。以時修浚其城池而閱視之。凡鎮戍將校五等：曰鎮守，曰協守，曰分守，曰守備，曰備倭。皆因事增置，視地險要，設兵屯戍之。凡京營操練，統以文武大臣，皆科道官巡視之。若將軍營練，將軍四衞營練，及勇士、幼官、舍人等營練，則討其軍實，稽其什伍，察其存逸閒否，以教其坐作、進退、疾徐、疏數之節，金鼓、麾旗之號。征討請命將出師，懸賞罰，調兵食，紀功過，以黜陟之。以堡塞障邊徼，以烽火傳聲息，以關津詰姦細，以緝捕弭盜賊，以快壯簡鄉民，以勾解、收充、抽選、併豁、疏放、存恤之法整軍伍。

車駕掌鹵簿、儀仗、禁衞、驛傳、廐牧之事。凡鹵簿大駕，大典禮、大朝會設之；丹陛駕，常朝設之；武陳駕，世宗南巡時設之。皆辨其物數，以授所司。慈宮、中宮之鹵簿，東宮、宗藩之儀仗，亦如之。凡侍衞，御殿全直，常朝番直，守衞、親軍衞，晝前、後、左、右四門爲四行，而日夜巡警之。守衞皇城，前午門爲一行，後玄武門爲一行，左東華門爲一行，右西華門爲一行。凡郵傳，在京師曰會同館，在外曰驛，曰遞運所，皆以符驗關券行之。凡馬政，其專理者，太僕、苑馬二寺，稽其簿籍，以時程其登耗，惟內廐不會。

武庫掌戎器、符勘、尺籍、武學、薪隸之事。凡內外官軍有征行，移工部給器仗，籍紀其數，制敕下各邊徵發。及使人出關，必驗勘合。軍伍缺，下諸省府州縣勾之。以跟捕、紀錄、開戶、給除、停勾之法，覈其召募、垜集、罪謫、改調營丁尺籍之數。凡武職幼官，及子弟未嗣官者，於武學習業，以主事一人監督之。考稽學官之賢否、肄習之勤怠以聞。諸司官署供應有柴薪，直衙有皁隸，視官品爲差。

初，洪武元年置兵部。六年增尚書一人，侍郎一人。置總部、駕部幷職方三部，設郎中、員外郎、主事，如吏部之數。十三年陞部秩，設尚書、侍郎各一人，又增置庫部爲四屬部，部設郎中、員外郎、主事各一人。十四年增試侍郎一人。〔一〇〕二十二年改總部爲司馬部。二十九年定改四部爲武選、職方、車駕、武庫四淸吏司。惟職方仍舊名。景泰中，增設尚書一人，協理部事，天順初罷。隆慶四年添注侍郎二人，尋罷。萬曆末年復置。

協理京營戎政一人，或尚書，或侍郎，或右都御史，掌京營操練之事。永樂初，設三大營，總於武將。景泰元年始設提督團營，命兵部尚書于謙兼領之，後罷。成化三年復設，率以本部尚書或都御史兼之。嘉靖二十年始命尚書劉天和輟部務，另給關防，專理戎政。二十九年以「總督京營戎政」之印畀仇鸞，而改設本部侍郎協理戎政，不給關防。萬曆九年裁革，十一年復設。天啓初，增設協理一人，尋革。崇禎二年復增一人，以庶吉士劉之綸爲兵部侍郎充之。

刑部。尚書一人，正二品，左、右侍郎各一人，正三品。其屬，司務廳，司務二人，從九品。浙江、江西、湖廣、陝西、廣東、山東、福建、河南、山西、四川、廣西、貴州、雲南十三淸吏司，各郎中一人，正五品，員外郎一人，從五品，主事二人，正六品。正統六年，十三司俱增設主事一人。成化元年增設四川、廣西二司主事各一人，後革。萬曆中，又革湖廣、陝西、山東、福建四司主事各一人。照磨所，照磨正八品，檢校正九品，各一人。司獄司，司獄六人，從九品。

尚書掌天下刑名及徒隸、勾覆、關禁之政令。侍郎佐之。

十三司各掌其分省及兼領所分京府、直隸之刑名。

浙江司帶管崇府、中軍都督府、刑科、內官、御用、司設等監，在京金吾前、騰驤左、瀋陽右、留守中、神策、和陽、武功右、廣洋八衞，蕃牧千戶所，及兩浙鹽運司，直隸和州，涿鹿左、涿鹿中二衞。

江西司帶管淮、益、弋陽、建安、樂安五府，前軍都督府，御馬監，火藥、酒醋、麪觔等局，在京府軍前、燕山左、留守前、龍驤、寬河、忠義前、忠義後、永淸右、龍江左、龍江右十衞，及直隸廬州府，廬州、六安、九江、武淸、宣府前、龍門各衞。

湖廣司帶管楚、岷、吉、榮、遼五府，右軍都督府，司禮、尙寶、尙膳、神宮等監，天財庫，在京留守右、虎賁右、忠義右、武功左、茂陵、永陵、江淮、濟川、水軍右九衞，及興都留守司，直隸寧國、池州二府，宣州、神武中、定州、茂山、保安左、保安右各衞，渤海千戶所。

福建司帶管戶部、太僕寺、戶科、寶鈔提舉司、印綬、都知等監，甲字等十庫，在京金吾後、應天、會州、武成中、武功中、孝陵、獻陵、景陵、裕陵、泰陵十衞，牧馬千戶所，及福建鹽運司，直隸常州府、廣德州，中都留守左、留守中、定邊、開平中屯各衞，美峪千戶所。

山東司帶管魯、德、衡、涇四府，左軍都督府，宗人府，兵部，尙寶司，兵科，典牧所，會同館，供用庫，戈戟司，司苑局，在京羽林右、瀋陽左、長陵三衞，奠靖千戶所，及山東鹽運司，中都留守司，遼東都司，遼東行太僕寺，直隸鳳陽府，滁州、鳳陽、皇陵、長淮、泗州、壽州、滁州、沂州、德州、德州左、保定後各衞，安東中護衞，潮河、龍門、寧靖各千戶所。

山西司帶管晉、代、瀋、懷仁、慶成五府，翰林院，欽天監，上林苑監，南、北二城兵馬司，混堂司，甜食房，在京旗手、金吾右、驍騎右、龍虎、大寧中、義勇前、義勇後、英武八衞，及直隸鎭江府、徐州，鎭江、徐州、瀋陽中屯各衞，瀋陽中護衞，倒馬關，平定各千戶所。

河南司帶管周、唐、趙、鄭、徽、伊、汝七府，禮部，太常寺，光祿寺，鴻臚寺，詹事府，國子監，禮科，中書舍人，神樂觀，犧牲所，兵仗局，靈臺，鐘鼓等司，東城兵馬司，教坊司，在京羽林左、府軍右、武德、留守後、神武左、彭城六衞，及兩淮鹽運司，直隸淮安，揚州二府，淮安、大河、邳州、揚州、高郵、儀眞、宿州、武平、歸德、寧山、神武右各衞，海州、鹽城、通州、汝寧各千戶所。

陝西司帶管秦、韓、慶、肅四府，後軍都督府，大理寺，行人司，尙衣監，針工局，西城兵馬司，在京府軍後、騰驤右、豹韜、鷹揚、興武、義勇右、康陵、昭陵、龍虎左、橫海、江陰十一衞，及河東鹽運司，陝西行太僕寺，甘肅行太僕寺，直隸太平府，建陽、保定左、保定右、保定中、保定前各衞，平凉中護衞。

四川司帶管蜀府，工部，工科，巾帽、織染二局，僧道錄司，在京府軍、金吾左、濟川、武驤右、大寧前、蔚州左、永清左、廣武八衞，及直隸松江、大名二府，金山、懷安、懷來各衞，神木千戶所。

廣東司帶管應天府，在京錦衣、府軍左、虎賁左、濟陽、留守左、水軍左、飛熊七衞，及直隸延慶州，懷來千戶所。

廣西司帶管靖江府，通政司，五軍斷事司，中城兵馬司，寶鈔、銀作二局，在京羽林前、燕山右、燕山前、大興左、通州、武驤左、鎭南、富峪八衞，及直隸安慶、徽州二府，安慶、新安、通州左、通州右、延慶、延慶左、延慶右各衞。

雲南司帶管順天府，太醫院，儀衞、惜薪等司，承運庫，及直隸永平、廣平二府，鎭海、眞定、永平、山海、盧龍、東勝左、東勝右、撫寧、密雲中、密雲後、大同中屯、潼關、營州五屯、萬全左、萬全右各衞，寬河、武定、蒲州各千戶所。

貴州司帶管吏部，吏科，司苑局，及長蘆鹽運司，大寧都司，萬全都司，直隸蘇州、保定、河間、眞定、順德五府，蘇州、太倉、薊州、遵化、鎭朔、興州五屯，忠義中、涿鹿、河間、天津、天津左、天津右、德州、宣府左、宣府右、開平、保安、蔚州、永寧各衞，梁城、興和、廣昌各千戶所。

照磨、檢校，照刷文卷，計錄贓贖。司獄，率獄吏，典囚徒。凡軍民、官吏及宗室、勳戚麗於法者，詰其辭，察其情僞，傅律例而比議其罪之輕重以請。詔獄必據爰書，不得逢迎上意。凡有殊旨、別敕、詔例、榜例，非經請議著爲令甲者，不得引比。凡死刑，卽決及秋後決，並三覆奏。兩京、十三布政司，死罪囚歲讞平之。五歲請敕遣官，審錄冤滯。霜降錄重囚，會五府、九卿、科道官共錄之。矜疑者戍邊，有詞者調所司再問，比律者監候。夏月熱審，免笞刑，減徒、流，出輕繫。遇歲旱，特旨錄囚亦如之。凡大祭止刑。凡贖罪，視罪輕重，斬、絞、雜犯、徒末減者，聽收贖。詞訴必自下而上，有事重而迫者，許擊登聞鼓。四方有大獄，則受命往鞫之。四方決囚，遣司官二人往涖。凡斷獄，歲疏其名數以聞，曰歲報；月上其拘釋存亡之數，曰月報。獄成，移大理寺覆審，必期平允。凡提牢，月更主事一人，修葺囹圄，嚴固扃鑰，省其酷濫，給其衣糧。囚病，許家人入視，脫械鎖醫藥之。簿錄俘囚，配沒官私奴婢，咸籍知之。官吏有過，並紀錄之。歲終請湔滌之。以名例攝科條，以八字括辭議，以、准、皆、各、其、及、卽、若，以五服參情法，以墨涅識盜賊。籍產不入塋墓，籍財不入度支，宗人不卽市，宮人不卽獄，悼耄疲癃不卽訊。詳刑法志。

洪武元年置刑部。六年增尚書、侍郎各一人。設總部、比部、都官部、司門部，部設郎中、員外郎各二人，惟都官各一人。總部、比部主事各六人，都官、司門主事各四人。八年，以部事浩繁，增設四科，科設尚書、侍郎、郎中各一人，員外郎二人，主事五人。十三年陞部秩，設尚書一人，侍郎一人，仍分四屬部，部設郎中、員外郎各一人，總部、比部主事各四人，都官、司門主事各二人，尋增侍郎一人。始分左、右侍郎。二十二年改總部爲憲部。二十三年分四部爲河南、北平、山東、山西、陝西、浙江、江西、湖廣、廣東、廣西、四川、福建十二部，浙江部兼領雲南，部各設官，如戶部之制。二十九年改爲十二清吏司。永樂元年以北平爲北京。十八年革北京司，增置雲南、貴州、交阯三司。〔二〕宣德十年革交阯司，遂定爲十三清吏司。

工部。尚書一人，正二品，左、右侍郎各一人，正三品。其屬，司務廳，司務二人，從九品。營繕、虞衡、都水、屯田四清吏司，各郎中一人，正五品，後增設都水司郎中四人。員外郎一人，從五品，後增設營膳司員外郎二人，虞衡司員外郎一人。主事二人，正六品，後增設都水司主事五人，營膳司主事三人，虞衡司主事二人，屯田司主事一人。所轄，營繕所，所正一人，正七品，所副二人，正八品，所丞二人，正九品。文思院，大使一人，正九品，副使二人，從九品。皮作局，大使一人，正九品，副使二人，從九品，後革。鞍轡局，大使一人，正九品，副使一人，從九品。隆慶元年，大使、副使俱革。寶源局，大使一人，正九品，副使一人，從九品，嘉靖間革。顏料局，大使一人，正九品，後革。軍器局，大使一人，正九品，副使二人，後革一人。節愼庫，大使一人，從九品。嘉靖八年設。織染所、雜造局，大使一人，正九品，副使一人，從九品。廣積、通積、盧溝橋、通州、白河各抽分竹木局，大使各一人，副使各一人。大通關提舉司，提舉一人，正八品，萬曆二年革。副提舉二人，正九品，典史一人。後副提舉、典史俱革。柴炭司，大使一人，從九品，副使一人。

尙書掌天下百官、山澤之政令。侍郎佐之。

營繕典經營興作之事。凡宮殿、陵寢、城郭、壇場、祠廟、倉庫、廨宇、營房、王府邸第之役，鳩工會材，以時程督之。凡鹵簿、儀仗、樂器，移內府及所司，各以其職治之，而以時省其堅潔，而董其窳濫。凡置獄具，必如律。凡工匠二等：曰輪班，三歲一役，役不過三月，皆復其家；曰住坐，月役一旬，有稍食。工役二等，以處罪人輸作者，曰正工，曰雜工。雜工三日當正工一日，皆視役大小而撥節之。凡物料儲偫，曰神木廠，曰大木廠，以蓄材木，曰黑窯廠，曰琉璃廠，以陶瓦器，曰臺基廠，以貯薪葦，皆籍其數以供修作之用。

虞衡典山澤採捕、陶冶之事。凡鳥獸之肉、皮革、骨角、羽毛，可以供祭祀、賓客、膳羞之需，禮器、軍實之用，歲下諸司採捕。水課禽十八、獸十二，陸課獸十八、禽十二，皆以其時。冬春之交，罝罛不施川澤；春夏之交，毒藥不施原野。苗盛禁蹂躪，穀登禁焚燎。若害獸，聽爲陷穽獲之，賞有差。凡諸陵山麓，不得入斧斤、開窯冶、置墓墳。凡帝王、聖賢、忠義、名山、岳鎮、陵墓、祠廟有功德於民者，禁樵牧。凡山場、園林之利，聽民取而薄征之。凡軍裝、兵械，下所司造，同兵部省之，必程其堅緻。凡陶甄之事，有歲供，有暫供，有停減，籍其數，會其入，毋輕毀以費民。凡諸冶，飭其材，審其模範，付有司。錢必準銖兩，進於內府而頒之。牌符、火器，鑄於內府，禁其以法式洩於外。凡顏料，非其土產不以征。

都水典川澤、陂池、橋道、舟車、織造、劵契、量衡之事。水利曰轉漕，曰灌田。歲儲其金石、竹木、卷埽，以時修其閘壩、洪淺、堰圩、隄防，謹蓄洩以備旱潦，無使壞田廬、墳隧、禾稼。舟楫、磑碾者不得與灌田爭利，灌田者不得與轉漕爭利。凡諸水要會，遣京朝官專理，以督有司。役民必以農隙，不能至農隙，則僝功成之。凡道路、津梁，時其葺治。有巡幸及大喪、大禮，則修除而較比之。凡舟車之制，曰黃船，以供御用，曰遮洋船，以轉漕於海，曰淺船，以轉漕於河，曰馬船、曰風快船，以供送官物，曰備倭船、曰戰船，以禦寇賊，曰大車，曰獨轅車，曰戰車，皆會其財用，酌其多寡、久近、勞逸而均劑之。凡織造冕服、誥敕、制帛、祭服、淨衣諸幣布，移內府、南京、浙江諸處，周知其數而慎節之。凡公、侯、伯鐵劵，差其高廣。制式詳禮志。凡祭器、冊寶、乘輿、符牌、雜器皆會則於內府。凡度量、權衡，謹其校勘而頒之，懸式於市，而罪其不中度者。

屯田典屯種、抽分、薪炭、夫役、墳塋之事。凡軍馬守鎮之處，其有轉運不給，則設屯以益軍儲。其規辦營造、木植、城磚、軍營、官屋及戰衣、器械、耕牛、農具之屬。凡抽分征諸商，視其財物各有差。凡薪炭，南取洲汀，北取山麓，或徵諸民，有本、折色，酌其多寡而撙節之。夫役伐薪、轉薪，皆僱役。凡墳塋及堂碑、碣獸之制，第宗室、勳戚、文武官之等而定其差。墳塋制度，詳禮志。

洪武初，置工部及官屬，以將作司隸焉。吳元年置將作司，卿，正三品，少卿，正四品，丞，正五品。左、右提舉司提舉，正六品，同提舉，從六品，司程、典簿、副提舉，正七品。軍需庫大使，從八品，副使，正九品。洪武元年以將作司隸工部。六年增尚書、侍郎各一人，設總部、虞部、水部幷屯田爲四屬部。總部設郎中、員外郎各二人，餘各一人。總部主事八人，餘各四人。又置營造提舉司。洪武六年改將作司爲正六品，所屬提舉司，改正七品。尋更置營造提舉司及營造提舉分司，每司設正提舉一人，副提舉二人，隸將作司。八年增立四科，科設尚書、侍郎、郎中各一人，員外郎二人，主事五人，照磨二人。十年罷將作司。十三年定官制，設尚書一人，侍郎一人，四屬部以屯田部爲屯部，各郎中、員外郎一人，主事二人。十五年增侍郎一人。二十二年改總部爲營部。二十五年置營繕所。改將作司爲營繕所，秩正七品，設所正、所副、所丞各二人，以諸匠之精藝者爲之。二十九年又改四屬部爲營繕、虞衡、都水、屯田四淸吏司。嘉靖後添設尚書一人，專督大工。

提督易州山廠一人，掌督御用柴炭之事。明初，於沿江蘆洲幷龍江、瓦屑二場，取用柴炭。永樂間，遷都於北，則於白羊口、黄花鎮、紅螺山等處採辦。宣德四年始設易州山廠，專官總理。景泰間，移於平山，又移於滿城，相繼以本部尚書或侍郎督廠事。天順元年仍移於易州。嘉靖八年罷革，改設主事管理。〔一三〕

校勘記

〔一〕二年革照磨檢校所斷事官　按以上正文無設「檢校所事」，此注中「革檢校所」與正文不相應。又本志、明史稿志五四職官志、諸司職掌吏部選部都無「檢校所」，「所」字疑衍。

〔二〕以王本杜祐龔斆爲春官　杜祐，本書卷二太祖紀、太祖實錄卷一三三洪武十三年九月丙午條都作「杜佑」。

〔三〕禮部尚書邵質爲華蓋　邵質，明史稿志五四職官志、本書卷一一〇七卿年表、卷一三六劉仲質傳、國榷卷七都作「劉仲質」。太祖實錄卷一五〇洪武十五年十一月戊午條作「邵質」，但太祖實錄一四二洪武十五年二月甲戌條稱「以翰林典籍劉仲質爲禮部尚書」，又與七卿年表及劉仲質傳同。

〔四〕正從七品子於未入流下等職內敍用　紅格本太祖實錄卷一五四洪武十六年五月庚申條作「正從七品子」，抱經堂本太祖實錄、明會典卷六無「從」字。

〔五〕吏材幹授宣議郎　吏材幹，明會典卷六作「吏才幹出身」。按上文「從六品」作「吏材幹出身授宣德郎」，也有「出身」兩字。

〔六〕福建司帶管順天府在京至八衞　按明會典卷一四福建司帶管在京之衞有九，多一通州右衞。

〔七〕河南司帶管至直隸潼關衞蒲州千戶所　直隸，原作「北直隸」，「北」字衍，據明會典卷一四删。按本書卷九〇兵志中軍都督府在外直隸衞所有潼關衞，後軍都督府在外直隸衞所有蒲州千戶所。

〔八〕銀印三臺方三寸四分厚一寸　三寸，原作「二寸」，據明史稿志五四職官志、明會典卷七九改。按明代印信體積有一定規格，方三寸二的印信厚八分，方三寸三的印信厚九分，方三寸四的印信厚一寸。此言厚一寸印信，當方三寸四分。

〔九〕銅印方二寸二分厚三分五釐　三分，原作「二分」，據明會典卷七九改。

〔一〇〕十四年增試侍郎一人　十四年，原作「十五年」，據明史稿志五四職官志、太祖實錄卷一四〇洪武十四年十二月壬子「張宗德爲兵部試侍郎」條改。

〔一一〕十八年革北京司增置雲南貴州交阯三司　十八年，原作「十九年」，據本志上文、太宗實錄卷一一八永樂十八年十一月壬午條改。

〔一二〕嘉靖八年罷革改設主事管理　明會典卷二〇五稱易州山廠于嘉靖「八年改設郎中一員管理，

盡革同知等官。四十四年改主事管理」。是「嘉靖八年」乃改設郎中管理之年；改設主事管理事當在嘉靖四十四年。

明史卷七十三

志第四十九

職官二

都察院附總督巡撫　通政司　大理寺　詹事府附左右春坊司經局　翰林院　國子監　衍聖公附五經博士

都察院。左、右都御史，正二品，左、右副都御史，正三品，左、右僉都御史，正四品。其屬，經歷司，經歷一人，正六品，都事一人，正七品。司務廳，司務二人，從九品。初設四人，後革二人。照磨所，照磨，正八品，檢校，正九品，司獄司，司獄，從九品。初設六人，後革五人。各一人。十三道監察御史一百十人，正七品，浙江、江西、河南、山東各十人，福建、廣東、廣西、四川、貴州各七人，陝西、湖廣、山西各八人，雲南十一人。其在外加都御史或副、僉都御史銜者，有總督，有提督，有巡撫，有總督兼巡撫，提督兼巡撫，及經略、總理、贊理、巡視、撫治等員。巡撫之名，起於懿文太子巡撫陝西。永樂十九年遣尚書蹇義等二十六人巡行天下，安撫軍民。以後不拘尚書、侍郎、都御史、少卿等官，事畢復命，即或停遣。初名巡撫，或名鎮守，後以鎮守侍郎與巡按御史不相統屬，文移窒礙，定爲都御史。巡撫兼軍務者加提督，有總兵地方加贊理或參贊，所轄多、事重者加總督。他如整飭、撫治、巡治、總理等項，皆因事特設。其以尚書、侍郎任總督軍務者，皆兼都御史，以便行事。

都御史職專糾劾百司，辯明冤枉，提督各道，爲天子耳目風紀之司。凡大臣姦邪、小人搆黨、作威福亂政者，劾。凡百官猥茸貪冒壞官紀者，劾。凡學術不正、上書陳言變亂成憲、希進用者，劾。遇朝覲、考察，同吏部司賢否陟黜。大獄重囚會鞫於外朝，偕刑部、大理讞平之。其奉敕內地，拊循外地，各專其敕行事。

十三道監察御史，主察糾內外百司之官邪，或露章面劾，或封章奏劾。在內兩京刷卷，巡視京營，監臨鄉、會試及武舉，巡視光祿，巡視倉場，巡視內庫、皇城、五城，輪值登聞鼓。後改科員。在外巡按，北直隸二人，南直隸三人，宣大一人，遼東一人，甘肅一人，十三省各一人。清軍，提督學校，兩京各一人，萬曆末，南京增設一人。巡鹽，兩淮一人，兩浙一人，長蘆一人，河東一人。茶馬，陝西。巡漕，巡關，宣德四年設立鈔關御史，至正統十年始遣主事。儹運，印馬，屯田。師行則監軍紀功，各以其事專監察。而巡按則代天子巡狩，所按藩服大臣、府州縣官諸考察，舉劾尤專，大事奏裁，小事立斷。按臨所至，必先審錄罪囚，弔刷案卷，有故出入者理辯之。諸祭祀壇場，省其牆宇祭器。存恤孤老，巡視倉庫，查算錢糧，勉勵學校，表揚善類，翦除豪蠹，以正風俗，振綱紀。凡朝會糾儀，祭祀監禮。凡政事得失，軍民利病，皆得直言無避。有大政，集闕廷預議焉。蓋六部至重，然有專司，而都察院總憲綱，惟所見聞得糾察。諸御史糾劾，務明著實跡，開寫年月，毋虛文泛詆，訐拾細瑣。出按復命，都御史覆劾其稱職不稱職以聞。凡御史犯罪，加三等，有贓從重論。

十三道各協管兩京、直隸衙門；而都察院衙門分屬河南道，獨專諸內外考察。

浙江道協管中軍都督府，在京府軍左、金吾左、金吾右、金吾前、留守中、神策、應天、和陽、廣洋、武功中、武功後、茂陵十二衞，牧馬千戶所，及直隸廬州府，廬州、六安二衞。

江西道協管前軍都督府，在京府軍前、燕山左、龍江左、龍江右、龍驤、豹韜、天策、寬河八衞，及直隸淮安府，淮安、大河、邳州、九江、武清、龍門各衞。

福建道協管戶部，寶鈔提舉司，鈔紙、印鈔二局，承運、廣惠、廣積、廣盈、贓罰、甲乙丙丁戊字、天財、軍儲、供用、行用各庫，在京金吾後、武成中、飛熊、武功左、武功右、武功前、獻陵、景陵、裕陵、泰陵十衞，及直隸常州、池州二府，定邊、開平中屯二衞，美峪千戶所。

四川道協管工部，營繕所，文思院，御用、司設、神宮、尚衣、都知等監，惜薪司，兵仗、銀作、巾帽、鍼工、器皿、盔甲、軍器、寶源、皮作、鞍轡、織染、柴炭、抽分竹木各局，僧、道錄司，在京府軍、濟州、大寧前、蔚州左、永淸左五衞，萫牧千戶所，及直隸松江府、廣德州，金山、懷安、懷來各衞，神木千戶所，播州宣慰司，石砫、酉陽等宣撫司，天全六番招討司。

陝西道協管後軍都督府，大理寺，行人司，在京府軍後、鷹揚、興武、義勇右、横海、江陰、康陵、昭陵八衞，敢勇、報效二營，韓、秦、慶、安化四府，及直隸和州，保定左、右、中、前四衞。

雲南道協管順天府，廣備庫，在京羽林前、通州二衞，及直隸永平、廣平二府，通州左、通州右、涿鹿、涿鹿左、涿鹿中、密雲中、密雲後、永平、山海、盧龍、撫寧、東勝左、東勝右、大同中屯、營州五屯、延慶、延慶左、延慶右、萬全左、萬全右各衞，居庸關、黃花鎭、寬河、武定各千戶所。

河南道協管禮部，都察院，翰林院，國子監，太常寺，光祿寺，鴻臚寺，尙寶司，中書舍人，欽天監，太醫院，司禮、尙膳、尙寶、直殿等監，酒醋麪局，〔一〕鐘鼓司，教坊司，在京羽林左、留守前、留守後、神武左、神武前、彭城六衞，伊、唐、周、鄭四府，及兩淮鹽運司，直隸揚州、大名二府，揚州、高郵、儀眞、歸德、寧山、潼關、神武右各衞，泰州、通州、汝寧各千戶所。

廣西道協管通政司，六科，在京燕山右、燕山前、大興左、騰驤左、騰驤右、武驤左、鎭南、瀋陽左、會州、富峪、忠義前、忠義後十二衞，及直隸安慶、徽州、保定、眞定四府，安慶、新安、鎭武、眞定各衞，紫荆關、倒馬關、廣昌各千戶所。

廣東道協管刑部，應天府，在京虎賁左、濟陽、武驤右、瀋陽右、武功左、武功右、孝陵、長陵八衞，及直隸延慶州，開平中屯衞。

山西道協管左軍都督府，在京錦衣、府軍右、留守左、驍騎左、驍騎右、龍虎、龍虎左、大寧中、義勇前、義勇後、英武、水軍左十二衞，晉府長史司，及直隸鎮江、太平二府，鎮江、建陽、瀋陽中屯各衞，平定、蒲州二千戶所。

山東道協管宗人府，兵部，會同館，御馬監，典牧所，大通關，在京羽林右、永清右、濟川三衞，及中都留守司，遼東都司，直隸鳳陽府，徐、滁二州，中都留守左、留守中、鳳陽、鳳陽中、鳳陽右、皇陵、長淮、懷遠、徐州、滁州、泗州、壽州、宿州、武平、沂州、德州、德州左、保定後、瀋陽中各衞，洪塘千戶所。

湖廣道協管右軍都督府，五城兵馬司，在京留守右、武德、忠義右、虎賁右、廣武、水軍右、江淮、永陵八衞，遼、梁、岷、吉、華陽五府，荆、襄、楚三府長史司，及興都留守司，直隸寧國府，寧國、宣州、神武中、定州、茂山各衞。

貴州道協管吏部，太僕寺，上林苑監，內官、印綬二監，在京旗手衞，及長蘆鹽運司，大寧都司，萬全都司，直隸蘇州、河間、順德三府，保安州，蘇州、太倉、鎮海、薊州、遵化、鎮朔、興州五屯，忠義中、河間、天津、天津左、天津右、宣府前、宣府左、宣府右、開平、保安右、蔚州、永寧各衞，嘉興、吳淞江、梁城、滄州、興和、長安、龍門各千戶所。

初，吳元年置御史臺，設左、右御史大夫，從一品，御史中丞，正二品，侍御史，從二品，治書侍御史，正三品，殿中侍御史，正五品，察院監察御史，正七品，經歷，從五品，都事，正七品，照磨、管勾，正八品。以鄧愈、湯和爲御史大夫，劉基、章溢爲御史中丞，諭之曰：「國家立三大府，中書總政事，都督掌軍旅，御史掌糾察。朝廷紀綱盡繫於此，而臺察之任尤清要。卿等當正己以率下，忠勤以事上，毋委靡因循以縱姦，毋假公濟私以害物。」洪武九年汰侍御史及治書、殿中侍御史。十年七月詔遣監察御史巡按州縣。十三年專設左、右中丞，正二品，左、右侍御史，正四品。尋罷御史臺。十五年更置都察院，設監察都御史八人，秩正七品。分監察御史爲浙江、河南、山東、北平、山西、陝西、湖廣、福建、江西、廣東、廣西、四川十二道，各道置御史或五人或三、四人，秩正九品。每道鑄印二，一畀御史久次者掌之，一藏內府，有事受印以出，既事納之，文曰「繩愆糾繆」。以秀才李原名、詹徽等爲都御史，〔二〕吳荃等爲試監察御史。試御史，一年後實授。又有理刑進士、理刑知縣，理都察院刑獄，半年實授。正德中革。十六年陞都察院爲正三品，設左、右都御史各一人，正三品，左、右副都御史各一人，正四品，左、右僉都御史各二人，正五品，經歷一人，正七品，知事一人，正八品。十七年陞都御史正二品，副都御史正三品，僉都御史正四品，十二道監察御史正七品。二十三年，左副都御史袁泰言，「各道印篆相同，慮有詐僞」，乃更鑄監察御史印曰「某道監察御史印」，其巡按印曰「巡按某處監察御史印」。建文元年改設都御史一人，革僉都御史。二年改爲御史府，設御史大夫，改十二道爲左、右兩院，止設御史二十八人。成祖復舊制。

永樂元年改北平道爲北京道。十八年罷北京道，增設貴州、雲南、交阯三道。〔三〕洪熙元年稱行在都察院，同六部，又定巡按以八月出巡。宣德十年罷交阯道，始定爲十三道。正統中，去「行在」字。嘉靖中，以清屯，增副都御史三人，尋罷。隆慶中，以提督京營，增右都御史三人，尋亦罷。

總督漕運兼提督軍務巡撫鳳陽等處兼管河道一員。太祖時，嘗置京畿都漕運司，設漕運使。洪武元年置漕運使，正四品，知事，正八品，提控案牘，從九品，屬官監運，正九品，都綱，省注。十四年罷。永樂間，設漕運總兵官，以平江伯陳瑄治漕。宣德中，又遣侍郎、都御史、少卿等官督運。至景泰二年，因漕運不繼，始命副都御史王竑總督，因兼巡撫淮、揚、廬、鳳四府，徐、和、滁三州，治淮安。成化八年分設巡撫、總漕各一員。九年復舊。正德十三年又分設。十六年又復舊。嘉靖三十六年，以倭警，添設提督軍務巡撫鳳陽都御史。四十年歸併，改總督漕運兼提督軍務。萬曆七年加兼管河道。

總督薊遼、保定等處軍務兼理糧餉一員。嘉靖二十九年置。先是，薊、遼有警，間遣重臣巡視，或稱提督。至是以邊患益甚，始置總督，開府密雲，轄順天、保定、遼東三巡撫，兼理糧餉。萬曆九年加兼巡撫順天等處。十一年復舊。天啓元年置遼東經略。經略之名，起於萬曆二十年宋應昌暨後楊鎬。至天啓元年，又以內閣孫承宗督師經略山海關，稱樞輔。崇禎四年併入總督。十一年又增設總督於保定。

總督宣大、山西等處軍務兼理糧餉一員。正統元年始遣僉都御史巡撫宣大。景泰二年，宣府、大同各設巡撫，遣尚書石璞總理軍務。成化、弘治間，有警則遣。正德八年設總制。嘉靖初，兼轄偏、保。二十九年去偏、保，定設總督宣大、山西等處銜。三十八年令防秋日駐宣府。四十三年移駐懷來。隆慶四年移駐陽和。

總督陝西三邊軍務一員。弘治十年，火篩入寇，議遣重臣總督陝西、甘肅、延綏、寧夏軍務，乃起左都御史王越任之。十五年以後，或設或罷。至嘉靖四年，始定設，初稱提督軍務。七年改爲總制。十九年避制字，改爲總督，開府固原，防秋駐花馬池。

總督兩廣軍務兼理糧餉帶管鹽法兼巡撫廣東地方一員。永樂二年遣給事中雷塡巡撫廣西。十九年遣郭瑄、艾廣巡撫廣東。景泰三年，苗寇起，以兩廣宜協濟應援，乃設總督。成化元年兼巡撫事，駐梧州。正德十四年改總督爲總制，尋改提督。嘉靖四十五年另設廣東巡撫，改提督爲總督，止兼巡撫廣西，〔四〕駐肇慶。隆慶三年又設廣西巡撫，除兼職。四年革廣東巡撫，改爲提督兩廣軍務兼理糧餉，巡撫廣東。萬曆三年仍改總督，加帶管鹽法。

總督四川、陝西、河南、湖廣等處軍務一員。正德五年設，尋罷。嘉靖二十七年，以苗患，又設總督四川、湖廣、貴州、雲南等處軍務。四十二年罷。天啓元年，以土官奢崇明反，又設四川、湖廣、雲南、貴州、廣西五省總督。四年兼巡撫貴州。

總督浙江、福建、江南兼制江西軍務一員。嘉靖三十三年，以倭犯杭州置。四十一年革。

總督陝西、山西、河南、湖廣、四川五省軍務一員。崇禎七年置，或兼七省。十二年後，俱以內閣督師。

總督鳳陽地方兼制河南、湖廣軍務一員。崇禎十四年設。

總督保定地方軍務一員。崇禎十一年設。

總督河南、湖廣軍務兼巡撫河南一員。崇禎十六年設。

總督九江地方兼制江西、湖廣軍務一員。崇禎十六年設。

總理南直隸、河南、山東、湖廣、四川軍務一員。崇禎八年設，以盧象昇爲之，與總督或分或併。

總理河漕兼提督軍務一員。永樂九年遣尙書治河，自後間遣侍郎、都御史。成化後，始稱總督河道。正德四年定設都御史。嘉靖二十年以都御史加工部職銜，提督河南、山東、直隸河道。隆慶四年加提督軍務。萬曆五年改總理河漕兼提督軍務。八年革。

總理糧儲提督軍務兼巡撫應天等府一員。宣德五年初命侍郎總督糧儲兼巡撫。景泰四年定遣都御史。嘉靖三十三年以海警，加提督軍務，駐蘇州。萬曆中，移駐句容，已復駐蘇州。

巡撫浙江等處地方兼提督軍務一員。永樂初，遣尚書治兩浙農事。以後或巡視或督鹺，有事則遣。嘉靖二十六年以海警，始命都御史巡撫浙江，兼管福建福、興、建寧、漳、泉海道地方，提督軍務。二十七年改巡撫爲巡視。二十八年罷。三十一年復設。

巡撫福建地方兼提督軍務一員。嘉靖二十六年既設浙江巡撫兼轄福、興、漳、泉等處，三十五年以閩、浙道遠，又設提督軍務兼巡福、興、漳、泉、福寧海道都御史。後改巡撫福建，統轄全省。

巡撫順天等府地方兼整飭薊州等處邊備一員。成化二年始專設都御史贊理軍務，巡撫順天、永平二府，尋兼撫河間、眞定、保定，凡五府。七年兼理八府。八年以畿輔地廣，從居庸關中分，設二巡撫，其東爲巡撫順天、永平二府，駐遵化。崇禎二年又於永平分設巡撫，兼提督山海軍務，其舊者止轄順天。

巡撫保定等府提督紫荆等關兼管河道一員。成化八年分居庸關以西，另設巡撫保定、眞定、河間、順德、大名、廣平六府，提督紫荆、倒馬、龍泉等關，駐眞定。萬曆七年兼管河道。

巡撫河南等處地方兼管河道提督軍務一員。宣德五年遣兵部侍郞于謙巡撫山西、河南。正統十四年以左副都御史王來巡撫湖廣、河南。〔五〕景泰元年始專設河南巡撫。〔六〕萬曆七年兼管河道。八年加提督軍務。

巡撫山西地方兼提督雁門等關軍務一員。宣德五年以侍郎巡撫河南、山西。正統十三年始命都御史專撫山西，鎮守雁門。天順、成化間暫革，尋復置。

巡撫山東等處地方督理營田兼管河道提督軍務一員。正統五年始設巡撫。十三年定遣都御史。嘉靖四十二年加督理營田。萬曆七年兼管河道。八年加提督軍務。

巡撫遼東地方贊理軍務一員。正統元年設，舊駐遼陽，後地日蹙，移駐廣寧，駐山海關，後又駐寧遠。

巡撫宣府地方贊理軍務一員。正統元年命都御史出巡塞北，因奏設巡撫兼理大同。景泰二年另設大同巡撫，後復併爲一。成化十年復分設。十四年加贊理軍務。

巡撫大同地方贊理軍務一員。初與宣府共一巡撫，後或分或併。成化十年復專設，加贊理軍務。

巡撫延綏等處贊理軍務一員。宣德十年遣都御史出鎮。景泰元年專設巡撫加參贊軍務。成化九年徙鎮楡林。隆慶六年改贊理軍務。

巡撫寧夏地方贊理軍務一員。正統元年以右僉都御史郭智鎮撫寧夏，參贊軍務。天順元年罷。二年復設，去參贊。隆慶六年加贊理軍務。

巡撫甘肅等處贊理軍務一員。宣德十年命侍郎鎮守。正統元年，甘、涼用兵，命侍郎參贊軍務。景泰元年定設巡撫都御史。隆慶六年改贊理軍務。

巡撫陝西地方贊理軍務一員。宣德初，遣尚書、侍郎出鎮。正統間，命右都御史陳鎰、王文等出入更代。景泰初，耿九疇以刑部侍郎出鎮，文移不得徑下按察司，特改都御史巡撫。成化二年加提督軍務，後改贊理，駐西安，防秋駐固原。

巡撫四川等處地方兼提督軍務一員。宣德五年命都御史鎮撫，後停遣。正統十四年始設巡撫。萬曆十一年加提督軍務。

巡撫湖廣等處地方兼贊理軍務一員。正統三年命都御史賈諒鎮守，以後或侍郎或大理卿出撫。景泰元年定設巡撫都御史兼贊理軍務。萬曆八年改爲提督軍務。十二年仍爲贊理。

巡撫江西地方兼理軍務一員。永樂後，間設巡撫鎮守。成化以後，定爲巡撫，或有時罷遣。嘉靖六年始定設。四十年加兼理軍務。

巡撫南贛汀韶等處地方提督軍務一員。弘治十年始設巡撫。正德十一年改提督軍務。嘉靖四十五年定巡撫銜，所轄南安、贛州、南雄、韶州、汀州幷郴州地方，駐贛州。

巡撫廣東地方兼贊理軍務一員。永樂中，設巡撫，後以總督兼巡撫事，遂罷不設。嘉靖四十五年復另設巡撫，加贊理軍務。隆慶四年又罷。

巡撫廣西地方一員。廣西舊有巡撫，沿革不常。隆慶三年復專設。

巡撫雲南兼建昌、畢節等處地方贊理軍務兼督川、貴糧餉一員。正統九年命侍郎參贊軍務。十年設鎮撫。天順元年罷。成化十二年復設。嘉靖三十年加兼理軍務。四十三年改贊理。隆慶二年兼撫建昌、畢節等處。

巡撫貴州兼督理湖北、川東等處地方提督軍務一員。正統十四年以苗亂置總督，鎮守貴州、湖北、川東等處。景泰元年另設貴州巡撫。成化八年罷。十一年復設。正德二年又罷。五年又復設。嘉靖四十二年裁革總督，令巡撫兼理湖北、川東等處提督軍務。

巡撫天津地方贊理軍務一員。萬曆二十五年以倭陷朝鮮，暫設，尋爲定制。

巡撫登萊地方贊理軍務一員。天啓元年設。崇禎二年罷。三年復設。

巡撫安廬地方贊理軍務一員。崇禎十年設，以史可法爲之。十六年又增設安、太、池、廬四府巡撫。

巡撫偏沅地方贊理軍務一員。萬曆二十七年以征播暫設，尋罷。天啓二年後，或置或罷。崇禎二年定設。

巡撫密雲地方贊理軍務一員。崇禎十一年設。

巡撫淮揚地方贊理軍務一員。崇禎十一年設。

巡撫承天贊理軍務一員。崇禎十六年設。

撫治鄖陽等處地方兼提督軍務一員。成化十二年以鄖、襄流民屢叛，遣都御史安撫，因奏設官撫治之。萬曆二年以撫治事權不專，添提督軍務兼撫治職銜。九年裁革，十一年復設。

贊理松潘地方軍務一員。正統四年以王翺爲之。

通政使司。通政使一人，正三品，左、右通政各一人，正四品，左、右參議各一人，正五品。其屬，經歷司，經歷一人，正七品，知事一人，正八品。

通政使掌受內外章疏敷奏封駁之事。凡四方陳情建言，申訴冤滯，或告不法等事，於底簿內謄寫訴告緣由，齎狀奏聞。凡天下臣民實封入遞，卽於公廳啓視，節寫副本，然後奏聞。卽五軍、六部、都察院等衙門，有事關機密重大者，其入奏仍用本司印信。凡諸司公文、勘合辨驗允當，編號注寫，公文用「日照之記」、勘合用「驗正之記」關防之。凡在外之題本、奏本，在京之奏本，並受之，於早朝彙而進之。有徑自封進者則參駁。午朝則引奏臣民之言事者，有機密則不時入奏。有違誤則籍而彙請。凡抄發、照駁諸司公移及勘合、訟牒、勾提件數、給繇人員，月終類奏，歲終通奏。凡議大政、大獄及會推文武大臣，必參預。

初，洪武三年置察言司，設司令二人，掌受四方章奏，尋罷。十年置通政使司，以曾秉正爲通政使，劉仁爲左通政，諭之曰：「政猶水也，欲其常通，故以『通政』名官。卿其審命令以正百司，達幽隱以通庶務。當執奏者勿忌避，當駁正者勿阿隨，當敷陳者毋隱蔽，當引見者毋留難。」十二年撥承敕監給事中、殿廷儀禮司、九關通事使隸焉。建文中，改司爲寺，通政使爲通政卿，通政參議爲少卿，寺丞增置左、右補闕，左、右拾遺各一人。成祖復舊制。成化二年置提督謄黃右通政，不理司事，錄武官黃衛所襲替之故，以徵選事。萬曆九年革。

大理寺。卿一人，正三品，左、右少卿各一人，正四品，左、右寺丞各一人，正五品。其屬，司務廳，司務二人，從九品。左、右二寺，各寺正一人，正六品，寺副二人，從六品，後革右寺副一人。評事四人，正七品。初設右評事八人，後革四人。

卿掌審讞平反刑獄之政令。少卿、寺丞贊之。左、右寺分理京畿、十三布政司刑名之事。凡刑部、都察院、五軍斷事官所推問獄訟，皆移案牘，引囚徒，詣寺詳讞。左、右寺寺正，各隨其所轄而覆審之。既按律例，必復問其款狀，情允罪服，始呈堂準擬具奏。不則駁令改擬，曰照駁。三擬不當，則糾問官，曰參駁。有悟律失入者，調他司再訊，曰番異。猶不愜，則請下九卿會訊，曰圓審。已評允而招由未明，移再訊，曰追駁。屢駁不合，則請旨發落，曰制決。凡獄既具，未經本寺評允，諸司毋得發遣。誤則糾之。

初，吳元年置大理司卿，秩正三品。洪武元年革。三年置磨勘司，凡諸司刑名、錢糧，有冤濫隱匿者，稽其功過以聞。尋亦革。洪武三年置磨勘司，設司令、司丞。七年增設司令一人，司丞五人，首領官五人，分爲四科。十年革。十四年復置磨勘司，設司令一人，左、右司丞各一人，左、右司副各一人。二十年復罷。十四年復置大理寺，改卿秩正五品，左、右少卿從五品，左、右寺丞正六品。其屬，左、右寺正各一人，寺副各二人，左評事四人，右評事八人。又置審刑司，共平庶獄。凡大理寺所理之刑，審刑司復詳議之。審刑司設左、右審刑各一人，正六品；左、右詳議各三人，正七品。十七年改建刑部、都察院、大理寺、審刑司、五軍斷事官署於太平門外，名其所曰貫城。十九年罷審刑司。二十二年復，卿秩正三品。少卿二人，正四品，丞三人，正五品。其左、右寺官如故。二十九年又罷，盡移案牘於後湖。建文初復置，改左、右寺爲司，寺正爲都評事，寺副爲副都評事，司務爲都典簿。司務，洪武二十六年置。

成祖初，仍置大理寺，其左、右寺設官，復如洪武時。又因左、右二寺評事多寡不等，所治事亦繁簡不均，以二寺評事均分，左、右各六人，如刑部、都察院十二司道，各帶管直隸地方審錄。初，太祖設左評事四員，分管在京諸司及直隸衞所、府州縣刑名。右評事八員，分管在外十三布政司、都司、衞所、府州縣刑名。永樂二年仍復舊。後定都北京，又改分寺屬。兩京、五府、六部、京衞等衙門刑名，屬左寺。順天、應天二府，南、北直隸衞所，府州縣並在外浙江等布政司、都司、衞所刑名，屬右寺。弘治元年裁減右評事四人。時天下罪囚，類不解審，右寺事顧簡於左寺。萬曆九年，更定左、右寺分理天下刑獄。浙江、福建、山東、廣東、四川、貴州六司道，左寺理之。江西、陝西、河南、山西、湖廣、廣西、雲南七司道，右寺理之。以能按律出人罪者爲稱職。大理寺之設，爲愼刑也。三法司會審，初審，刑部、都察院爲主，覆審，本寺爲主。明初，猶置刑具、牢獄。弘治以後，止閱案卷，囚徒俱不到寺。司務典出納文移。

詹事府。詹事一人，正三品，少詹事二人，正四品，府丞二人，正六品。主簿廳，主簿一人，從七品，錄事二人，正九品，通事舍人二人。左春坊，大學士，正五品，左庶子，正五品，左諭德，從五品，各一人，左中允，正六品，左贊善，從六品，左司直郎，從六品，後不常設，各二人，左清紀郎一人，從八品，不常設，左司諫二人，從九品，不常設。右春坊，亦如之。司經局，洗馬一人，從五品，校書，正九品，正字，從九品，各二人。

詹事掌統府、坊、局之政事，以輔導太子。少詹事佐之。凡入侍太子，與坊、局翰林官番直進講尙書、春秋、資治通鑑、大學衍義、貞觀政要諸書。前期纂輯成章進御，然後赴文華殿講讀。講讀畢，率其僚屬，以朝廷所處分軍國重事及撫諭諸蕃恩義，陳說於太子。凡朝賀，必先奏朝廷，乃具啓本以進。凡府僚暨坊、局官與翰林院職互相兼，試士、修書皆與焉。通事舍人典東宮朝謁、辭見之禮，承令勞問之事，凡廷臣朝賀、進箋、進春、進曆於太子，則引入而舉案。

春坊大學士掌太子上奏請、下啓箋及講讀之事，皆審愼而監省之。庶子、諭德、中允、贊善各奉其職以從。凡東宮監國、撫軍、出狩，及朝會出入，覆啓，畫諾，必審署以移詹事。諸祥眚必啓告。內外庶政可爲規鑒者，隨事而贊諭。伶人、僕御有改變新聲、導逢非禮者，則陳古義，申典制，糾正而請斥遠之。司直、清紀郎掌彈劾宮僚，糾舉職事。文華殿講讀畢，諸臣班退，有獨留奏事及私謁者，則共糾之。司諫掌箴誨鑒戒，以拾遺補過。凡有啓事於東宮，與司直、清紀執筆紀令旨，規正其僞繆者。

洗馬掌經史子集、制典、圖書刊輯之事。立正本、副本、貯本以備進覽。凡天下圖冊上東宮者，皆受而藏之。校書、正字掌繕寫裝潢，詮其訛謬而調其音切，以佐洗馬。

先是，洪武初，置大本堂，充古今圖籍其中，召四方名儒訓導太子、親王。諸儒專經面授，分番夜直。已而，太子居文華堂，諸儒迭班侍從，又選才俊之士入充伴讀，時時賜宴、賦詩，商榷今古，評論文學。是時，東宮官屬，自太子少師、少傅、少保、賓客外，則有左、右詹事，同知詹事院事，副詹事，詹事丞，左、右率府使，同知左、右率府事，左、右率府副使，諭德，贊善大夫，皆以勳舊大臣兼領其職。又有文學、中舍、正字、侍正、洗馬、庶子及贊讀等官。十五年更定左、右春坊官，各置庶子、諭德、中允、贊善、司直郎，又各設大學士。尋定司經局官，設洗馬、校書、正字。二十二年以官聯無統，始置詹事院。二十五年改院爲府，定詹事秩正三品，春坊大學士正五品，司經局洗馬從五品。雖各有印，而事總於詹事府。二十九年增設左、右春坊清紀郎、司諫、通事舍人。建文中，增少卿、寺丞各一人，賓客二人。又置資德院資德一人，資善二人。其屬，贊讀、贊書、著作郎各二人，掌典籍各一人。成祖復舊制。英宗初，命大學士提調講讀官。

按詹事府多由他官兼掌。天順以前，或尚書、侍郎、都御史，成化以後，率以禮部尚書、侍郎由翰林出身者兼掌之。其協理者無常員。春坊大學士，景泰間，倪謙、劉定之而後，僅楊廷和一任之，後不復設。其司直、司諫、淸紀郎亦不常置。惟嘉靖十八年以陸深爲詹事，崔銑爲少詹事，王敎、羅洪先、華察等爲諭德、贊善、洗馬，皇甫涍、唐順之等爲司直、司諫，皆天下名儒。自明初宋濂諸人後，宮僚莫盛於此。嗣是，出閣講讀，每點別員，本府坊局僅爲翰林官遷轉之階。

翰林院。學士一人，正五品，侍讀學士、侍講學士各二人，並從五品，侍讀、侍講各二人，並正六品，五經博士九人，正八品，並世襲，別見。典籍二人，從八品，侍書二人，正九品，後不常設。待詔六人，從九品，不常設。孔目一人，未入流。史官修撰，從六品，編修，正七品，檢討，從七品，庶吉士，無定員。

學士掌制誥、史册、文翰之事，以考議制度，詳正文書，備天子顧問。凡經筵日講，纂修實錄、玉牒、史志諸書，編纂六曹章奏，皆奉敕而統承之。誥敕，以學士一人兼領。正統中，王直、王英以禮部侍郎兼學士，專領誥敕，後罷。弘治七年復設。正德中，白鉞、費宏等由禮部尚書入東閣，專典誥敕。嘉靖六年復罷，以講、讀、編、檢等官管之。大政事、大典禮，集諸臣會議，則與諸司參決其可否。車駕幸太學聽講，凡郊祀慶成諸宴，則學士侍坐於四品京卿上。

侍讀、侍講掌講讀經史。五經博士，初置五人，各掌專經講義，繼以優給聖賢先儒後裔世襲，不治院事。

史官掌修國史。凡天文、地理、宗潢、禮樂、兵刑諸大政，及詔敕、書檄，批答王言，皆籍而記之，以備實錄。國家有纂修著作之書，則分掌考輯撰述之事。經筵充展卷官，鄉試充考試官，會試充同考官，殿試充收卷官。凡記注起居，編纂六曹章奏，謄黃册封等咸充之。庶吉士讀書翰林院，以學士一人教習之。侍書掌以六書供侍。待詔掌應對。孔目掌文移。

吳元年，初置翰林院，秩正三品，設學士，正三品，侍講學士，正四品，直學士，正五品，修撰、典簿，正七品，編修，正八品。洪武二年置學士承旨，正三品，改學士，從三品。侍講學士，正四品，侍讀學士，從四品，修撰，正六品。增設待制，從五品，應奉，正七品，典籍，從八品，等官。十三年增設檢閱，從九品。十四年定學士爲正五品，革承旨、直學士、待制、應奉、檢閱、典簿，設孔目、五經博士、侍書、待詔、檢討。令編修、檢討、典籍同左春坊左司直郎、正字、贊讀考駁諸司奏啓，平允則署其銜曰「翰林院兼平駁諸司文章事某官某」，列名書之。十八年更定品員，如前所列，〔七〕獨未有庶吉士，以侍讀先侍講。建文時，仍設承旨，改侍讀、侍講兩學士爲文學博士，設文翰、文史二館，文翰以居侍讀、侍講、侍書、五經博士、典籍、待詔，文史以居修撰、編修、檢討。改孔目爲典簿，改中書舍人爲侍書，以隸翰林。又設文淵閣待詔及拾遺、補闕等官。成祖初復舊。其年九月，特簡講、讀、編、檢等官參預機務，簡用無定員，謂之內閣。然解縉、胡廣等既直文淵閣，猶相繼署院事。至洪熙以後，楊士奇等加至師保，禮絕百僚，始不復署。正統七年，翰林院落成，學士錢習禮不設楊士奇、楊溥公座，〔八〕曰「此非三公府也」，二楊以聞。乃命工部具椅案，禮部定位次，以內閣固翰林職也。嘉、隆以前，文移關白，猶稱翰林院，以後則竟稱內閣矣。其在六部，自成化時，周洪謨以後，禮部尚書、侍郎必由翰林，吏部兩侍郎必有一由於翰林。其由翰林者，尚書則兼學士，六部皆然，侍郎則兼侍讀、侍講學士。其在詹事府暨坊、局官，視其品級，必帶本院銜。詹事、少詹事帶學士銜，春坊大學士不常設，庶子、諭德、中允、贊善、洗馬等則帶講、讀學士以下至編、檢銜。

史官，自洪武十四年置修撰三人，編修、檢討各四人。其後由一甲進士除授及庶吉士留館授職，往往溢額，無定員。嘉靖八年復定講、讀、修撰各三人，編修、檢討各六人，皆從吏部推補，如諸司例。然未幾，即以侍從人少，詔采方正有學術者以充其選，因改御史胡經、員外郎陳束、主事唐順之等七人俱爲編修。以後仍循舊例，由庶吉士除授，卒無定額。崇禎七年又考選推官、知縣爲編修、檢討，蓋亦創舉，非常制也。

庶吉士自洪武初有六科庶吉士。十八年以進士在翰林院、承敕監等近侍者，俱稱庶吉士。永樂二年始定爲翰林院庶吉士，選進士文學優等及善書者爲之。三年試之。其留者，二甲授編修，三甲授檢討；不得留者，則爲給事中、御史，或出爲州縣官。宣德五年始命學士教習。萬曆以後，掌教習者，專以吏、禮二部侍郎二人。

明初，嘗置弘文館學士，洪武三年置，以胡鉉爲學士，又命劉基、危素、王本中、睢稼皆兼弘文館學士，未幾罷。宣德間，復建弘文閣於思善門右，以翰林學士楊溥掌閣印，尋併入文淵閣。秘書監，洪武三年置，秩正六品，除監丞一人，直長二人，尋定設令一人，丞、直長各二人，掌內府書籍。十三年併入翰林院典籍。起居注，甲辰年置。吳元年定秩正五品。洪武四年改正七品。六年陞從六品。九年定起居注二人，後革。十四年復置，秩從七品，尋罷。至萬曆間，命翰林院官兼攝之。已復罷。尋皆罷。

國子監。祭酒一人，從四品，司業一人，正六品。其屬，繩愆廳，監丞一人，正八品。博士廳，五經博士五人，從八品。率性、修道、誠心、正義、崇志、廣業六堂，助教十五人，從八品，學正十人，正九品，學錄七人，從九品。典簿廳，典簿一人，從八品。典籍廳，典籍一人，從九品。掌饌廳，掌饌二人，未入流。

祭酒、司業，掌國學諸生訓導之政令。凡舉人、貢生、官生、恩生、功生、例生、土官、外國生、幼勳臣及勳戚大臣子弟之入監者，奉監規而訓課之，造以明體達用之學，以孝弟、禮義、忠信、廉恥爲之本，以六經、諸史爲之業，務各期以敦倫善行，敬業樂羣，以修舉古樂正、成均之師道。有不率者，扑以夏楚，不悛，徙謫之。其率敎者，有升堂積分超格敍用之法。課業倣書，季呈翰林院考校，文册歲終奏上。每歲仲春秋上丁，遣大臣祀先師，則總其禮儀。車駕幸學，則執經坐講。新進士釋褐，則坐而受拜。監丞掌繩愆廳之事，以參領監務，堅明其約束，諸師生有過及廩膳不潔，並糾懲之，而書之於集愆册。博士掌分經講授，而時其考課。凡經，以易、詩、書、春秋、禮記，人專一經，大學、中庸、論語、孟子兼習之。助教、學正、學錄掌六堂之訓誨，士子肄業本堂，則爲講說經義文字，導約之以規矩。典簿典文移金錢出納支受。典籍典書籍。掌饌掌飲饌。

明初，卽置國子學。乙巳九月置國子學，以故集慶路學爲之。洪武十四年改建國子學於雞鳴山下。設博士、助教、學正、學錄、典樂、典書、典膳等官。吳元年定國子學官制，增設祭酒、司業、典簿。祭酒，正四品，司業，正五品，博士，正七品，典簿，正八品，助教，從八品，學正，正九品，學錄，從九品，典膳，省注。洪武八年又置中都國子學，秩正四品，命國子學分官領之。十三年改典膳爲掌饌。十五年改爲國子監，秩從四品，設祭酒一人，司業一人，監丞、典簿各一人，博士三人，助教十六人，學正、學錄各三人，掌饌一人。各官品秩，如前所列。中都國子監制亦如之。十六年以宋訥爲祭酒，敕諭之曰：「太學天下賢關，禮義所由出，人材所由興。卿夙學者德，故特命爲祭酒。尙體朕立敎之意，俾諸生有成，士習丕變，國家其有賴焉。」又命曹國公李文忠領監事，車駕時幸。以故監官不得中廳而坐，中門而行。二十四年更定國子監品秩、員數。俱如前所列。中都國子監設祭酒、司業、監丞、典簿、博士、學正、學錄、掌饌各一人，助教二人，品秩與在京同。二十六年罷中都國子監。建文中，陞監丞爲堂上官，革學正、學錄。成祖復舊制。永樂元年置國子監於北京，設祭酒、司業、監丞、典簿、博士、學正、學錄、掌饌各一人，助教二人。後增設不常，助教至十五人，學正至十一人，學錄至七人。後革助教二人，學正四人，學錄二人。萬曆九年又革助教四人，學錄一人。宣德九年省司業。弘治十五年復設。明初，祭酒、司業，擇有學行者任之，後皆由翰林院官遷轉。

衍聖公，孔氏世襲，正二品。袍帶、誥命、朝班一品。洪武元年授孔子五十六代孫希學襲封。其屬，掌書、典籍、司樂、知印、奏差、書寫各一人，皆以流官充之。曲阜知縣，孔氏世職。洪武元年授孔子裔孫希大爲曲阜世襲知縣。翰林院世襲五經博士，正八品，孔氏二人，正德元年授孔子五十九世孫彥繩主衢州廟祀。宋孔端友從高宗南渡，家於衢州，此孔氏南宗也。正德二年授孔聞禮奉子思廟祀。顏氏一人，景泰三年授顏子五十九世孫希惠。曾氏一人，嘉靖十八年授曾子六十代孫質粹。〔九〕仲氏一人，萬曆十五年授子路裔孫仲呂。孟氏一人，景泰三年授孟子裔孫希文。周氏一人，景泰七年授先儒周敦頤裔孫冕。程氏二人，景泰六年授先儒程頤裔孫克仁。崇禎三年授先儒程顥裔孫接道。邵氏一人，崇禎三年授先儒邵雍裔孫繼祖。張氏一人，天啓二年以先儒張載裔孫文運爲博士。朱氏二人，景泰六年授先儒朱熹裔孫梴。嘉靖二年又授墅爲博士，主婺源廟祀。劉氏一人，景泰七年授誠意伯劉基七世孫瑜，後革。教授司，教授，從九品，學錄、學司，並未入流，孔、顏、曾、孟四氏，各一人。又尼山、洙泗二書院，各學錄一人。

先是，元代封孔子後裔爲衍聖公，賜三品印。洪武元年，太祖既以孔希學襲封衍聖公，因謂禮臣曰：「孔子萬世帝王之師，待其後嗣，秩止三品，弗稱褒崇，其授希學秩二品，賜以銀印。」又命復孔、顏、孟三家子孫徭役。十八年敕工部詢問，凡有聖賢子孫以罪輸作者，釋之。永樂二十二年賜衍聖公宅於京師，加一品金織衣。正統元年詔免凡聖賢子孫差役，選周、程、張、朱諸儒子孫聰明俊秀可教養者，不拘名數，送所在儒學讀書，仍給廩饌。成化元年給孔、顏、孟三氏學印，令三年貢有學行者一人，入國子監。六年命衍聖公始襲者在監讀書一年。

校勘記

〔一〕酒醋麪局　原脫「麪」字，據本書卷七四職官志宦官十二監、明會典卷二〇九補。

〔二〕以秀才李原名詹徽等爲都御史　李原名，原作「李原明」，據本書卷一三六李原名傳改。

〔三〕十八年罷北京道增設貴州雲南交阯三道　十八年，原作「十九年」，據太宗實錄卷一一八永樂十八年十一月壬午條改。

〔四〕嘉靖四十五年另設廣東巡撫改提督爲總督止兼巡撫廣西　原脫「改提督爲總督」五字，把總督兼巡撫廣西，誤爲廣東巡撫兼巡撫廣西。據世宗實錄卷五六二嘉靖四十五年九月丁巳條補。

〔五〕正統十四年以左副都御史王來巡撫湖廣河南　十四年，原作「七年」；左，原作「右」，據本書卷一七二王來傳、英宗實錄卷一八一正統十四年八月癸酉條、明會典卷二〇九改。

〔六〕景泰元年始專設河南巡撫　元年，原作「七年」，據英宗實錄卷一九七景泰元年十月乙亥條、明會典卷二〇九改。

〔七〕十八年更定品員如前所列　太祖實錄卷一七二洪武十八年三月丁丑條，「命吏部定翰林院官制」，官名和品級與上文所述有不同。如二年定，侍講學士，正四品，侍讀學士，從四品；十八年定，侍讀學士、侍講學士，都是從五品。如上文所述十八年前屬官無侍讀、侍講，十八年定有屬官侍讀、侍講，正六品。疑文有脫誤。

〔八〕正統七年翰林院落成學士錢習禮不設楊士奇楊溥公座　楊溥，原作「楊榮」，按楊榮在正統五年已死，見本書卷一〇九宰輔年表、卷一四八楊榮傳。據本書卷一五二錢習禮傳改。

〔九〕嘉靖十八年授曾子六十代孫質粹　六十代孫，本書卷二八四曾質粹傳作「五十九代孫」。

明史卷七十四

志第五十

職官三

太常寺附提督四夷館　光祿寺　太僕寺　鴻臚寺　尚寶司　六科
中書舍人　行人司　欽天監　太醫院　上林苑監
五城兵馬司　順天府附宛平大興二縣　武學
僧道錄司　教坊司　宦官　女官

太常寺。卿一人，正三品，少卿二人，正四品，寺丞二人，正六品。其屬，典簿廳，典簿二人，正七品，博士二人，正七品，協律郎二人，正八品，嘉靖中增至五人。贊禮郎九人，正九品，嘉靖中增至三十三人，後革二人。司樂二十人，從九品，嘉靖中增至三十九人，後革五人。天壇、地壇、朝日壇、夕月壇、先農壇、帝王廟、祈穀殿、長陵、獻陵、景陵、裕陵、茂陵、泰陵、顯陵、康陵、永陵、昭陵各祠祭署，俱奉祀一人，從七品，祀丞二人，從八品。犧牲所，吏目一人，從九品。

太常掌祭祀禮樂之事，總其官屬，籍其政令，以聽於禮部。凡天神、地祇、人鬼，歲祭有常。先冬十二月朔，奏進明年祭日，天子御奉天殿受之，乃頒於諸司。天子親祭，則贊相禮儀。大臣攝事，亦如之。凡國有册立、册封、冠婚、營繕、征討、大喪諸典禮，歲時旱澇大災變，則請告宗廟社稷。薦新則移光祿寺供其品物。祭祀先期請省牲，進祝版、銅人，上殿奏請齋戒，親署御名。省牲偕光祿卿。惟大祀車駕親省，大臣日一省之。凡祭，滌器、瘞埋、香燭、玉帛，整拂神幄，必恭潔。掌燎、看燎、讀祝、奏禮、對引、司香、進俎、舉麾、陳設、收支、導引、設位、典儀、通贊、奉帛、執爵、司罇、司罍洗，卿貳屬各領其事，罔有不共。凡玉四等：曰蒼璧，以祀天，曰黃琮，以祀地，曰赤璋、白琥，以朝日、夕月，曰兩圭有邸，以祭太社、太稷。帛五等：曰郊祀制帛，祀天地，曰奉先制帛，薦祖考，曰禮神制帛，祭社稷、羣神、帝王、先師，曰展親制帛，祭享親王，曰報功制帛，祭享功臣。牲四等：曰犢，曰牛，曰太牢，曰少牢。色尚騂或黝。大祀入滌三月，中祀一月，小祀一旬。樂四等：曰九奏，用祀天地，曰八奏，神祇、太歲，曰七奏，大明、太社、太稷、帝王，曰六奏，夜明、帝社、帝稷、宗廟、先師。舞二：曰文舞，曰武舞。樂器不徙。陵園之祭無樂。歲終合祭五祀之神，則少卿攝事。

初，吳元年置太常司，設卿，正三品，少卿，正四品，丞，正五品，典簿、協律郎、博士，正七品，贊禮郎，從八品。洪武初，置各祠祭署，設署令、署丞。十三年更定協律郎等官品秩。協律郎正八品，贊禮郎正九品，司樂從九品。二十四年改各署令爲奉祀，署丞爲祀丞。三十年改司爲寺，官制仍舊。二十五年已定司丞正六品。建文中，增設贊禮郎二人，太祝一人，以及各祠祭署俱有更革。天壇祠祭署爲南郊祠祭署，泗州祠祭署爲泗濱祠祭署，宿州祠祭署爲新豐祠祭署，孝陵置鍾山祠祭署，各司圃所增神樂觀知觀一人。成祖初，惟易天壇爲天地壇，餘悉復洪武間制。建文時，南郊祠祭署爲郊壇祠祭署，已又改爲天地壇祠祭署。洪熙元年置犧牲所，吏目典掌文移。先是，洪武三年置神牲所，設廩牲令、大使、副使等官。四年革。世宗釐祀典，分天地壇爲天壇、地壇，山川壇、耤田祠祭署爲神祇壇，大祀殿爲祈穀殿，增置朝日、夕月二壇，各設祠祭署。又增設協律郎、贊禮郎、司樂等員。隆慶三年革協律郎等官四十八員。萬曆六年復設，如嘉靖間制。萬曆四年改神祇壇爲先農壇。

提督四夷館。少卿一人，正四品，掌譯書之事。自永樂五年，外國朝貢，特設蒙古、女直、西番、西天、回回、百夷、高昌、緬甸八館，置譯字生、通事，通事初隸通政使司，通譯語言文字。正德中，增設八百館。八百國蘭者哥進貢。萬曆中，又增設暹羅館。

初設四夷館隸翰林院，選國子監生習譯。宣德元年兼選官民子弟，委官教肄，學士稽考程課。弘治七年始增設太常寺卿、少卿各一員爲提督，遂改隸太常。嘉靖中，裁卿，止少卿一人。按太常寺卿在南京者，多由科目。北寺自永樂間用樂舞生，累資陞至寺卿，甚或加禮部侍郎、尚書掌寺，後多沿襲。至隆慶初，乃重推科甲出身者補任。譯字生，明初甚重。與考者，與鄉、會試額科甲一體出身。後止爲雜流。其在館者，陞轉皆在鴻臚寺。

光祿寺。卿一人，從三品，少卿二人，正五品，寺丞二人，從六品。其屬，典簿廳，典簿二人，從七品，錄事一人，從八品。大官、珍羞、良醞、掌醢四署，各署正一人，從六品，署丞四人，從七品，監事四人，從八品。司牲司，大使一人，從九品，副使一人，後革。司牧局，大使一人，從九品，嘉靖七年革。銀庫，大使一人。

卿掌祭享、宴勞、酒醴、膳羞之事，率少卿、寺丞官屬，辨其名數，會其出入，量其豐約，以聽於禮部。凡祭祀，同太常省牲；天子親祭，進飲福受胙；薦新，循月令獻其品物；喪葬供奠饌。所用牲、果、菜物，取之上林苑；不給，市諸民，視時估十加一，其市直季支天財庫。四方貢獻果鮮廚料，省納惟謹。器皿移工部及募工兼作之，歲省其成敗。凡筵宴酒食及外使、降人，俱差其等而供給焉。傳奉宣索，籍記而覆奏之。監以科道官一員，察其出入，糾禁其姦弊。歲四月至九月，凡御用物及祭祀之品皆用冰。大官供祭品宮膳、節令筵席、蕃使宴犒之事。珍羞供宮膳肴核之事。良醞供酒醴之事。掌醢供餳、油、醯、醬、梅、鹽之事。

司牲養牲，視其肥瘠而蠲滌之。司牧亦如之。

初，吳元年置宣徽院，設院使，正三品，同知，正四品，院判，正五品，典簿，正七品。以尚食、尚醴二局隸之。局設大使，從六品，副使，從七品。洪武元年改爲光祿寺，設光祿卿，正四品，少卿，正五品，寺丞，正六品，主簿，正八品。所屬尚食等局，又移太常司供需庫隸之。局庫官品仍舊。二年設直長四人，遇百官賜食御前者，則令供事。四年置法酒庫。設內酒坊大使，從八品，副使，從九品。八年改寺爲司，陞卿秩，卿從三品，少卿從四品，以寺丞爲司丞，從六品，主簿爲典簿，從七品，增設錄事，從八品。又置所屬大官、珍羞、良醞、掌醢四署，每署令一人，從六品，丞一人，從七品，監事一人，從八品。孳牧所，大使一人，從九品，副使一人，未入流。十年定光祿司散官品秩。時所用光祿司官，或內官，或流官，或庖人，出身不同，同授散官。至是定，內官除授者，照內官散官給授。流官除授者，照文官散官給授。庖人除授者，卿從三品，授尚膳大夫；少卿正五品，授奉膳大夫；司丞從六品，授司膳郎；各署丞從七品，授掌膳郎；監事從八品，授執膳郎。尋罷各局庫，置司牲司，又改孳牧所爲司牧司。後爲司牧局。三十年復改爲光祿寺，官制仍舊。少卿已定正五品。

建文中，陞少卿、寺丞品秩。少卿陞四品，寺丞陞五品。增設司圃所，改司牲司爲孳牲所，陞其品級。

成祖復舊制。正統六年裁四署冗員。先是，光祿卿奈亨以供應事繁，奏增各署官，至是復奏裁之。裁署正四人，署丞五人，監事七人。嘉靖七年革司牧局。萬曆二年添設銀庫大使一人。

太僕寺。卿一人，從三品，少卿二人，正四品，正德十一年增設一人。寺丞四人，正六品。其屬，主簿廳，主簿一人，從七品。常盈庫，大使一人。所轄，各牧監，監正一人，正九品，監副一人，從九品，錄事一人，後監正、監副、錄事俱革。各羣，羣長一人，後革。

卿掌牧馬之政令，以聽於兵部。少卿一人佐寺事，一人督營馬，一人督畿馬。寺丞分理京衞、畿內及山東、河南六郡孳牧、寄牧馬匹。濟南、兗州、東昌、開封、彰德、衞輝。凡軍民孳牧，視其丁產，授之種馬。牡十之二，牝十之八，爲一羣。南方以四牝、一牡爲羣。歲徵其駒，曰備用馬，齊其力以給將士。將士足，則寄牧於畿內府州縣，肥瘠登耗，籍其毛齒而時閱之。三歲偕御史一人印烙，選其健良而汰其羸劣。其草場已墾成田者，歲斂其租金，災祲則出之以佐市馬。其賠償折納，則征馬金輸兵部。主簿典勾省文移。大使典貯庫馬金。

初，洪武四年置羣牧監於答答失里營所，隨水草利便立官署，專司牧養。六年更置羣牧監於滁州，旋改爲太僕寺，秩從三品，設卿、少卿、寺丞，又設首領官知事、主簿各一人。七年增設牧監、羣官二十七處，隸太僕寺。尋定羣牧監品秩。令，正五品，丞，正六品，鎭撫，從六品，羣頭十人、吏目一人，省注。十年增置滁陽等各牧監及所屬各羣。改牧監令、丞爲監正、監副。監正，從八品，監副，正九品，御良，從九品。後又定監正爲正九品。二十二年定滁陽等十二牧監，每監設監正一人，監副二人，錄事一人。來安等一百二十七羣，每羣設羣長一人。初設羣副二人，至是革。二十三年增置江東、當塗二牧監及所屬各羣。又罷烏衣等五十四羣，改置永安等七羣，定爲牧監十四，滁陽、大興、香泉、儀眞、定遠、天長、長淮、江都、句容、溧陽、江東、溧水、當塗、舒城。羣九十有七。大勝關、柏子、騶興、保寧、草堂五羣，隸滁陽監。永安、如皋、沿海、保全、朝陽、永昌、安定七羣，隸大興監。大錢、銅城、永豐、龍勝、龍山、永寧、新安、慶安、襄安九羣，隸香泉監。華陽、壽寧、廣陵、善應四羣，隸儀眞監。龍江、龍安、萬勝、龍泉四羣，隸定遠監。天長、懷德、招信、得勝、武安五羣，隸天長監。長安、白石、荊山、南山、圍山、草平六羣，隸長淮監。萬寧、廣生、萬驥、順德、大興、驥寧、崇德七羣，隸江都監。句容、易風、仍信、福胙、通德、承仙、上容、政仁、練塘、壽安十羣，隸句容監。舉福、從山、明義、永定、福賢、崇來、永城、永泰、奉安九羣，隸溧陽監。開寧、泉水、惟政、清化、神泉、新亭、長泰、光澤八羣，隸江東監。儀鳳、仙壇、立信、歸政、豐慶、安興、遊山、永寧八羣，隸溧水監。石城、永保、化洽、姑熟、繁昌、多福、丹陽、德政八羣，隸當塗監。棗林、海亭、伏龍、龍河、會龍、九龍、萬龍七羣，隸舒城監。二十八年悉罷羣牧監，以其馬隸有司牧養。三十年置行太僕寺於北平，秩如太僕寺。建文中，陞寺丞品秩，舊六品，陞五品。又改其首領官職名，增設錄事，及典廐、典牧二署，驌驦等十八羣，滁陽等八牧監，龍山等九十二羣。成祖復舊制。永樂元年改北平行太僕寺爲北京行太僕寺。十八年定都北京，遂以行太僕寺爲太僕寺。洪熙元年復稱北京行太僕寺。正統六年定爲太僕寺。

其舊在滁州者，改爲南京太僕寺。寺丞，初置四人。正統中，又增八人，共十二人，以一人領京衞，一人領順德、廣平二府，一人領開封、衞輝、彰德三府，九人分領順天、保定、眞定、河間、永平、大名、濟南、兗州、東昌九府孳牧、寄牧各馬匹。弘治六年革四人。正德九年復增一人，專領寄牧之事。嘉靖八年又革三人，共六人分領，三年更代，而以寄牧者令府州縣兼理。隆慶三年又革三人，止設三人，以一人提督庫藏兼協理京邊，二人分理東西二路各馬政。

鴻臚寺。卿一人，正四品，左、右少卿各一人，從五品，左、右寺丞各一人，從六品。其屬，主簿廳，主簿一人，從八品。司儀、司賓二署，各署丞一人，正九品，鳴贊四人，從九品，後增設五人。序班五十人，從九品。嘉靖三十六年革八人。萬曆十一年復設六人。

鴻臚掌朝會、賓客、吉凶儀禮之事。凡國家大典禮、郊廟、祭祀、朝會、宴饗、經筵、册封、進曆、進春、傳制、奏捷，各供其事。外吏朝覲，諸蕃入貢，與夫百官使臣之復命、謝恩，若見若辭者，並鴻臚引奏。歲正旦、上元、重午、重九、長至賜假、賜宴，〔二〕四月賜字扇、壽縷，十一月賜戴煖耳，陪祀畢，頒胙賜，皆贊百官行禮。司儀典陳設、引奏，外吏來朝，必先演儀於寺。司賓典外國朝貢之使，辨其等而敎其拜跪儀節。鳴贊典贊儀禮。凡內贊、通贊、對贊、接贊、傳贊咸職之。序班典侍班、齊班、糾儀及傳贊。

初，吳元年置侍儀司，秩從五品。洪武四年定侍儀使，從七品，引進使，正八品，奉班都知，正九品，通贊、通事舍人，從九品，俱爲七品以下官。九年改爲殿庭儀禮司，設使一人，正七品，副三人，正八品，承奉一人，從八品，鳴贊二人，正九品，序班十六人，從九品，九關通事使一人，正八品，副六人，從八品。十三年改使爲司正，分左、右司副各一人，增序班至四十四人，革承奉，增設司儀四人。二十二年增設左、右司丞四人，正九品。三十年始改爲鴻臚寺，陞秩正四品，設官六十二員。卿以下員數、品級如前所列。又設外夷通事隸焉。建文中，陞少卿以下品秩。少卿陞正五品，寺丞陞正六品。又改其首領官職名，與鳴贊、序班皆陞品級。罷司儀、司賓二署，而以行人隸鴻臚寺。成祖初，悉復舊制。

尙寶司。卿一人，正五品，少卿一人，從五品，司丞三人，正六品。吳元年但設一人，後增二人。掌寶璽、符牌、印章，而辨其所用。

寶二十有四，舊寶十有七，嘉靖十八年增製者七。曰「皇帝奉天之寶」，爲唐、宋傳璽，祀天地用之。若詔與赦，則用「皇帝之寶」；册封、賜勞，則用「皇帝行寶」；詔親王、大臣及調兵，則用「皇帝信寶」；上尊號，則用「皇帝尊親之寶」；諭親王，則用「皇帝親親之寶」。其「天子之寶」，以祀山川、鬼神；「天子行寶」，以封外國及賜勞；「天子信寶」，以招外服及徵發。詔用「制誥之寶」；敕用「敕命之寶」；奬勵臣工，用「廣運之寶」；敕諭朝覲官，用「敬天勤民之寶」。若「御前之寶」，「表章經史之寶」，「欽文之寶」，〔二〕則圖書文史等用之。世宗增製，爲「奉天承運大明天子寶」，爲「大明受命之寶」，爲「巡狩天下之寶」，爲「垂訓之寶」，爲「命德之寶」，爲「討罪安民之寶」，爲「敕正萬民之寶」。太子之寶一，曰「皇太子之寶」。

凡寶之用，必奏請而待發。每大朝會，本司官二員，以寶導駕，俟陞座，各置寶於案，立待殿中。禮畢，捧寶分行，至中極殿，置案而出。駕出幸，則奉以從焉。歲終，移欽天監，擇日和香物入水，洗寶於皇極門。籍奏一歲用寶之數。凡請寶、用寶、捧寶、隨寶、洗寶、繳寶，皆與內官尚寶監俱。〔三〕

凡金牌之號五，以給勳戚侍衞之扈從及班直者、巡朝者、夜宿衞者：曰仁，其形龍，公、侯、伯、駙馬都尉佩之；曰義，其形虎，勳衞指揮佩之；曰禮，其形麟，千戶佩之；曰智，其形獅，百戶佩之；曰信，其形祥雲，將軍佩之。半字銅符之號四，以給巡城寺衞官：曰承，曰東，曰西，曰北。巡者左半，守者右半，合契而點察焉。令牌之號六：曰申，以給金吾諸衞之警夜者；曰木，曰金，曰土，曰火，曰水，以給五城之警夜者。銅牌之號一，以稽守卒，曰勇。牙牌之號五，以察朝參：公、侯、伯曰勳，駙馬都尉曰親，文官曰文，武官曰武，教坊司曰樂。嘉靖中，總編曰官字某號，朝參佩以出入，不則門者止之。私相借者，論如律。有故，納之內府。祭牌之號三：陪祀官曰陪，供事官曰供，執事人曰執。雙魚銅牌之號二：曰嚴，以肅直衛錦衣校尉之止直者；曰善，以飾光祿胥役之供事者。符驗之號五：曰馬，曰水，曰達，曰通，曰信。符驗之制，上織船馬之狀，起馬用「馬」字，雙馬用「達」字，單馬用「通」字。起船者用「水」字，並船用「信」字。親王之藩及文武出鎮撫、行人通使命者，則給之。御史出巡察則給印，事竣，咸驗而納之。稽出入之令，而辨其數，其職至邇，其事至重也。

太祖初，設符璽郎，秩正七品。吳元年改尚寶司卿，秩正五品，以侍從儒臣、勳衛領之，如耿瑄以散騎舍人、黃觀以侍中、楊榮以庶子爲卿。非有才能不得調。勳衛大臣子弟奉旨乃得補丞。其後多以恩廕寄祿，〔四〕無常員。

吏、戶、禮、兵、刑、工六科。各都給事中一人，正七品，左、右給事中各一人，從七品。給事中，吏科四人，戶科八人，禮科六人，兵科十人，刑科八人，工科四人，並從七品。後增、減員數不常。萬曆九年裁兵科五人，戶、刑二科各四人，禮科二人。十一年復設戶、兵、刑三科各二人，禮科一人。

六科，掌侍從、規諫、補闕、拾遺，稽察六部百司之事。凡制敕宣行，大事覆奏，小事署而頒之；有失，封還執奏。凡內外所上章疏下，分類抄出，參署付部，駁正其違誤。吏科，凡吏部引選，則掌科即都給事中，以掌本科印，故名，六科同，同至御前請旨。外官領文憑，皆先赴科畫字。內外官考察自陳後，則與各科具奏。拾遺糾其不職者。戶科，監光祿寺歲入金穀，甲字等十庫錢鈔雜物，與各科兼涖之，皆三月而代。內外有陳乞田土、隱占侵奪者，糾之。禮科，監訂禮部儀制，凡大臣曾經糾劾削奪、有玷士論者紀錄之，以核贈謚之典。兵科，凡武臣貼黃誥敕，本科一人監視。其引選畫憑之制，如吏科。刑科，每歲二月下旬，上前一年南北罪囚之數，歲終類上一歲蔽獄之數，閱十日一上實在罪囚之數，皆憑法司移報而奏御焉。工科，閱試軍器局，同御史巡視節慎庫，與各科稽查寶源局。而主德闕違，朝政失得，百官賢佞，各科或單疏專達，或公疏聯署奏聞。雖分隸六科，其事屬重大者，各科皆得通奏。但事屬某科，則列某科為首。

凡日朝，六科輪一人立殿左右，珥筆記旨。凡題奏，日附科籍，五日一送內閣，備編纂。其諸司奉旨處分事目，五日一注銷，覈稽緩。內官傳旨必覆奏，復得旨而後行。鄉試充考試官，會試充同考官，殿試充受卷官。冊封宗室、諸蕃或告諭外國，充正、副使。朝參門籍，六科流掌之。登聞鼓樓，日一人，皆錦衣衞官監涖。〔五〕洪武元年以監察御史一人監登聞鼓，後令六科與錦衣衞輪直。受牒，則具題本封上。遇決囚，有投牒訟冤者，則判停刑請旨。凡大事廷議，大臣廷推，大獄廷鞫，六掌科皆預焉。

明初，統設給事中，正五品，後數更其秩，與起居注同。洪武六年設給事中十二人，秩正七品，始分為六科，每科二人，鑄給事中印一，推年長者一人掌之。九年定給事中十人。十年隸承敕監。十二年改隸通政司。十三年置諫院，左、右司諫各一人，正七品，左、右正言各二人，從七品。十五年又置諫議大夫。以兵部尚書唐鐸爲之。尋皆罷。二十二年改給事中爲源士，增至八十一人。初，魏敏、卓敬等凡八十一人爲給事中。上以其適符古元士之數，改爲元士。至是，又以六科爲事之本源，改爲源士。未幾，復爲給事中。二十四年更定科員，每科都給事中一人，正八品。左、右給事中二人，從八品。給事中共四十人，正九品。各科分設員數，如前所列。建文中，改都給事中，正七品，給事中，從七品，不置左、右給事中。增設拾遺、補闕。成祖初，革拾遺、補闕，仍置左、右給事中，亦從七品。尋改六科，置於午門外直房涖事。六科衙門舊在磚門內尚寶司西。永樂中災，移午門外東西，每夜一科直宿。宣德八年增戶科給事中，專理黃册。

中書科。中書舍人二十人，從七品。直文華殿東房中書舍人，直武英殿西房中書舍人，內閣誥敕房中書舍人，制敕房中書舍人，並從七品，無定員。

中書科舍人掌書寫誥敕、制詔、銀册、鐵券等事。凡草請諸翰林，寶請諸內府，左券及勘籍，歸諸古今通集庫。誥敕，公侯伯及一品至五品誥命、六品至九品敕命，勘合籍，初用二十八宿，後用急就章爲號。誥敕之號，曰仁、義、禮、智，公、侯、伯、蕃王、一品、二品用之；曰十二支，曰文、行、忠、信，文官三品以下用之；曰千字文，武官、續誥用之。皆以千號爲滿，滿則復始。

王府及駙馬都尉不編號，土官以文武類編。凡大朝會，則侍班。東宮令節朝賀，則導駕侍班於文華殿。册封宗室，則充副使。其鄉試、會試、殿試，間有差遣，充授並如科員。大祀南郊，則隨駕而供事。員無正貳，印用年深者掌之。文華殿舍人，職掌奉旨書寫書籍。武英殿舍人，職掌奉旨篆寫册寶、圖書、册頁。內閣誥敕房舍人，掌書辦文官誥敕，番譯敕書，幷外國文書、揭帖，兵部紀功、勘合底簿。制敕房舍人，掌書辦制敕、詔書、誥命、册表、寶文、玉牒、講章、碑額、題奏、揭帖一應機密文書，各王府敕符底簿。

洪武七年初設直省舍人十人，秩從八品，隸中書省。九年爲中書舍人，改正七品，尋又改從七品。十年，與給事中皆隸承敕監。建文中，革中書舍人，改爲侍書，陞正七品，入文翰館，隸翰林院。成祖復舊制。尋設中書科署於午門外，定設中書舍人二十人。其恩廕帶俸者，不在額內。宣德間，內閣置誥敕、制敕兩房，皆設中書舍人。嘉靖二十年選各部主事，大理寺評事，帶原銜直誥敕、制敕兩房。四十四年，兩房員缺，令吏部考選舉人爲中書舍人。隆慶元年令兩房辦事官不得陞列九卿。

按洪武間，置承敕監、洪武九年置，設令一人，正六品，丞二人，從六品。尋改令正七品，丞正八品。十年改令、丞爲承敕郎，設二人，從七品。給事中、中書舍人咸隸焉。後罷。司文監、洪武九年置，設令一人，正六品，丞二人，從六品。尋改令正七品，丞正八品。十年罷。考功監，洪武八年置，設令、丞。九年定設令一人，正六品，丞二人，從六品。尋改令正七品，丞正八品。十八年罷。參掌給授誥敕之事。永樂初，命內閣學士典機務，詔册、制誥皆屬之。而謄副、繕正皆中書舍人入辦，事竣輒出。宣德初，始選能書者處於閣之西小房，謂之西制敕房。而諸學士掌誥敕者居閣東，具稿付中書繕進，謂之東誥敕房。此係辦事。若知制誥銜，惟大學士與諸學士可帶。正統後，學士不能視誥敕，內閣悉委於中書、序班、譯字等官，於是內閣又有東誥敕房。因劉鉉不與輔臣會食始。嘉靖末，復以翰林史官掌外制，而武官誥敕仍自其屬爲之。若詔赦、赦革之類，必由閣臣，〔六〕翰林諸臣不得預。其直文華、武英兩殿供御箋札者，初爲內官職，繼以中書分直，後亦專舉能書者。大約舍人有兩途，由進士部選者，得遷科道部屬，其直兩殿、兩房舍人，不必由部選，自甲科、監生、生儒、布衣能書者，俱可爲之。不由科甲者，初授序班，及試中書舍人，不得遷科道部屬，後雖加銜九列，仍帶銜辦事。楷書出身者，或加太常卿銜，沈度、沈粲、潘辰等有加至翰林學士、禮部尚書者。洪武初，又有承天門待詔一人，閤門使四人，觀察使十人，後俱革。

行人司。司正一人，正七品，左、右司副各一人，從七品，行人三十七人，正八品。職專捧節、奉使之事。凡頒行詔赦，册封宗室，撫諭諸蕃，徵聘賢才，與夫賞賜、慰問、賑濟、軍旅、祭祀，咸敍差焉。每歲朝審，則行人持節傳旨法司，遣戍囚徒，送五府填精微册，批繳內府。

初，洪武十三年置行人司，設行人，秩正九品。左、右行人，從九品。尋改行人爲司正，左、右行人爲左、右司副，更設行人三百四十五人。二十七年陞品秩，以所任行人多孝廉人材，奉使率不稱旨。定設行人司官四十員，咸以進士爲之。非奉旨，不得擅遣，行人之職始重。建文中，罷行人司，而以行人隸鴻臚寺。成祖復舊制。

欽天監。監正一人，正五品，監副二人，正六品。其屬，主簿廳，主簿一人，正八品，春、夏、中、秋、冬官正各一人，正六品，五官靈臺郎八人，從七品，後革四人，五官保章正二人，正八品，後革一人，五官挈壺正二人，從八品，後革一人，五官監候三人，正九品，後革一人，五官司曆二人，正九品，五官司晨八人，從九品，後革六人，漏刻博士六人。從九品，後革五人。

監正、副掌察天文、定曆數、占候、推步之事。凡日月、星辰、風雲、氣色，率其屬而測候焉。有變異，密疏以聞。凡習業分四科：曰天文，曰漏刻，曰回回，曰曆。自五官正下至天文生、陰陽人，各分科肄業。每歲冬至日，呈奏明歲大統曆，成化十五年改頒明歲曆於十月朔日，移送禮部頒行。其御覽月令曆、七政躔度曆、六壬遁甲曆、四季天象錄，並先期進呈。凡曆註，御曆註三十事，如祭祀、頒詔、行幸等類，民曆三十二事，壬遁曆七十二事。凡祭日，前一年會選以進，移知太常。凡營建、征討、冠婚、山陵之事，則選地而擇日。立春，則預候氣於東郊。大朝賀，於文樓設定時鼓、漏刻報時，司晨、雞唱，各供其事。日月交食，先期算其分秒時刻、起復方位以聞，下禮部，移內外諸司救之，仍按占書條奏。若食不及一分，與回回曆雖食一分以上，則奏而不救。監官毋得改他官，子孫毋得徙他業。乏人，則移禮部訪取而試用焉。五官正推曆法，定四時。司曆、監候佐之。靈臺郎辨日月星辰之躔次、分野，以占候天文之變。觀象臺四面，面四天文生，輪司測候。保章正專志天文之變，定其吉凶之占。挈壺正知刻漏。孔壺爲漏，浮箭爲刻，以考中星昏旦之次。漏刻博士定時以漏，換時以牌，報更以鼓，警晨昏以鐘鼓。司晨佐之。

明初，卽置太史監，設太史令，通判太史監事，僉判太史監事，校事郎，五官正，靈臺郎，保章正、副，挈壺正，掌曆，管勾等官。以劉基爲太史令。吳元年改監爲院，秩正三品。院使，正三品，同知，正四品，院判，正五品，五官正，正六品，典簿、雨暘司、時敍郎、紀候郎，正七品，靈臺郎、保章正，正八品，副，從八品，掌曆、管勾，從九品。洪武元年徵元太史張佑、張沂等十四人，改太史院爲司天監，設監令一人，正三品，少監二人，正四品，監丞一人，正六品，主簿一人，正七品，主事一人，正八品，五官正五人，正五品，五官副五人，正六品，靈臺郎二人，正七品，保章正二人，從七品，監候三人，正八品，司辰八人，正九品，漏刻博士六人，從九品。又置回回司天監，設監令一人，正四品，少監二人，正五品，監丞二人，正六品。徵元回回司天監鄭阿里等議曆。三年改司天監爲欽天監。四年詔監官職專司天，非特旨不得陞調。又定監官散官。監令，正儀大夫；少監，分朔大夫；五官司，司玄大夫；監丞，靈臺郎；五官保章正，平秩郎；五官靈臺郎，司正郎；五官挈壺正，挈壺郎。十四年改欽天監爲正五品，設令一人，丞一人，屬官五官正以下，員數如前所列，俱從品級授以文職散官。二十二年改令爲監正，丞爲監副。三十一年罷回回欽天監，以其曆法隸本監。明初，又置稽疑司，以掌卜筮，未幾罷。洪武十七年置稽疑司，設司令一人，正六品，左、右丞各一人，從六品，屬官司筮，正九品，無定員。尋罷。

太醫院。院使一人，正五品，院判二人，正六品。其屬，御醫四人，正八品，後增至十八人，隆慶五年定設十人。吏目一人，從九品，隆慶五年定設十人。生藥庫、惠民藥局，各大使一人，副使一人。

太醫院掌醫療之法。凡醫術十三科，醫官、醫生、醫士，專科肄業：曰大方脈，曰小方脈，曰婦人，曰瘡瘍，曰鍼灸，曰眼，曰口齒，曰接骨，曰傷寒，曰咽喉，曰金鏃，曰按摩，曰祝由。凡醫家子弟，擇師而敎之。三年、五年一試、再試、三試，乃黜陟之。凡藥，辨其土宜，擇其良楛，慎其條製而用之。四方解納藥品，院官收貯生藥庫，時其燥濕，禮部委官一員稽察之。診視御脈，使、判、御醫參看校同，會內臣就內局選藥，連名封記藥劑，具本開寫藥性、證治之法以奏。烹調御藥，院官與內臣監視。每二劑合爲一，候熟，分二器，一御醫、內臣先嘗，一進御。仍置歷簿，用內印鈐記，細載年月緣由，以憑考察。王府請醫，本院奉旨遣官或醫士往。文武大臣及外國君長有疾，亦奉旨往視。其治療可否，皆具本覆奏。外府州縣置惠民藥局。邊關衞所及人聚處，各設醫生、醫士或醫官，俱由本院試遣。歲終，會察其功過而殿最之，以憑黜陟。

太祖初，置醫學提舉司，設提舉，從五品，同提舉，從六品，副提舉，從七品，醫學教授，正九品，學正、官醫、提領，從九品。尋改爲太醫監，設少監，正四品，監丞，正六品。吳元年改監爲院，設院使，秩正三品，同知，正四品，院判，正五品，典簿，正七品。洪武三年置惠民藥局，府設提領，州縣設官醫。凡軍民之貧病者，給之醫藥。六年置御藥局於內府，始設御醫。御醫局，秩正六品，設尚藥、奉御二人，直長二人，藥童十人，俱以內官、內使充之。設御醫四人，以太醫院醫士充之。凡收受四方貢獻名藥及儲蓄藥品，奉御一人掌之。凡供御藥餌，醫官就內局修製，太醫院官診視。十四年改太醫院爲正五品，設令一人，丞一人，吏目一人。屬官御醫四人，俱如文職授散官。二十二年復改令爲院使，丞爲院判。嘉靖十五年改御藥房爲聖濟殿，又設御藥庫，詔御醫輪直供事。

上林苑監。左、右監正各一人，正五品，左、右監副各一人，正六品，監正、監副後不常設，以監丞署職。左、右監丞各一人，正七品。其屬，典簿廳，典簿一人，正九品。良牧、蕃育、林衡、嘉蔬四署，各典署一人，正七品，署丞一人，正八品，錄事一人，正九品。

監正掌苑囿、園池、牧畜、樹種之事。凡禽獸、草木、蔬果，率其屬督其養戶、栽戶，以時經理其養地、栽地，而畜植之，以供祭祀、賓客、宮府之膳羞。凡苑地，東至白河，西至西山，南至武清，北至居庸關，西南至渾河，並禁圍獵。良牧牧牛羊豕，蕃育育鵝鴨雞，皆籍其牝牡之數，而課孳卵焉。林衡典果實、花木，嘉蔬典蒔藝瓜菜，皆計其町畦、樹植之數，而以時苞進焉。

洪武二十五年議開上林院，度地城南。自牛首山接方山，西並河涯。比圖上，太祖謂有妨民業，遂止。永樂五年始置上林苑監，設良牧、蕃育、嘉蔬、林衡、川衡、冰鑑及典察左右前後十屬署。洪熙中，併爲蕃育、嘉蔬二署。以良牧、川衡併蕃育，冰鑑、林衡併嘉蔬，典察四署分併入。宣德十年始定四署。正德間，增設監督內臣共九十九員。嘉靖元年裁汰八十員，革蕃育、嘉蔬二署典署，林衡、嘉蔬二署錄事。

中、東、西、南、北五城兵馬指揮司。各指揮一人，正六品，副指揮四人，正七品，吏目一人。

指揮巡捕盜賊，疏理街道溝渠及囚犯、火禁之事。凡京城內外各畫境而分領之。境內有遊民、姦民則逮治。若車駕親郊，則率夫里供事。凡親、郡王妃父無官者，親王授兵馬指揮，郡王授副指揮，不管事。

明初，置兵馬指揮司，設都指揮、副都指揮、知事。後改設指揮使、副指揮使，各城門設兵馬。洪武元年命在京兵馬指揮司并管市司，每三日一次校勘街市斛斗、秤尺，稽考牙儈姓名，時其物價。五年又設兵馬指揮司分司於中都。十年定京城及中都兵馬指揮司秩俱正六品。先是秩正四品。改爲指揮、副指揮，職專京城巡捕等事，革知事。二十三年定設五城兵馬指揮司，惟中城止稱中兵馬指揮司，俱增設吏目。建文中，改爲兵馬司，改指揮、副指揮爲兵馬、副兵馬。永樂元年復舊。二年設北京兵馬指揮司。嘉靖四十一年詔巡視五城御史，每年終，將各城兵馬指揮會本舉劾。隆慶間，御史趙可懷言：「五城兵馬司官，宜取科貢正途，職檢驗死傷，理刑名盜賊，如兩京知縣。不職者，巡城御史糾劾之。」

順天府。府尹一人，正三品，府丞一人，正四品，治中一人，正五品，通判六人，正六品，嘉靖後革三人，推官一人，從六品，儒學教授一人，從九品，訓導一人。其屬，經歷司，經歷一人，從七品，知事一人，從八品。照磨所，照磨一人，從九品，檢校一人。所轄，宛平、大興二縣，各知縣一人，正六品，縣丞二人，正七品，主簿無定員，正八品，典史一人。司獄司，司獄一人，從九品。都稅司，大使一人，從九品，副使一人。宣課司，凡四，正陽門外、正陽門、張家灣、盧溝橋，稅課司，凡二，安定門外、安定門，各大使一人，從九品。稅課分司，凡二，崇文門、德勝門，各副使一人。遞運所、批驗所各大使一人。

府尹掌京府之政令。宣化和人，勸農問俗，均貢賦，節征徭，謹祭祀，閱實戶口，糾治豪强，隱恤窮困，疏理獄訟，務知百姓之疾苦。歲立春，迎春、進春，祭先農之神。月朔望，早朝，奏老人坊廂聽宣諭。孟春、孟冬，率其僚屬行鄉飲酒禮。凡勳戚家人文引，每三月一奏。市易平其物價。遇內官監徵派物料，雖有印信、揭帖，必補牘面奏。若天子耕耤，行三推禮，則奉青箱播種於後。禮畢，率庶人終畝。府丞貳京府，兼領學校。治中參理府事，以佐尹丞。通判分理糧儲、馬政、軍匠、薪炭、河渠、堤涂之事。推官理刑名，察屬吏。二縣職掌如外縣，以近涖輦下，故品秩特優。

順天府卽舊北平府。洪武二年置北平行省。九年改爲北平布政司，皆以北平爲會府。永樂初，改爲順天府。十年陞爲府尹，秩正三品，設官如應天府。順天府通判，舊六人，內一人管糧，一人管馬，一人清軍，一人管匠，一人管河，一人管柴炭。嘉靖八年革管河、管柴炭二人。萬曆九年革清軍、管匠二人。十一年復設一人，兼管軍匠。

武學。京衞武學，教授一人，從九品，訓導一人。衞武學，教授一人，訓導二人或一人。掌教京衞各衞幼官及應襲舍人與武生，以待科舉、武舉、會舉，而聽於兵部。其無武學者，凡諸武生則隸儒學。

建文四年始置京衞武學，設教授一人。啓忠等十齋，各訓導二人。永樂中罷，正統六年復設。後漸置各衞武學，設官如儒學之制。

僧錄司。左、右善世二人，正六品，左、右闡教二人，從六品，左、右講經二人，正八品，左、右覺義二人，從八品。

道錄司。左、右正一二人，正六品，左、右演法二人，從六品，左、右至靈二人，正八品，左、右玄義二人，從八品。神樂觀提點一人，正六品，知觀一人，從八品，嘉靖中革。龍虎山正一眞人一人，正二品。洪武元年，張正常入朝，去其天師之號，封爲眞人，世襲。隆慶間革眞人，止稱提點。萬曆初復之。法官、贊教、掌書各二人。閣皁山、三茅山各靈官一人，正八品。太和山提點一人。

僧、道錄司掌天下僧道。在外府州縣有僧綱、道紀等司，分掌其事，俱選精通經典、戒行端潔者爲之。神樂觀掌樂舞，以備大祀天地、神祇及宗廟、社稷之祭，隸太常寺，與道錄司無統屬。

洪武元年立善世、玄教二院。四年革。五年給僧道度牒。十一年建神樂觀於郊祀壇西，設提點、知觀。初，提點從六品，知觀從九品。洪武十五年陞提點正六品，知觀從八品。凡遇朝會，提點列於僧錄司左善世之下，道錄司左正一之上。十五年始置僧錄司、道錄司。各設官如前所列。僧凡三等：曰禪，曰講，曰教。道凡二等：曰全眞，曰正一。設官不給俸，隸禮部。二十四年淸理釋、道二教，限僧三年一度給牒。凡各府州縣寺觀，但存寬大者一所，併居之。凡僧道，府不得過四十人，州三十人，縣二十人。民年非四十以上、女年非五十以上者，不得出家。二十八年令天下僧道赴京考試給牒，不通經典者黜之。其後，釋氏有法王、佛子、大國師等封號，道士有大眞人、高士、高士等封號，〔七〕賜銀印蟒玉，加太常卿、禮部尚書及宮保銜，至有封伯爵者，皆一時寵幸，非制也。

教坊司。奉鑾一人，正九品，左、右韶舞各一人，左、右司樂各一人，並從九品。掌樂舞承應。以樂戶充之，隸禮部。嘉靖中，又設顯陵供祀教坊司，設左、右司樂各一人。

宦官。十二監。每監各太監一員，正四品，左、右少監各一員，從四品，左、右監丞各一員，正五品，典簿一員，正六品，長隨、奉御無定員，從六品。此洪武舊制也。後漸更革，詳見各條下。司禮監，提督太監一員，掌印太監一員，秉筆太監、隨堂太監、書籍名畫等庫掌司、內書堂掌司、六科廊掌司、典簿無定員。提督掌督理皇城內一應儀禮刑名，及鈐束長隨、當差、聽事各役，關防門禁，催督光祿供應等事。掌印掌理內外章奏及御前勘合。秉筆、隨堂掌章奏文書，照閣票批硃。掌司各掌所司。典簿典記奏章及諸出納號簿。內官監，掌印太監一員，總理、管理、僉書、典簿、掌司、寫字、監工無定員，掌木、石、瓦、土、塔材、東行、西行、油漆、婚禮、火藥十作，及米鹽庫、營造庫、皇壇庫，凡國家營造宮室、陵墓，并銅錫粧奩、器用暨冰窨諸事。御用監，掌印太監一員，裏外監把總二員，典簿、掌司、寫字、監工無定員。凡御前所用圍屏、牀榻諸木器，及紫檀、象牙、烏木、螺甸諸玩器，皆造辦之。又有仁智殿監工一員，掌武英殿中書承旨所寫書籍畫冊等，奏進御前。司設監，員同內官監，掌鹵簿、儀仗、帷幙諸事。御馬監，掌印、監督、提督太監各一員。騰驤四衞營各設監官、掌司、典簿、寫字、拏馬等員。象房有掌司等員。神宮監，掌印太監一員，僉書、掌司、管理無定員，掌太廟各廟洒掃，香燈等事。尚膳監，掌印太監一員，提督光祿太監一員，總理一員，管理、僉書、掌司、寫字、監工及各牛羊等房廠監工無定員，掌御膳及宮內食用并筵宴諸事。尚寶監，掌印一員，僉書、掌司無定員，掌寶璽、敕符、將軍印信。凡用寶，外尚寶司以揭帖赴監請旨，至女官尚寶司領取，監視外司用訖，存號簿，繳進。印綬監，員同尚寶，掌古今通集庫，并鐵券、誥敕、貼黃、印信、勘合、符驗、信符諸事。直殿監，員同上，掌各殿及廊廡掃除事。尚衣監，掌印太監一員，管理、僉書、掌司、監工無定員，掌御用冠冕、袍服及履舄、靴韈之事。都知監，掌印太監一員，僉書、掌司、長隨、奉御無定員，舊掌各監行移、關知、勘合之事，後惟隨駕前導警蹕。

四司。舊制每司各司正一人，正五品；左、右司副各一人，從五品。後漸更易，詳下。惜薪司，掌印太監一員，總理、僉書、掌道、掌司、寫字、監工及外廠、北廠、南廠、新南廠、新西廠各設僉書、監工俱無定員，掌所用薪炭之事。鐘鼓司，掌印太監一員，僉書、司房、學藝官無定員，掌管出朝鐘鼓，及內樂、傳奇、過錦、打稻諸雜戲。寶鈔司，掌印太監一員，僉書、管理、監工無定員，掌造粗細草紙。混堂司，掌印太監一員，僉書、監工無定員，〔八〕掌沐浴之事。

八局。舊制每局大使一人，正五品；左、右副使各一人，從五品。兵仗局，掌印太監一員，提督軍器庫太監一員，管理、僉書、掌司、寫字、監工無定員，掌製造軍器。火藥司屬之。銀作局，掌印太監一員，管理、僉書、寫字、監工無定員，掌打造金銀器飾。浣衣局，掌印太監一員，僉書、監工無定員。凡宮人年老及罷退廢者，發此局居住。惟此局不在皇城內。巾帽局，掌印太監一員，管理、僉書、掌司、監工無定員，掌宮內使帽靴，駙馬冠靴及藩王之國諸旗尉帽靴。鍼工局，員同巾帽局，掌造宮中衣服。內織染局，員同上，掌染造御用及宮內應用緞匹。城西藍靛廠爲此局外署。酒醋麵局，員同上，掌宮內食用酒醋、糖醬、麵豆諸物。與御酒房不相統轄。司苑局，員同上，掌蔬菜、瓜果。

十二監、四司、八局，所謂二十四衙門也。

其外有內府供用庫，掌印太監一員，總理、管理、掌司、寫字、監工無定員。掌宮內及山陵等處內官食米及御用黃蠟、白蠟、沉香等香。凡油蠟等庫俱屬之。舊制各庫設官同八局。司鑰庫，員同上，掌收貯制錢以給賞賜。內承運庫，掌印太監一員，近侍、僉書太監十員，掌司、寫字、監工無定員。掌大內庫藏，凡金銀及諸寶貨總隸之。十庫，甲字，掌貯銀硃、黃丹、烏梅、藤黃、水銀諸物。乙字，掌貯奏本等紙及各省所解胖襖。丙字，掌貯絲綿、布匹。丁字，掌貯生漆、桐油等物。戊字，掌貯所解弓箭、盔甲等物。承運，掌貯黃白生絹。廣盈，掌貯紗羅諸帛匹。廣惠，掌造貯巾帕、梳篦、刷抿、錢貫、鈔錠之類。贓罰，掌沒入官物。已上各掌庫一員，貼庫、僉書無定員。御酒房，提督太監一員，僉書無定員。掌造御用酒。御藥房，提督太監正、副二員，分兩班。近侍、醫官無定員。職掌御用藥餌，與太醫院官相表裏。御茶房，提督太監正、副二員，分兩班。近侍無定員。職司供奉茶酒、瓜果及進御膳。牲口房，提督太監一員，僉書無定員。收養異獸珍禽。刻漏房，掌房一員，僉書無定員。掌管每日時刻，每一時即令直殿監官入宮換牌，夜報刻水。更鼓房，有罪內官職司之。甜食房，掌房一員，協同無定員。掌造辦虎眼、窩絲等糖及諸甜食，隸御用監。彈子房，掌房一員，僉書數員。專備泥彈。靈臺，掌印太監一員，僉書近侍、看時近侍無定員。掌觀星氣雲物，測候災祥。條作，掌作一員，協同無定員。掌造各色兜羅絨及諸縧縵，隸御用監。盔甲廠，即舊鞍轡局，掌造軍器。安民廠，舊名王恭廠，各掌廠太監一員，貼廠、僉書無定員。掌造銃砲、火藥之類。午門，東華門，西華門，奉天門，玄武門，左、右順門，左、右紅門，皇宮門，坤寧門，宮左、右門。東宮春和門，後門，左、右門，皇城、京城內外諸門，各門正一員，管事無定員。司晨昏啓閉，關防出入。舊設門正、門副各一員。提督東廠，掌印太監一員，掌班、領班、司房無定員。貼刑二員，掌刺緝刑獄之事。舊選各監中一人提督，後專用司禮、秉筆第二人或第三人爲之。其貼刑官，則用錦衣衛千百戶爲之。凡內官司禮監掌印，權如外廷元輔；掌東廠，權如總憲。秉筆、隨堂視衆輔。各設私臣掌家、掌班、司房等員。提督西廠，不常設，惟汪直、谷大用置之。劉瑾又設西內廠。尋俱罷革。提督京營，提督太監，坐營太監，監鎗、掌司、僉書俱無定員。始於景泰元年。文書房，掌房十員。掌收通政司每日封進本章，並會極門京官及各藩所上封本，其在外之閣票，在內之搭票，一應聖諭旨意御批，俱由文書房落底簿發。凡升司禮者，必由文書房出，如外廷之詹、翰也。禮儀房，提督太監一員，司禮、掌印或秉筆攝之，掌司、寫字、管事、長隨無定員。掌一應選婚、選駙馬、誕皇太子女、選擇乳婦諸吉禮。中書房，掌房一員，散官無定員。掌管文華殿中書所寫書籍、對聯、扇柄等件，承旨發寫，完日奏進。御前近侍，曰乾清宮管事，督理御用諸事，曰打卯牌子，掌隨朝捧劍，俱位居司禮、東廠提督守備之次。曰御前牌子，曰煖殿，曰管櫃子，曰贊禮，曰答應長隨，曰當差聽事，曰拏馬，尙冠、尙衣、尙履，皆近侍也。南京守備，正、副守備太監各一員。關防一顆，護衛留都，爲司禮監外差。天壽山守備，太監一員。轄各陵守陵太監，職司護衛。湖廣承天府守備，太監一員。轄承德、荆、襄地方，護衛興寧。織造，提督太監南京一員，蘇州一員，杭州一員。掌織造御用龍衣。鎭守，鎭守太監始於洪熙，徧設於正統，凡各省各鎭無不有鎭守太監，至嘉靖八年後始革。市舶，廣東、福建、浙江三市舶司各設太監提督，後罷浙江、福建二司，惟存廣東司。監督倉場，各倉、各場俱設監督太監。諸陵神宮監，各陵俱設神宮監太監守陵。其外之監軍、採辦、糧稅、礦、關等使，不常設者，不可勝紀也。

初，吳元年置內史監，設監令，正四品，丞，正五品，奉御，從五品，內史，正七品，典簿，正八品。皇門官設皇門使，正五品，副，從五品。後改置內使監、御用監，各設令一人，正三品，丞二人，從三品，奉御，正六品，典簿，正七品。皇門官門正，正四品，副，從四品，春宮門官正，正五品，副，從五品，御馬司司正，正五品，副，從五品，尙寶兼守殿、尙冠、尙衣、尙佩、尙履、尙藥、紀事等奉御，俱正六品。洪武二年定置內使監奉御六十人，尙寶一人，尙冠七人，尙衣十人，尙佩九人，尙藥七人，紀事二人，執膳四人，司脯二人，司香四人，太廟司香四人，涓潔二人。置尚酒、尚醋、尚麪、尚染四局，局設正一人，副二人。置御馬、御用二司，司設正一人，副二人。內府庫設大使一人，副使二人。內倉監設令一人，丞二人。及置東宮典璽、典翰、典膳、典服、典藥、典乘兵六局，局設局郎一人，丞一人。又置門官，午門等十三門，各設門正一人，副一人。東宮門官，春和門等四門，各設門正一人，副一人。三年置王府承奉司。設承奉一人，承奉副二人，典寶、典服、典膳三所，各設正一人，副一人，門官設門正一人，副一人。改內使監、御用監秩皆從三品，令從三品，丞正四品，皇門官秩從四品。門正從四品，副正五品，春宮門官正、副同。四年復悉差其品秩，授以散官。乃改內使監爲正五品，皇門官爲正六品。洪武四年，定內官散官。正四品，中正大夫。從四品，中侍大夫。正五品，中衞大夫。從五品，侍直大夫。正六品，內侍郎。從六品，內直郎。正七品，正奉郎。從七品，正衞郎。正八品，司奉郎。從八品，司直郎。尋定內使監令。正五品，授中衞大夫。丞，從五品，授侍直大夫。皇門正、局正、司正、東宮門正、局正，俱正六品，授內侍郎。尚寶、奉御、皇門副、局副、司副、東宮門副、局丞，王府承奉、門正、所正，俱從六品，授內直郎。尚冠等奉御、內府庫大使、內倉監令、王府承奉副、門副、所副，俱正七品，授正奉郎。庫副使、倉丞，俱從七品，授正衞郎。六年改御用監爲供奉司，秩從七品，設官五人。內倉監爲內府倉，以監令爲大使，監丞爲副使。內府庫爲承運庫。仍設大使、副使。尋置紀事司，以宦者張翊爲司正，秩正七品。又考前代糾劾內官之法，置內正司，設司正一人，正七品，司副一人，從七品，專糾內官失儀及不法者。旋改爲典禮司，又改爲典禮紀察司，陞其品秩。司正陞正六品，司副陞從六品。十年置神宮內使監，設監令，正五品，丞，從五品，司香奉御，正七品，典簿，從九品。天地壇、神壇各祠祭署，設署令，正七品，丞，從七品，司香奉御，正八品。甲、乙、丙、丁、戊五庫，各設大使，正七品，副使，從七品。及皇城門官、端門等十六門，各設門正，正七品，副，從七品。十二年更置尙衣、尙冠、尙履三監，針工、皮作、巾帽三局。改尙佩局爲尙佩監。十六年置內府寶鈔廣源、廣惠二庫，職掌出納楮幣，入則廣源庫掌之，出則廣惠庫掌之。寶鈔廣源庫，設大使一人，正九品，用流官；副使一人，從九品，用內官。寶鈔廣惠庫，設大使二人，正九品；副使二人，從九品。俱流官、內官兼用。

十七年更定內官諸監、庫、局品職。內官監，設令一人，正六品，丞二人，從六品，典簿一人，正九品。神宮監，設令一人，正七品，丞一人，從七品，奉御一人，正八品。尙寶監，設令一人，正七品，丞一人，從七品。尙衣監，設令一人，正七品，丞一人，從七品，奉御四人，正八品。尙膳監，設令一人，正七品，丞一人，從七品。司設監，設令一人，正七品，丞一人，從七品，奉御四人，正八品。司禮監，設令一人，正七品，丞一人，從七品。御馬監，設令一人，正七品，丞一人，從七品。直殿監，設令一人，正七品，丞四人，從七品，小內使十五人。宮門承制，設奉御五人，正八品。宮門守門官，設門正一人，正八品，副四人，從八品。內承運庫，設大使一人，正九品，副使二人，從九品。司鑰庫，設大使一人，正九品，副使四人，從九品。巾帽局，設大使一人，正九品，副使一人，從九品。針工局，設大使一人，正九品，副使一人，從九品。織染局，設大使一人，正九品，副使一人，從九品。顏料局，設大使一人，正九品。司苑局，設大使一人，正九品。司牧局，設大使一人，正九品。皆於內官內選用。

二十八年重定內官監、司、庫、局與諸門官，幷東宮六局、王府承奉等官職秩。凡內官監十一：曰神宮監，曰尚寶監，曰孝陵神宮監，曰尚膳監，曰尚衣監，曰司設監，曰內官監，曰司禮監，曰御馬監，曰印綬監，曰直殿監，皆設太監一人，正四品，左、右少監各一人，從四品，左、右監丞各一人，正五品，典簿一人，正六品，又設長隨、奉御，正六品。各門官七：午門、東華門、西華門、玄武門、奉天門、左順門、右順門，皆設門正一人，正四品，門副一人，從四品。司二：曰鐘鼓司，曰惜薪司，皆設司正一人，正五品，左、右司副各一人，從五品。局庫九：曰兵仗局，曰內織染局，曰針工局，曰巾帽局，曰司苑局，曰酒醋麵局，曰內承運庫，曰司鑰庫，曰內府供用庫。每局庫皆設大使一人，正五品，左、右副使各一人，從五品。東宮典璽、典藥、典膳、典服、典兵、典乘六局，各設局郎一人，正五品，局丞二人，從五品，惟典璽局增設紀事、奉御，正六品。親王府承奉司設承奉正，正六品，承奉副，從六品。所三：曰典寶所，設典寶正一人，正六品，副一人，從六品。曰典膳所，設典膳正一人，正六品，副一人，從六品。曰典服所，設典服正一人，正六品，副一人，從六品。門官，設門正一人，正六品，門副一人，從六品。又設內使十人，司冠一人，司衣三人，司佩一人，司履一人，司藥二人，司矢二人。各公主位下設中使司，司正、司副各一人。三十年置都知監，設太監一人，正四品，左、右少監各一人，從四品，左、右監丞各一人，正五品，典簿一人，正六品。又置銀作局，設大使一人，正五品，副使一人，從五品。

太祖嘗謂侍臣曰：「朕觀周禮，奄寺不及百人。後世至踰數千，因用階亂。此曹止可供洒掃，給使令，非別有委任，毋令過多。」又言：「此曹善者千百中不一二，惡者常千百。若用爲耳目，即耳目蔽；用爲心腹，即心腹病。馭之之道，在使之畏法，不可使有功。畏法則檢束，有功則驕恣。」有内侍事帝最久，微言及政事，立斥之，終其身不召。因定制，内侍毋許識字。洪武十七年鑄鐵牌，文曰：「内臣不得干預政事，犯者斬」，置宮門中。又敕諸司毋得與内官監文移往來。然二十五年命聶慶童往河州敕諭茶馬，中官奉使行事已自此始。成祖亦嘗云：「朕一遵太祖訓，無御寶文書，即一軍一民，中官不得擅調發。」有私役應天工匠者，立命錦衣逮治。顧中官四出，實始永樂時。元年，李興等齎敕勞暹羅國王，此奉使外國之始也。三年命鄭和等率兵二萬，行賞西洋古里、滿剌諸國，此將兵之始也。八年敕王安等監都督譚青等軍，馬靖巡視甘肅，此監軍、巡視之始也。及洪熙元年，以鄭和領下番官軍守備南京，遂相沿不改。敕王安鎮守甘肅，而各省鎮皆設鎮守矣。宣德四年特設内書堂，〔九〕命大學士陳山專授小内使書，而太祖不許識字讀書之制，由此而廢。賜王瑾、金英印記，則與諸密勿大臣同。賜金英、范弘等免死詔，則又無異勳臣之鐵券也。英之王振，憲之汪直，武之劉瑾，熹之魏忠賢，太阿倒握，威福下移。神宗礦稅之使，無一方不罹厥害。其他怙勢薰灼，不可勝紀。而蔭弟、蔭姪、封伯、封公，則撓官制之大者。莊烈帝初翦大憝，中外頌聖。既而鎮守、出征、督餉、坐營等事，無一不命中官爲之，而明亦遂亡矣。

女官。六局。尚宮局，尚宮二人，正五品。六尚並同。尚宮掌導引中宮。凡六局出納文籍，皆印署之。若徵辦於外，則爲之請旨，牒付內官監。監受牒，行移於外。領司四：司記，司記二人，正六品；典記二人，正七品；掌記二人，正八品。掌宮內諸司簿書，出入錄目，番署加印，然後授行。女史六人，掌執文書，凡二十四司，二十四典，二十四掌，品秩並同。司言，司言二人，典言二人，掌言二人，女史四人，掌宣傳啓奏。凡令節外命婦朝賀中宮，司言傳旨。司簿，司簿二人，典簿二人，掌簿二人，女史六人，掌宮人名籍及廩賜之事。司闈。司闈六人，典闈六人，掌闈六人，女史四人，掌宮闈管鍵之事。尚儀局，尚儀二人，掌禮儀起居事。領司四：司籍，司籍二人，典籍二人，掌籍二人，女史十人，掌經籍、圖書、筆札、几案之事。司樂，司樂四人，〔10〕典樂四人，掌樂四人，女史二人，掌音樂之事。司賓，司賓二人，典賓二人，掌賓二人，女史二人，掌朝見、宴會、賜賚之事。司贊，司贊二人，典贊二人，掌贊二人，女史二人，掌朝見、宴會、贊相之事。彤史。彤史二人，正六品，掌宴見進御之事，凡后妃、羣妾御於君所，彤史謹書其月日。尚服局，尚服二人，掌供服用采章之數。領司四：司寶，司寶二人，典寶二人，掌寶二人，女史四人，掌寶璽、符契。司衣，司衣二人，典衣二人，掌衣二人，女史四人，掌衣服、首飾之事。司飾，司飾二人，典飾二人，掌飾二人，女史二人，掌巾櫛、膏沐之事。司仗，司仗二人，典仗二人，掌仗二人，女史二人，凡朝賀，帥女官擎執儀仗。尚食局，尚食二人，掌膳羞品齊之數。凡以飲食進御，尚食先嘗之。領司四：司膳，司膳四人，典膳四人，掌膳四人，女史四人，掌割烹煎和之事。司醞，司醞二人，典醞二人，掌醞二人，女史二人，掌酒醴酏飲之事。司藥，司藥二人，典藥二人，掌藥二人，女史四人，掌醫方藥物。司饎。司饎二人，典饎二人，掌饎二人，掌廩餼薪炭之事。尚寢局，尚寢二人，掌天子之宴寢。領司四：司設，司設二人，典設二人，掌設二人，女史四人，掌牀帷、茵席、汛掃，張設之事。司輿，司輿二人，典輿二人，掌輿二人，女史二人，掌輿輦、繖扇之事。司苑，司苑二人，典苑二人，掌苑二人，女史四人，掌園囿種植花果。司燈。司燈二人，典燈二人，掌燈二人，女史二人，掌燈燭事。尚功局，尚功二人，掌督女紅之程課。領司四：司製，司製二人，典製二人，掌製二人，女史四人，掌衣服裁製縫紉之事。司珍，司珍二人，典珍二人，掌珍二人，女史六人，掌金玉寶貨。司綵，司綵二人，典綵二人，掌綵二人，女史六人，掌繒綿絲絮事。司計，司計二人，典計二人，掌計二人，女史四人，掌度支衣服、飲食、柴炭之事。宮正司。宮正一人，正五品；司正二人，正六品；典正二人，正七品。掌糾察宮閫、戒令、謫罰之事。大事則奏聞。女史四人，記功過。

吳元年置內職六尚局。洪武五年定爲六局一司。局曰尚宮，曰尚儀，曰尚服，曰尚食，曰尚寢，曰尚功。司曰宮正。尚宮二人，尚儀、尚服、尚食、尚寢、尚功各一人，宮正二人，俱正六品。六局分領二十四司，每司或二人或四人。司記、司言、司簿、司樂、司寶、司衣、司飾、司醞、司藥、司供、司輿、司苑、司珍、司綵、司計各二人。司闈、司籍、司賓、司贊、司仗、司饌、司設、司燈、司製各四人。女史十八人。尚功局六人，餘五局及宮正司各二人。十七年更定品秩。尚宮、尚儀、尚服、尚食、尚寢、尚功，宮正各一人，俱改正五品；二十四司正六品。增設二十四掌，正七品。宮正司增設司正，正六品。二十二年授宮官敕。服勞多者，或五載六載，得歸父母，聽婚嫁。年高者許歸，願留者聽。現授職者，家給與祿。二十七年又重定品職。增設二十四典，正七品。改二十四掌爲正八品。尚儀局增設彤史，正六品。宮正司增設典正，正七品。自六尚以下，員數俱如前所列。凡宮官一百八十七人，女史九十六人。六局各鑄印給之。永樂後，職盡移於宦官。其宮官所存者，惟尚寶四司而已。〔二〕

校勘記

〔一〕歲正旦上元重午重九長至賜假賜宴　假，原作「綴」，據明史稿志五六職官志、明會典卷二一九改。

〔二〕欽文之寶　本書卷六八輿服志、明會典卷二二二作「欽文之璽」。

〔三〕皆與內官尚寶監俱　內官，原作「內宮」，據本志下文、明史稿志五六職官志改。

〔四〕其後多以恩廕寄祿　祿，原作「錄」，據明史稿志五六職官志、王圻續文獻通考卷八六改。

〔五〕登聞鼓樓日一人皆錦衣衛官監涖　皆，疑爲「偕」字之訛，嵇璜續文獻通考卷五二作「與」，王圻續文獻通考卷九六作「幷」。按明會典卷二一三稱，登聞鼓，六科有直鼓官，錦衣衛有直日官，是兩官共監。

〔六〕若詔赦敕革之類必由閣臣　詔赦，原作「誥赦」，據明史稿志五六職官志改。

〔七〕道士有大眞人高士高士等封號　稽璜續文獻通考卷六一作「道士有大眞人高士等封號」。

〔八〕僉書監工無定員　僉書，原作「僉事」，據明史稿志五八職官志、明宮史木集頁三七改。

〔九〕宣德四年特設內書堂　內書堂，原作「文書房」。按上文言文書房係宦官掌封進本章、發行諭批之內衙，非宦官習讀之所，本書卷三〇四宦官傳、明宮史木集頁二四都作「內書堂」，據改。

〔一〇〕司樂四人　四人，明史稿志五八職官志、明書卷二一宮闈紀、春明夢餘錄卷六宮官都作「二人」。本志下文「六局分領二十四司」下注，也稱司樂「二人」。

〔一一〕其宮官所存者惟尚寶四司而已　稽璜續文獻通考卷五六：「以上未見有稱尚寶者，殆指尚服內司寶四司也。」本志上文尚服局領司寶、司衣、司飾、司仗四司，無尚寶司。按上文宦官尚寶監注下有尚寶司，明史稿志五八職官志同，明宮史木集頁三一尚寶監下亦有尚寶司而無司寶司，疑二名可以通稱。

明史卷七十五

志第五十一

職官四

南京宗人府　吏部　戶部附總督糧儲　禮部　兵部　刑部　工部
都察院附提督操江　通政司　大理寺　詹事府　翰林院　國子監
太常寺　光祿寺　太僕寺　鴻臚寺　尙寶司　六科　行人司
欽天監　太醫院　五城兵馬司　應天府附上元江寧二縣已上南京官
王府長史司　布政司　按察司　各道　行太僕寺　苑馬寺
都轉運鹽使司　鹽課提舉司　市舶提舉司　茶馬司　府　州
縣　儒學　巡檢司　驛　稅課司　倉庫　織染局
河泊所附閘壩官　批驗所　遞運所　鐵冶所　醫學　陰陽學

僧綱司　道紀司

南京宗人府。經歷司，經歷一人。南京官品秩，俱同北京。

吏部。尚書一人，右侍郎一人。六部侍郎，至弘治後始專設右。萬曆三年俱革。十一年復設。天啓中，每部增侍郎一人。崇禎間革。其屬，司務廳，司務一人。文選、考功、驗封、稽勳四淸吏司，各郎中一人，主事一人。驗封、稽勳二司主事，後並革。凡南京官，六年考察，考功掌之，不由北吏部。

戶部。尚書一人，右侍郎一人，司務一人，照磨一人。十三司，郎中十三人，員外郎九人，浙江、江西、湖廣、廣東、廣西、福建、山西、陝西、雲南九司各一人，嘉靖三十七年革山西、陝西二司員外郎各一人，隆慶中又革廣西、雲南二司員外郎各一人。主事十七人，山西、廣東、廣西、雲南四司各二人，隆慶三年革廣東司主事一人。所轄，寶鈔提舉司，提舉一人。廣積庫、承運庫、贓罰庫、甲乙丙丁戊五字庫、寶鈔廣惠庫、軍儲倉，各大使一人。長安門倉、東安門倉、西安門倉、北安門倉各副使一人。龍江鹽倉檢校批驗所，大使一人。〔一〕隆慶三年革寶鈔司提舉、軍儲倉大使。

總督糧儲一人。嘉靖以前，特設都御史。二十六年革，以戶部右侍郎加都御史銜領之。

禮部。尚書一人，右侍郎一人，司務一人。儀制、祠祭、主客、精膳四司，各郎中一人。儀制、祠祭二司，各主事一人。所轄，鑄印局，副使一人。敎坊司，右韶舞一人，左、右司樂各一人。

兵部。尙書參贊機務一人，右侍郎一人，司務一人。武選、職方、車駕、武庫四司，郎中四人，員外郎二人，武選、武庫無員外郎。主事五人，車駕主事二人。所轄，典牧所，提領一人，正八品。會同館、大勝關，各大使一人。按參贊機務，自宣德八年黃福始。成化二十三年始奉敕諭，專以本部尙書參贊機務，同內外守備官操練軍馬，撫卹人民，禁戢盜賊，振舉庶務，故其職視五部爲特重云。

刑部。尙書一人，右侍郎一人，司務、照磨各一人。十三司郎中十三人，員外郎五人，惟浙江、江西、河南、陝西、廣東五司設。主事十四人，廣東司二人。分掌南京諸司，及公、侯、伯、五府、京衞所刑名之事。司獄二人。

工部。尙書一人，右侍郎一人，司務一人。營繕、虞衡、都水、屯田四司，郎中四人，員外郎二人，營繕司一人，都水司一人，嘉靖三十七年革都水員外郎。主事八人，營繕司三人，屯田司一人，餘各二人。所轄，營繕所，所正、所副、所丞各一人。龍江、淸江二提舉司，各提舉一人，副提舉後革。文思院、寶源局、軍器局、織染所、龍江抽分竹木局、瓦屑壩抽分竹木局，各大使一人，嘉靖三十七年革文思院大使。

都察院。右都御史一人，右副都御史一人，右僉都御史一人，司務、經歷、都事、照磨各一人，司獄二人。嘉靖三十七年革司獄一人。隆慶四年革都事。浙江、江西、河南、山東、山西、陝西、四川、雲南、貴州九道，各御史二人。福建、湖廣、廣東、廣西四道，各御史三人。嘉靖後不全設，恒以一人兼數道。凡刷卷、巡倉、巡江、巡城、屯田、印馬、巡視糧儲、監收糧斛、點閘軍士、管理京營、比驗軍器，皆敍而差之。清軍，則偕兵部、兵科。覈後湖黃冊，則偕戶部、戶科。

提督操江一人，以副僉都御史爲之，領上、下江防之事。

通政使司。通政使一人，右通政一人，右參議一人，掌收呈狀，付刑部審理。經歷一人。

大理寺。卿一人，右寺丞一人，司務一人，左、右寺正各一人，左、右評事各三人。隆慶三年革左、右評事各一人。

詹事府。主簿一人。

翰林院。學士一人，不常置，以翰林坊局官署職。孔目一人。

國子監。祭酒一人，司業一人，監丞一人，典簿一人，博士三人，助教六人，學正五人，學錄二人，典籍一人，掌饌一人。嘉靖三十七年革助教二人及掌饌。隆慶四年革博士一人，學正一人。

太常寺。卿一人，少卿一人，典簿一人，博士二人，協律郎二人，贊禮郎七人，嘉靖中，革贊禮郎一人。司樂二人。各祠祭署合奉祀八人，祀丞七人。天、地壇奉祀一、祀丞一。山川壇、耤田奉祀一。

祖陵奉祀、祀丞各一。皇陵奉祀、祀丞各二。孝陵、揚王墳、徐王墳各奉祀一，祀丞一。嘉靖後，革天地壇、祖陵、揚王墳三祠祭署祀丞。

光祿寺。卿一人，少卿一人，隆慶四年革少卿。典簿一人。大官、珍羞、良醖、掌醢四署，各署正一人，署丞一人。嘉靖中，革良醖、掌醢二署署丞。萬曆中，革珍羞署丞。

太僕寺。卿一人，少卿二人，寺丞二人，隆慶中，革少卿一人，寺丞一人。主簿一人。

鴻臚寺。卿一人，主簿一人。司儀、司賓二署，各署丞一人，鳴贊四人，序班九人。

尚寶司。卿一人。

吏、戶、禮、兵、刑、工六科。給事中六人。又戶科給事中一人，管理後湖黃冊。

行人司。左司副一人。

欽天監。監正一人，監副一人，主簿一人。五官正一人，五官靈臺郎二人，五官監候一人，五官司曆一人。

太醫院。院判一人，吏目一人。惠民藥局、生藥庫，各大使一人。

五城兵馬司。指揮各一人，副指揮各三人，吏目各一人。萬曆中，革副指揮每城二人。

應天府。府尹一人，府丞一人，治中一人，通判二人，推官一人，經歷、知事、照磨、檢校各一人。儒學教授一人，訓導六人。所轄，上元、江寧二縣，各知縣一人，縣丞一人，主簿一人，典史一人。司獄司，司獄一人。〔三〕織染局，大使一人，左、右副使各一人。都稅司、宣課司，凡四，龍江、江東、聚寶門、太平門。稅課局，凡二，龍江、龍潭。各大使一人，副使或一人或二人。龍江遞運所，大使、副使各一人。批驗所，大使一人。河泊所，官一人。龍江關、石灰山關，各大使一人，副使四人。洪武三年改應天府知府爲府尹，秩正三品，賜銀印。十三年始立儒學。

南京官，自永樂四年成祖往北京，置行部尚書，備行在九卿印以從。是時，皇太子監國，大小庶務悉以委之。惟封爵、大辟、除拜三品以上文武職，則六科都給事中以聞，政本故在南也。十八年，官屬悉移而北，南京六部所存惟禮、刑、工三部，各一侍郎，在南之官加「南京」字於職銜上。仁宗時補設官屬，除「南京」字。正統六年定制復如永樂時。

王府長史司。左、右長史各一人，正五品。其屬，典簿一人，正九品。所轄，審理所，審理正一人，正六品，副一人，正七品。典膳所，典膳正一人，正八品，副一人，從八品。奉祠所，奉祠正一人，正八品，副一人，從八品，典樂一人，正九品。典寶所，典寶正一人，正八品，副一人，從八品。紀善所，紀善二人，正八品。良醫所，良醫正一人，正八品，副一人，從八品。典儀所，典儀正一人，正九品，副一人，從九品。工正所，工正一人，正八品，副一人，從八品。以上各所副官，嘉靖四十四年並革。伴讀四人，從九品，後止設一人，教授無定員，從九品。引禮舍人三人，後革二人。倉大使、副使各一人，庫大使、副使各一人。倉、庫副使後俱革。郡王府，教授一人，從九品，典膳一人，正八品。鎮國將軍，教授一人，從九品。

長史掌王府之政令，輔相規諷以匡王失，率府僚各供乃事，而總其庶務焉。凡請名、請封、請婚、請恩澤，及陳謝、進獻表啓、書疏，長史爲王奏上。若王有過，則詰長史。曾經過犯之人，毋得選用是職。審理掌推按刑獄，禁詰横暴，無干國紀。典膳掌祭祀、賓客，王若妃之膳羞。奉祠掌祭祀樂舞。典寶掌王寶符牌。紀善掌諷導禮法，開諭古誼，及國家恩義大節，以詔王善。良醫掌醫。典儀掌陳儀式。工正掌繕造修葺宮邸、廨舍。伴讀掌侍從起居，陳設經史。教授掌以德義廸王，校勘經籍。凡宗室年十歲以上，入宗學，教授與紀善爲之師。引禮掌接對賓客，贊相威儀。

洪武三年置王相府，左、右相各一人，正二品，左、右傅各一人，從二品。參軍府，參軍一人，正五品，錄事二人，正七品，紀善一人，正七品。各以其品秩列朝官之次。又置典籤司、諮議官。尋以王府武相皆勳臣，令居文相上，王相府官屬仍與朝官更互除授。是年置王府教授。四年更定官制。左、右相，正二品，文武傅，從二品，參軍，從五品，錄事，正七品，審理正，正六品，副，正七品，紀善，正七品，各署典祠正、典寶正、典儀正、典膳正、典服正、工正、醫正，並正七品，副，並從七品，牧正，正八品，副，從八品，引禮舍人，省注。九年改參軍爲長史，罷王傅府及典籤司、諮議官，增設伴讀四人，選老成明經愼行之士任之，侍讀四人，收掌文籍，少則缺之。尋改王相府所屬奉祠、典寶、典膳、良醫、工正各所正并紀善俱正八品，副，從八品。十三年幷罷王相府，陞長史司爲正五品，置左、右長史各一人，典簿一人。定王府孳牲所、倉庫等官俱爲雜職。二十八年置靖江王府諮議所，諮議、記室、教授各一人。建文中，增置親王賓輔二人，伴讀、伴講、伴書各一人，長史三人。郡王賓友二人，教授一人，記室二人，直史一人，左、右直史各一人，吏目一人，典印、典祠、典禮、典饌、典藥五署官各一人，典儀二人，引禮舍人二人，儀仗司，吏目一人。其賓輔、三伴、賓友、教授進見時，侍坐，稱名而不稱臣，禮如賓師。成祖初，復舊制，改靖江王府諮議所爲長史司。萬曆間，周府設宗正一人。後各府亦漸置。郡王府增設教授一人。

又洪武七年，公主府設家令一人，正七品，司丞一人，正八品，錄事一人，正九品。二十三年改家令司爲中使司，以內使爲之。

承宣布政使司。左、右布政使各一人，從二品，左、右參政，從三品，左、右參議，無定員，從四品。參政、參議因事添設，各省不等，詳諸道。經歷司，經歷一人，從六品，都事一人，從七品。照磨所，照磨一人，從八品，檢校一人，正九品。理問所，理問一人，從六品，副理問一人，從七品，提控案牘一人。司獄司，司獄一人，從九品。庫大使一人，從九品，副使一人。倉大使一人，從九品，副使一人。雜造局、軍器局、寶泉局、織染局，各大使一人，從九品，副使一人。所轄衙門各省不同，詳見雜職。

布政使掌一省之政，朝廷有德澤、禁令，承流宣播，以下於有司。凡僚屬滿秩，廉其稱職、不稱職，上下其考，報撫、按以達於吏部、都察院。三年，率其府州縣正官，朝覲京師，以聽察典。十年，會戶版以登民數、田數。賓興貢，合省之士而提調之。宗室、官吏、師生、軍伍，以時班其祿俸、廩糧。祀典神祇，謹其時祀。民鰥寡孤獨者養之，孝弟貞烈者表揚之，水旱疾疫災祲，則請於上蠲振之。凡貢賦役，視府州縣土地人民豐瘠多寡，而均其數。凡有大興革及諸政務，會都、按議，經畫定而請於撫、按若總督。其國慶國哀，遣僚貳朝賀弔祭於京師。天子卽位，則左布政使親至。參政、參議分守各道，及派管糧儲、屯田、清軍、驛傳、水利、撫民等事，併分司協管京畿。兩京不設布、按，無參政、參議、副使、僉事，故於旁近布、按分司帶管，詳見各道。經歷、都事，典受發文移，其詳巡按、巡鹽御史文書，用經歷印。照磨、檢校典勘理卷宗。理問典刑名。

初，太祖下集慶，自領江南行中書省。戊戌，置中書分省於婺州。後每略定地方，卽置行省，其官自平章政事以下，大略與中書省同。設行省平章政事，從一品，左、右丞，正二品，參知政事，從二品。左、右司，郎中，從五品，員外郎，從六品，都事、檢校，從七品，照磨、管勾，從八品。理問所，正理問，正四品，副理問，正五品，知事，從八品。尋改知事爲提控案牘，省注。

洪武九年改浙江、江西、福建、北平、廣西、四川、山東、廣東、河南、陝西、湖廣、山西諸行省俱爲承宣布政使司，罷行省平章政事，左、右丞等官，改參知政事爲布政使，秩正二品，左、右參政，從二品，改左、右司爲經歷司。十三年改布政使，正三品，參政，從三品。十四年增置左、右參議，正四品，尋增設左、右布政使各一人。十五年置雲南布政司。二十二年定秩從二品。建文中，陞正二品，裁一人。成祖復舊制。永樂元年以北平布政司爲北京。五年置交阯布政司。十一年置貴州布政司。止設使一人，餘官如各布政司。宣德三年罷交阯布政司，除兩京外，定爲十三布政司。初置藩司，與六部均重。布政使入爲尙書、侍郎，副都御史每出爲布政使。宣德、正統間猶然，自後無之。

提刑按察使司。按察使一人，正三品，副使，正四品，僉事無定員，正五品。詳見諸道。經歷司，經歷一人，正七品，知事一人，正八品。照磨所，照磨一人，正九品，檢校一人，從九品。司獄司，司獄一人，從九品。

按察使掌一省刑名按劾之事。糾官邪，戢奸暴，平獄訟，雪冤抑，以振揚風紀，而澄清其吏治。大者暨都、布二司會議，告撫、按，以聽於部、院。凡朝覲慶弔之禮，具如布政司。副使、僉事，分道巡察，其兵備、提學、撫民、巡海、淸軍、驛傳、水利、屯田、招練、監軍，各專事置，併分員巡備京畿。

明初，置提刑按察司。吳元年置各道按察司，設按察使，正三品，副使，正四品，僉事，正五品。十三年改使秩正四品，尋罷。十四年復置，並置各道按察分司。十五年又置天下府州縣按察分司。以儒士王存中等五百三十一人爲試僉事，人按二縣。凡官吏賢否、軍民利病，皆得廉問糾舉。十六年盡罷試僉事，改按察使爲從三品，副使二人，從四品，僉事，從五品，多寡從其分道之數。二十二年復定按察使爲正三品。二十九年改置按察分司爲四十一道。直隸六：曰淮西道，曰淮東道，曰蘇松道，曰建安徽寧道，曰常鎭道，曰京畿道。浙江二：曰浙東道，曰浙西道。四川三：曰川東道，曰川西道，曰黔南道。山東三：曰濟南道，曰海右道，曰遼海東寧道。河南二：曰河南道，曰河北道。北平二：曰燕南道，曰燕北道。陝西五：曰關內道，曰關南道，曰河西道，曰隴右道，曰西寧道。山西三：曰冀寧道，曰冀北道，曰河東道。江西三：曰嶺北道，曰兩江道，曰湖東道。廣東三：曰嶺南道，曰海南道，曰海北道。廣西三：曰桂林蒼梧道，曰左江道，曰右江道。福建二：曰建寧道，曰福寧道。湖廣四：曰武昌道，曰荊南道，曰湖南道，曰湖北道。三十年始置雲南按察司。先是，命布政司兼理。建文時，改爲十三道肅政按察司。成祖初，復舊。永樂五年置交阯按察司，又增設各按察司僉事。因督軍衞屯糧，增浙江、江西、廣東、廣西、湖廣、河南、雲南、四川各一人，陝西、福建、山東、山西各二人。此增設監司之始。十二年置貴州按察司。宣德五年革交阯按察司。除兩京不設，共十三按察司。正統三年增設理倉副使、僉事，又設僉事與布政司參議各一員於甘肅，監收倉糧。八年增設僉事，專理屯田。景泰二年增巡河僉事。自後，各省因事添設，或置或罷，不可勝紀。今總布、按二司所分諸道詳左。

布政司參政、參議分司諸道。督糧道，十三布政司各一員，俱駐省城。督冊道，江西、陝西等間設。分守道：浙江杭嘉湖道，寧紹台道，金衢嚴道，溫處道，俱駐省。江西南瑞道，駐省，湖東道，駐廣信，湖西道，駐臨江，饒南九江道，駐九江，贛南道，駐南安。山東濟南道，東兗道，海右道，俱駐省。山西冀寧道，駐省，河東道，駐蒲州，冀北道，駐大同，冀南道，駐汾州。陝西關內道，駐省，關西道，駐鳳翔，西寧道，駐涼州，關南道，駐興安，河西道，駐慶陽，隴右道，駐鞏昌。河南大梁道，駐省，河南道，駐河南，汝南道，駐南陽，河北道，駐懷慶。湖廣武昌道，下荊南道，駐鄖陽，上荊南道，兼兵備，駐澧州，荊西道，兼兵備，駐安陸，上湖南道，下湖南道，上江防道，或駐荊州、岳州，下江防道。福建興泉道，駐泉州，福寧道，駐興化，漳南道，駐漳州，建南道，駐延平，汀漳道，駐上杭縣。廣東嶺東道，駐潮州，嶺西道，駐高州，羅定道，兼兵備，駐羅定州，嶺北道，嶺南道，駐南雄。四川川西道，川北道，駐保寧，上下川東道，駐涪州，上川南道，雅州、嘉定二署，下川南道，敘州、瀘州二署。廣西桂平道，駐省，蒼梧道，駐梧州，左江道，駐潯州，右江道，駐柳州。貴州安平道，貴寧道，駐省，新鎮道，駐平越，思仁道，駐思南。雲南臨安道，騰衝道，瀾滄道。以上或參政，或參議。

按察司副使、僉事分司諸道。提督學道，清軍道，驛傳道，十三布政司俱各一員，惟湖廣提學二員，浙江、山西、陝西、福建、廣西、貴州清軍兼驛傳，江西右布政使清軍。

分巡道：浙江杭嚴道，寧紹道，嘉湖道，金衢道。江西饒南九江道，駐饒州，湖西道，駐吉安，南昌道，湖東道，嶺北道。山東兗州道，駐沂州，濟寧道，青州海防道，濟南道，移德州，海右道，駐省，海道，駐萊州，登萊道，遼海道。山西冀寧道，冀南道，駐潞安，雁門道。陝西關內道，駐邠州，關西道，駐平涼，隴右道，駐秦州，河西道，駐鄜州，西寧道。河南大梁道，汝南道，駐信陽州，河南道，駐汝州，河北道，駐磁州。湖廣武昌道，荆西道，駐沔陽，〔三〕上荆南道，下荆南道，湖北道，上湖南道，下湖南道，沅靖道。福建巡海道，兼理糧儲，福寧道，興泉道，駐泉州，建南道，駐建寧，武平道，漳南道，駐上杭縣，建寧道，海道，駐漳州，汀漳道。廣東嶺東道，駐惠州，嶺西道，駐肇慶，嶺南道，駐省，海北道，駐雷州，海南道，駐瓊州。四川上東道，駐重慶，下東道，駐達州，川西道，川北道，駐保寧，下川南道，上川南道。廣西府江兵巡道，駐平樂，桂林兵巡道，駐省，蒼梧兵巡道，駐梧州，移鬱林州，左江兵巡道，駐南寧，右江兵巡道，駐賓州。上五道俱兼兵備。貴州貴寧道，思石道，駐銅仁，都清道，兼兵備，駐都勻。雲南安普道，臨沅道，洱海道，金滄道。

整飭兵備道，浙江寧紹道，嘉興道，溫處道，台海道。江西南瑞道，廣建道，駐建昌。山東臨清道，武德道，駐武定州，曹濮道，駐曹州，沂州道，遼東道。山西雁北道，駐代州，大同道，二員，一駐大同，一駐朔州，陽和道，潞安道，岢嵐道。陝西肅州道，固原道，臨洮道，駐蘭州，洮岷道，駐岷州，靖遠道，榆林中路道，榆林東路道，駐神木縣，寧夏河西道，駐寧夏，寧夏河東兵糧道，駐花馬池，莊浪道，漢羌道，潼關道。湖廣辰沅道。河南睢東道。福建兵備道，巡海道。廣東南韶道，南雄道。四川松潘道，威茂道，建昌道，重夔道，安綿道，敍瀘道。廣西，分巡兼兵備。五道俱見分巡。貴州威清道，駐安順，畢節道。雲南曲靖道。

其外又有協堂道，副使，河南、浙江間設，水利道，浙江，屯田道，江西、河南、四川三省屯田兼驛傳，管河道，河南，鹽法道，撫治道，陝西撫治商洛道，湖廣又有撫民、撫苗道，監軍道，因事不常設，招練道，山東間設。其北直隸之道寄銜於山東者，則爲密雲道，大名道，天津道，霸州道；寄銜於山西者，則爲易州道，口北道，昌平道，井陘道，薊州、永平等道。南直隸之道寄銜於山東者，太倉道，潁州道，徐州道；寄銜浙江、江西、湖廣者，蘇松道，漕儲道，常鎮道，廬鳳道，徽寧池太道，淮揚道。

按明初制，恐守令貪鄙不法，故於直隸府州縣設巡按御史，各布政司所屬設試僉事。已罷試僉事，改按察分司四十一道，此分巡之始也。分守起於永樂間，每令方面官巡視民瘼。後遂定右參政、右參議分守各屬府州縣。兵道之設，仿自洪熙間，以武臣疏於文墨，遣參政副使沈固、劉紹等往各總兵處整理文書，商榷機密，未嘗身領軍務也。至弘治中，本兵馬文升慮武職不修，議增副僉一員敕之。自是兵備之員盈天下。兩京不設布、按二司，故督學以御史。後置守、巡諸員無所屬，則寄銜於鄰近省布、按司官。

行太僕寺。卿一人，從三品，少卿一人，正四品，寺丞無定員，正六品。其屬，主簿一人，從七品。掌各邊衞所營堡之馬政，以聽於兵部。凡騎操馬匹印烙、俵散、課掌、孳牧，以時督察之。歲春秋，閱視其增耗、齒色，三歲一稽比，布、按二司不得與。有瘠損，則聽兵部參罰。苑馬寺亦如之。

洪武三十年置行太僕寺於山西、北平、陝西、甘肅、遼東。山西、北平、陝西，每寺設少卿一人，丞三人；甘肅、遼東，每寺設少卿、丞各一人，擇致仕指揮、千百戶爲之。永樂四年許令寺官按治所轄衞所鎭撫首領官吏。十八年以北京行太僕寺爲太僕寺。宣德七年發雜犯死罪應充軍者，於陝西行太僕寺養馬。弘治十年簡推素有才望者補本寺官，視太僕寺官陞擢。嘉靖三年，從御史陳講請，增設陝西、甘肅二寺各少卿一員，分管延綏、寧夏。二十九年令寺官遇聖節，輪年齎進表文。

苑馬寺。卿一人，從三品，少卿一人，正四品，寺丞無定員，正六品。其屬，主簿一人，從七品。各牧監，監正一人，正九品，監副一人，從九品，錄事一人。各苑，圉長一人，從九品。掌六監二十四苑之馬政，而聽於兵部。凡苑，視廣狹爲三等：上苑牧馬萬匹，中苑七千，下苑四千。凡牧地，曰草場，曰荒地，曰熟地，嚴禁令而封表之。凡牧人，曰恩軍，曰隊軍，曰改編之軍，曰充發之軍，曰召募之軍，曰抽選之軍，皆籍而食之。凡馬駒，歲籍其監苑之數，上於兵部，以聽考課。監正、副掌監苑之牧事，圉長帥羣長而阜蕃馬匹。

永樂四年置苑馬寺凡四：北直隸、遼東、平涼、甘肅。五年增設北直隸苑馬寺六監二十四苑。順義、長春、咸和、馴良四苑，隸清河監。水州、隆萃、大牧、遂寧，隸金臺監。汧池、鹿鳴、龍河、長興，隸涿鹿監。遼陽、龍山、萬安、蕃昌，隸盧龍監。清流、廣蕃、龍泉、松林，隸香山監。河陽、崇義、興寧、永成，隸通州監。六年增甘肅、平涼二寺監。每寺各六監二十四苑。十八年革北京苑馬寺，并入太僕。正統四年革甘肅苑馬寺，改牧恩軍於黑水口，隸長樂監。弘治二年革平涼寺丞一員。十七年，都御史楊一清奏請行太僕、苑馬二寺員缺，簡選才望參政、副使補陞卿，參議、僉事補陞少卿，以振馬政。十八年又請添設寺員。嘉靖三十二年以遼東寺卿張思兼轄金、復、蓋州三衞軍民。四十二年又命帶理兵備事。

都轉運鹽使司。都轉運使一人，從三品，同知一人，從四品，副使一人，從五品，判官無定員從六品。其屬，經歷司，經歷一人，從七品，知事一人，從八品，庫大使、副使各一人。所轄，各場鹽課司大使、副使，各鹽倉大使、副使，各批驗所大使、副使，並一人，俱未入流。

都轉運使掌鹺鹽之事。同知、副判分司之。都轉運鹽使司凡六：曰兩淮，曰兩浙，曰長蘆，曰河東，曰山東，曰福建。分司十四：泰州、淮安、通州隸兩淮，嘉興、松江、寧紹、溫台隸兩浙，滄州、青州隸長蘆，膠萊、濱樂隸山東，解鹽東場、西場、中場隸河東。分副使若副判涖之，督各場倉鹽課司，以總於都轉運使，共奉巡鹽御史或鹽法道臣之政令。福建、山東無巡鹽御史，餘詳食貨志鹽法中。

鹽課提舉司。提舉一人，從五品，同提舉一人，從六品，副提舉無定員，從七品。其屬，吏目一人，從九品，庫大使、副使一人。〔四〕所轄，各鹽倉大使、副使，各場、各井鹽課司大使、副使，並一人。提舉司凡七：曰四川，曰廣東海北，廉州，曰黑鹽井，楚雄，曰白鹽井，姚安，曰安寧，曰五井，大理，曰察罕腦兒。又有遼東煎鹽提舉司。提舉，正七品，同提舉，正八品，副提舉，正九品。其職掌皆如都轉運司。

明初，置都轉運司於兩淮。吳元年置兩浙都轉運司於杭州，定都轉運使秩正三品，設同知，正四品，副使，正五品，運判，正六品，經歷，正七品，知事，正八品，照磨、綱官，正九品。鹽場設司令，從七品，司丞，從八品，百夫長，省注。洪武二年置長蘆、河東二都轉運司，及廣東海北鹽課提舉司，尋又置山東、福建二都轉運司。三年又於陝西察罕腦兒之地，置鹽課提舉司，後漸增置各處。建文中，改廣東提舉爲都轉運司。永樂初復故。十四年初命御史巡鹽。景泰三年罷長蘆、兩淮巡鹽御史，命撫、按官兼理。已復遣御史，其無御史者，分按察司理之。又洪武中，於四川置茶鹽都轉運司，洪武五年置，設官如都轉運鹽使司。十年罷。納溪、白渡二鹽馬司，洪武五年置，以常選官爲司令，內使爲司丞。十三年罷，尋復置。十五年改設大使、副使各一人。後並革。又有順龍鹽馬司，亦革。

市舶提舉司。提舉一人，從五品，副提舉二人，從六品。其屬，吏目一人，從九品。掌海外諸蕃朝貢市易之事，辨其使人表文勘合之眞僞，禁通番，征私貨，平交易，閑其出入而愼館穀之。吳元年置市舶提舉司。洪武三年罷太倉、黃渡市舶司。七年罷福建之泉州、浙江之明州、廣東之廣州三市舶司。永樂元年復置，設官如洪武初制，尋命內臣提督之。嘉靖元年，給事中夏言奏倭禍起於市舶，遂革福建、浙江二市舶司，惟存廣東市舶司。

茶馬司。大使一人，正九品，副使一人，從九品。掌市馬之事。洪武中，置洮州、秦州、河州三茶馬司，設司令、司丞。十五年改設大使、副使各一人，尋罷洮州茶馬司，以河州茶馬司兼領之。三十年改秦州茶馬司爲西寧茶馬司。又洪武中，置四川永寧茶馬司，後革，復置雅州碉門茶馬司。又於廣西置慶遠裕民司，洪武七年置，設大使一人，從八品，副使一人，正九品。市八番溪洞之馬，後亦革。

府。知府一人，正四品，同知，正五品，通判無定員，正六品，推官一人，正七品。其屬，經歷司經歷一人，正八品，知事一人，正九品。照磨所，照磨一人，從九品，檢校一人。司獄司，司獄一人。所轄別見。

知府掌一府之政，宣風化，平獄訟，均賦役，以教養百姓。每三歲，察屬吏之賢否，上下其考，以達於省，上吏部。凡朝賀、弔祭，視布政使司，直隸府得專達。凡詔赦、例令、勘劄至，謹受之，下所屬奉行。所屬之政，皆受約束於府，劑量輕重而令之，大者白於撫、按、布、按，議允乃行。凡賓興科貢，提調學校，修明祀典之事，咸掌之。若籍帳、軍匠、驛遞、馬牧、盜賊、倉庫、河渠、溝防、道路之事，雖有專官，皆總領而稽覈之。同知、通判分掌清軍、巡捕、管糧、治農、水利、屯田、牧馬等事。無常職，各府所掌不同，如延安、延綏同知又兼牧民，餘不盡載。無定員。邊府同知有增至六、七員者。推官理刑名，贊計典。各府推官，洪武三年始設。經歷、照磨、檢校受發上下文移，磨勘六房宗卷。

明初，改諸路爲府。洪武六年分天下府三等：糧二十萬石以上爲上府，知府，秩從三品；二十萬石以下爲中府，知府，正四品；十萬石以下爲下府，知府，從四品。已，並爲正四品。七年減北方府州縣官三百八人。十三年選國子學生二十四人爲府州縣官。六月罷各府照磨。二十七年復置。自宣德三年棄交阯布政司，計天下府凡一百五十有九。

州。知州一人，從五品，同知，從六品，判官無定員，從七品。里不及三十而無屬縣，裁同知、判官。有屬縣，裁同知。其屬，吏目一人，從九品。所轄別見。

知州掌一州之政。凡州二：有屬州，有直隸州。屬州視縣，直隸州視府，而品秩則同。同知、判官，俱視其州事之繁簡，以供厥職。計天下州凡二百三十有四。

縣。知縣一人，正七品，縣丞一人，正八品，主簿一人，正九品。其屬，典史一人。所轄別見。

知縣掌一縣之政。凡賦役，歲會實征，十年造黃冊，以丁產爲差。賦有金穀、布帛及諸貨物之賦，役有力役、雇役、借倩不時之役，〔五〕皆視天時休咎，地利豐耗，人力貧富，調劑而均節之。歲歉則請於府若省蠲減之。凡養老、祀神、貢士、讀法、表善良、恤窮乏、稽保甲、嚴緝捕、聽獄訟，皆躬親厥職而勤慎焉。若山海澤藪之產，足以資國用者，則按籍而致貢。縣丞、主簿分掌糧馬、巡捕之事。典史典文移出納。如無縣丞，或無主簿，則分領丞簿職。

縣丞、主簿，添革不一。若編戶不及二十里者並裁。

吳元年定縣三等：糧十萬石以下爲上縣，知縣從六品；六萬石以下爲中縣，知縣正七品；三萬石以下爲下縣，知縣從七品。已，並爲正七品。凡新授郡縣官，給道里費。洪武元年徵天下賢才爲府州縣職，敕命厚賜，以勵其廉恥，又敕諭之至於再。三十七年定府州縣條例八事，頒示天下，永爲遵守。是時，天下府州縣官廉能正直者，必遣行人齎敕往勞，增秩賜金。仁、宣之際猶然，英、憲而下日罕。自後益重內輕外，此風絕矣。計天下縣凡一千一百七十有一。

儒學。府，敎授一人，從九品，訓導四人。州，學正一人，訓導三人。縣，敎諭一人，訓導二人。敎授、學正、敎諭，掌敎誨所屬生員，訓導佐之。凡生員廩膳、增廣，府學四十人，州學三十人，縣學二十人，附學生無定數。儒學官月課士子之藝業而獎勵之。凡學政遵臥碑，咸聽於提學憲臣提調，府聽於府，州聽於州，縣聽於縣。其殿最視鄉舉之有無多寡。

明初，置儒學提舉司。洪武二年詔天下府州縣皆立學。十三年改各州學正爲未入流。先是從九品。二十四年定儒學訓導位雜職上。三十一年詔天下學官改授旁郡州縣。正統元年始設提督學校官，又有都司儒學，洪武十七年置，遼東始。行都司儒學，洪武二十三年置，北平始。衞儒學，洪武十七年置，岷州衞，二十三年置，大寧等衞始。以敎武臣子弟。俱設敎授一人，訓導二人。河東又設都轉運司儒學，制如府。其後宣慰、安撫等土官，俱設儒學。

巡檢司。巡檢、副巡檢，俱從九品，主緝捕盜賊，盤詰奸僞。凡在外各府州縣關津要害處俱設，俾率徭役弓兵警備不虞。初，洪武二年，以廣西地接瑤、僮，始於關隘衝要之處設巡檢司，以警奸盜，後遂增置各處。十三年二月特賜敕諭之，尋改爲雜職。

驛。驛丞典郵傳迎送之事。凡舟車、夫馬、廩糗、庖饌、裀帳，視使客之品秩，僕夫之多寡，而謹供應之。支直於府若州縣，而籍其出入。巡檢、驛丞，各府州縣有無多寡不同。

稅課司。府曰司，縣曰局。大使一人，從九品，典稅事。凡商賈、儈屠、雜市，皆有常征，以時榷而輸其直於府若縣。凡民間貿田宅，必操契券請印，乃得收戶，則征其直百之三。明初，改在京官店爲宣課司，府州縣官店爲通課司，後改通課司爲稅課司、局。

倉。大使一人，府從九品，州縣未入流，副使一人，庫大使一人。州縣設。

織染雜造局。大使一人，從九品，州織染局未入流。副使一人。

河泊所官，掌收魚稅；閘官、壩官，掌啓閉蓄洩。洪武十五年定天下河泊所凡二百五十二。歲課糧五千石以上至萬石者，設官三人；千石以上設二人；三百石以上設一人。

批驗所。大使一人，副使一人，掌驗茶鹽引。

遞運所。大使一人，副使一人，掌運遞糧物。洪武九年始置。先是，在外多以衞所戍守軍士傳送軍囚，太祖以其有妨練習守禦，乃命兵部增置各處遞運所，以便遞送。設大使、副使各一人，驗夫多寡，設百夫長以領之。後汰副使，革百夫長。

鐵冶所。大使一人，副使一人。洪武七年初置。凡十三所，每所置大使、副使各一人。初，大使，正八品，副使，正九品，後俱爲未入流。

醫學。府，正科一人，從九品。州，典科一人。縣，訓科一人。洪武十七年置，設官不給祿。

陰陽學。府，正術一人，從九品。州，典術一人。縣，訓術一人。亦洪武十七年置，設官不給祿。

府僧綱司，都綱一人，從九品，副都綱一人。州僧正司，僧正一人。縣僧會司，僧會一人。府道紀司，都紀一人，從九品，副都紀一人。州道正司，道正一人。縣道會司，道會一人。俱洪武十五年置，設官不給祿。

校勘記

〔一〕大使一人　原作「各大使一人」，「各」字衍，據明會典卷三刪。

〔二〕主簿一人典史一人司獄司司獄一人　原作「主簿二人」，並脫「司獄司」，據明會典卷三改補。按「司獄司」係應天府所轄衙門之一，不應省，省則司獄將誤屬上元江寧二縣。

〔三〕湖廣武昌道荆西道駐沔陽　沔陽，原作「河陽」，據明史稿志五七職官志改。按本書卷四四地理志，湖廣無河陽，有沔陽。

〔四〕庫大使副使一人　「一人」二字之上疑脫「各」字。

〔五〕役有力役雇役借倩不時之役　借倩，原作「借債」，據明史稿志五七職官志改。

明史卷七十六

志第五十二

職官五

公侯伯　駙馬都尉附儀賓　五軍都督府　京營　京衞
錦衣衞附旗手等衞　南京守備　南京五軍都督府
南京衞　王府護衞附儀衞司　總兵官　留守司
都司附行都司　各衞　各所　宣慰司　宣撫司
安撫司　招討司　長官司附蠻夷長官司　軍民府附土州土縣

公、侯、伯，凡三等，以封功臣及外戚，皆有流，有世。功臣則給鐵券，封號四等：佐太祖定天下者，曰開國輔運推誠；從成祖起兵，曰奉天靖難推誠；餘曰奉天翊運推誠，曰奉天翊衞推誠。武臣曰宣力武臣，文臣曰守正文臣。歲祿以功爲差。已封而又有功，仍爵或進爵，增祿。其才而賢者，充京營總督，五軍都督府掌僉書，南京守備，或出充鎮守總兵官，否則食祿奉朝請而已。年幼而嗣爵者，咸入國子監讀書。嘉靖八年定外戚封爵毋許世襲，其有世襲一二代者，出特恩。

駙馬都尉，位在伯上。凡尚大長公主、長公主、公主，並曰駙馬都尉。其尚郡主、縣主、郡君、縣君、鄉君者，並曰儀賓。歲祿各有差，皆不得與政事。明初，駙馬都尉有典兵出鎮及掌府部事者。建文時，梅殷爲鎮守淮安總兵官，李堅爲左副將軍。成祖時，李讓掌北京行部事。仁宗時沐昕，宣宗時宋琥，並守備南京。英宗時，趙輝掌南京左府事。其餘惟奉祀孝陵，攝行廟祭，署宗人府事。往往受命，一充其任。若恩親侯李貞，永春侯王寧，京山侯崔元，以恩澤封侯，非制也。

中軍、左軍、右軍、前軍、後軍五都督府，每府左、右都督，正一品，都督同知，從一品，都督僉事，正二品。恩功寄祿，無定員。其屬，經歷司，經歷，從五品，都事，從七品，各一人。

都督府掌軍旅之事，各領其都司、衞所，詳見兵志衞所中，以達於兵部。凡武職，世官流官、土官襲替、優養、優給，所屬上之府，移兵部請選。既選，移府，以下之都司、衞所。首領官聽吏部選授，給由亦如之。凡武官誥敕、俸糧、水陸步騎操練、官舍旗役併試、軍情聲息、軍伍勾補、邊腹地圖、文冊、屯種、器械、舟車、薪葦之事，並移所司而綜理之。凡各省、各鎮鎮守總兵官、副總兵，並以三等眞、署都督及公、侯、伯充之。有大征討，則掛諸號將軍或大將軍、前將軍、副將軍印總兵出，旣事，納之。其各府之掌印及僉書，率皆公、侯、伯。間有屬老將之實爲都督者，不能十一也。

初，太祖下集慶，卽置行樞密院，自領之。又置諸翼統軍元帥府。尋罷樞密院，改置大都督府。以朱文正爲大都督，節制中外諸軍事，設司馬、參軍、經歷、都事等官。又增設左、右都督，同知，副使，僉事，照磨各一人，幷設斷事官。定制，大都督從一品，左、右都督正二品，同知都督從二品，副都督正三品，僉都督從三品，經歷從五品，都事從七品；統軍元帥府元帥正三品，同知元帥從三品，副使正四品，經歷正七品，知事從八品，照磨正九品。又以都鎮撫司隸大都督府，先是屬中書省，秩從四品。尋罷統軍元帥府。吳元年更定官制，罷大都督不設，以左、右都督爲長官，正一品，同知都督，從一品，副都督，正二品，僉都督，從二品，俱陞品秩。其屬，設參議，正四品，經歷，從五品，都事，正七品，照磨，從七品。洪武九年罷副都督，改參議爲掌判官。十二年陞都督僉事爲正二品，掌判官爲正三品。十三年始改都督府爲五軍都督府，分領在京各衞所，惟錦衣等親軍 上直衞不隸五府，及在外各都司、衞所，以中軍都督府斷事官爲五軍斷事官。十五年置五軍十衞參軍府，設左、右參軍。十七年，五軍各設左、右斷事二人，提控案牘一人，並從九品。二十三年陞五軍斷事官爲正五品，總治五軍刑獄。分爲五司，司設稽仁、稽義、稽禮、稽智、稽信五人，俱正七品，各理其軍之刑獄。二十九年置五軍照磨所，專掌文牘。建文中，革斷事及五司官。

永樂元年設北京留守行後軍都督府，置左、右都督，都督同知，都督僉事，無定員，經歷、都事各一人。後又分五府，稱行在五軍都督府。十八年除「行在」字，在應天者加「南京」字。洪熙元年復稱行在，仍設行後府。宣德三年又革。正統六年復除「行在」字。

京營，永樂二十二年置三大營，曰五軍營，曰神機營，曰三千營。五軍、神機各設中軍、左右哨、左右掖；五軍、三千各設五司。每營俱選勳臣二人提督之。其諸營管哨、掖官，曰坐營，曰坐司。各哨、掖官，亦率以勳臣爲之。又設把總、把司、把牌等官。又有圍子手、幼官、舍人、殫忠、效義諸營，俱附五軍營中。景泰元年選三營精銳立十團營，涖以總兵，統以總督，監以內臣。其舊設者，號爲老營。三老營凡六提督，內選其二領團營。成化三年分團營爲十二，每營又各分五軍、三千統騎兵，神機統火器。其各營統領，俱擇都督、都指揮或列爵充之，以總督統轄之。正德中，又選團營精銳，置東西兩官廳，另設總兵、參將統領。嘉靖二十九年革團營官廳，仍併三大營，改三千曰神樞，設副、參、遊、佐、坐營、號頭、中軍、千把總等官。五軍營：戰兵一營，左副將一；戰兵二營，練勇參將一；車兵三營，參將一；車兵四營，遊擊將軍一；城守五營，佐擊將軍一；戰兵六營，右副將一；戰兵七營，練勇參將一；車兵八營，參將一；車兵九營，遊擊將軍一；城守十營，佐擊將軍一；備兵坐營官一，大號頭官一。已上部推。監鎗號頭官一，中軍官十一，隨征千總四，隨營千總二十，選鋒把總八，把總一百三十八。已上俱營推。神樞營：戰兵一營，左副將一；戰兵二營，練勇參將一；車兵三營，參將一；車兵四營，遊擊將軍一；城守五營，佐擊將軍一；戰兵六營，右副將一；車兵七營，練勇參將一；執事八營，參將一；城守九營，佐擊將軍一；城守十營，佐擊將軍一；備兵坐營官一，大號頭官一。已上部推。監鎗號頭官一，中軍官十一，千總二十，選鋒把總六，把總一百五十七。已上俱營推。神機營：戰兵一營，左副將一；戰兵二營，練勇參將一；車兵三營，遊擊將軍一；車兵四營，佐擊將軍一；城守五營，佐擊將軍一；戰兵六營，右副將一；車兵七營，練勇參將一；城守八營，佐擊將軍一；城守九營，佐擊將軍一；城守十營，佐擊將軍一；備兵坐營官一，大號頭官一。已上部推。監鎗號頭官一，中軍官十一，千總二十，選鋒把總六，把總一百二十八。已上俱營推。通計三大營，共五百八十六員。統以提督總兵官一員。已，改提督曰總督，鑄「總督京營戎政」印，俾仇鸞佩之。更設侍郎一人，協理京營戎政。定巡視科道官歲一代更，悉革內侍官。增設巡視主事，尋亦革。隆慶初，仍以總督爲提督，改協理爲閱視，尋併改閱視爲提督。四年二月更京營制，三營各設提督，又各設右都御史一員提督之。九月罷六提督，仍復總督戎政一人。天啓初，增設協理一人，已，仍革一人。崇禎初，復增一人。

京衞指揮使司，指揮使一人，正三品，指揮同知二人，從三品，指揮僉事四人，正四品。鎭撫司，鎭撫二人，從五品。其屬，經歷司，經歷，從七品，知事，正八品，吏目，從九品，倉大使、副使各一人。所轄千戶所，多寡各不等。

京衞有上直衞，有南、北京衞，品秩並同。各有掌印，有僉書。其以恩廕寄祿，無定員。凡上直衞親軍指揮使司，二十有六。曰錦衣衞，曰旗手衞，曰金吾前衞，曰金吾後衞，曰羽林左衞，曰羽林右衞，曰府軍衞，曰府軍左衞，曰府軍右衞，曰府軍前衞，曰府軍後衞，曰虎賁左衞，是爲上十二衞，洪武中置。曰金吾左衞，曰金吾右衞，曰羽林前衞，曰燕山左衞，曰燕山右衞，曰燕山前衞，曰大興左衞，曰濟陽衞，曰濟州衞，曰通州衞，是爲上十衞，永樂中置。曰騰驤左衞，曰騰驤右衞，曰武驤左衞，曰武驤右衞，宣德八年置。番上宿衞名親軍，以護宮禁，不隸五都督府。

其京衞隸都督府者，三十有三。曰留守左衞，曰鎭南衞，曰驍騎右衞，曰龍虎衞，曰瀋陽左衞，曰瀋陽右衞，隸左軍都督府。曰留守右衞，曰虎賁右衞，曰武德衞，隸右軍都督府。曰留守中衞，曰神策衞，曰應天衞，曰和陽衞及牧馬千戶所、蕃牧千戶所，俱隸中軍都督府。曰留守前衞，曰龍驤衞，曰豹韜衞，隸前軍都督府。曰留守後衞，曰鷹揚衞，曰興武衞，曰大寧中衞，曰大寧前衞，曰會州衞，曰富峪衞，曰寬河衞，曰神武左衞，曰忠義右衞，曰忠義前衞，曰忠義後衞，曰義勇右衞，曰義勇前衞，曰義勇後衞，曰武成中衞，曰蔚州左衞，隸後軍都督府。

又京衞非親軍而不隸都督府者，十有五。曰武功中衞，曰武功左衞，曰武功右衞，已上三衞以匠故，隸工部。曰永清左衞，曰永淸右衞，曰彭城衞，曰長陵衞，曰獻陵衞，曰景陵衞，曰裕陵衞，曰茂陵衞，曰泰陵衞，曰康陵衞，曰永陵衞，曰昭陵衞。

明初，置帳前總制親軍都指揮使司，以馮國用爲都指揮使。後改置金吾侍衞親軍都護府，設都護，從二品，經歷，正六品，知事，從七品，照磨，從八品。又置各衞親軍指揮使司，設指揮使，正三品，同知指揮使，從三品，副使，正四品，經歷，正七品，知事，從八品，照磨，正九品，千戶所正千戶，正五品，副千戶，從五品，鎭撫、百戶，正六品。因置武德、龍驤、豹韜、飛熊、威武、廣武、興武、英武、鷹揚、驍騎、神武、雄武、鳳翔、天策、振武、宣武、羽林十七衞親軍指揮使司，此設親軍衞之始。尋罷金吾侍衞親軍都護府。洪武、永樂間，增設親軍諸衞，名爲上二十二衞，分掌宿衞。而錦衣衞主巡察、緝捕、理詔獄，以都督、都指揮領之，蓋特異於諸衞焉。

留守五衞，舊爲都鎭撫司，總領禁衞，先屬中書省，改隸大都督府，設都鎭撫，從四品，副鎭撫，從五品，知事，從八品。尋改宿衞鎭撫司，設宿衞鎭撫、宿衞知事。洪武三年改爲留守衞指揮使司，專領軍馬守禦各城門，及巡警皇城與城垣造作之事。後陞爲留守都衞，統轄天策、豹韜、飛熊、鷹揚、江陰、廣洋、橫海、龍江、水軍左、右十衞。八年，復爲留守衞，與天策等八衞俱爲親軍指揮使司，惟水軍左、右二衞爲指揮使司，並隸大都督府。十一年改爲留守中衞，增置留守左、右、前、後四衞，仍爲親軍。十三年始分隸五都督府。

錦衣衞，掌侍衞、緝捕、刑獄之事，恒以勳戚都督領之，恩廕寄祿無常員。凡朝會、巡幸，則具鹵簿儀仗，率大漢將軍共一千五百七員等侍從扈行。宿衞則分番入直。朝日、夕月、耕耤、視牲，則服飛魚服，佩繡春刀，侍左右。盜賊奸宄，街塗溝洫，密緝而時省之。凡承制鞫獄錄囚勘事，偕三法司。五軍官舍比試併鎗，同兵部涖視。統所凡十有七。中、左、右、前、後五所，領軍士。五所分鑾輿、擎蓋、扇手、旌節、幡幢、班劍、斧鉞、戈戟、弓矢、馴馬十司，各領將軍校尉，以備法駕。上中、上左、上右、上前、上後、中後六親軍所，分領將軍、力士、軍匠。馴象所，領象奴養象，以供朝會陳列、駕輦、馱寶之事。

明初，置拱衞司，秩正七品，管領校尉，屬都督府。後改拱衞指揮使司，秩正三品。尋又改爲都尉司。洪武三年改爲親軍都尉府，管左、右、中、前、後五衞軍士，而設儀鸞司隸焉。四年定儀鑾司爲正五品，設大使一人，副使二人。十五年罷儀鑾司，改置錦衣衞，秩從三品，其屬有御椅等七員，皆正六品。設經歷司，掌文移出入；鎭撫司，掌本衞刑名，兼理軍匠。十七年改錦衣衞指揮使爲正三品。二十年以治錦衣衞者多非法凌虐，乃焚刑具，出繫囚，送刑部審錄，詔內外獄咸歸三法司，罷錦衣獄。成祖時復置。尋增北鎭撫司，專治詔獄。成化間，刻印畀之，獄成得專達，不關白錦衣，錦衣官亦不得干預。而以舊所設爲南鎭撫司，專理軍匠。

旗手衞，本旗手千戶所，洪武十八年改置。掌大駕金鼓、旗纛，帥力士隨駕宿衞。校尉、力士，僉民間壯丁爲之。校尉專職擎執鹵簿儀杖，及駕前宣召官員，差遣幹辦，隸錦衣衞。力士專領金鼓、旗幟，隨駕出入，及守衞四門，隸旗手衞。凡歲祭旗頭六纛之神，八月於壇，十二月於承天門外，皆衞官涖事，統所五。

府軍前衞，掌統領幼軍，輪番帶刀侍衞。明初，有帶刀舍人。洪武時，府軍等衞皆有習技幼軍。永樂十三年爲皇太孫特選幼軍，置府軍前衞，設官屬，指揮使五人，指揮同知十人，指揮僉事二十人，衞鎭撫十人，經歷五人，統所二十有五。

金吾、羽林等十九衞，掌守衞巡警，統所凡一百有二。

騰驤等四衞，掌帥力士直駕、隨駕，統所三十有二。

南京守備一人，協同守備一人。南京以守備及參贊機務爲要職。守備，以公、侯、伯充之，兼領中軍都督府事。協同守備，以侯、伯、都督充之，領五府事。參贊機務，以南京兵部尚書領之。其治所在中府，掌南都一切留守、防護之事。

永樂十九年遷都北京，命中府掌府事官守備南京，節制南京諸衞所。洪熙元年始以內臣同守備。景泰三年增設協同守備一人。

南京五軍都督府，左、右都督，都督同知，都督僉事，不全設。其掌印、僉書，皆以勳爵及三等都督爲之。分掌南京衞所，以達於南京兵部。凡管領大教場及江上操備等事，各府奉敕分掌之。城門之管鑰，中府專掌之。初設城門郎，洪武十八年革，以門禁鎖鑰銅牌，命中軍都督府掌之。其屬，經歷、都事各一人。

南京衞指揮使司，設官詳京衞，凡四十有九。分隸五都督府者三十有二。曰留守左衞，曰鎮南衞，曰水軍左衞，曰驍騎右衞，曰龍虎衞，曰龍虎左衞，曰英武衞，曰龍江右衞，曰瀋陽左衞，曰瀋陽右衞，隸左府。曰留守右衞，曰虎賁右衞，曰水軍右衞，曰武德衞，曰廣武衞，隸右府。曰留守中衞，曰神策衞，曰廣洋衞，曰廣天衞，曰和陽衞及牧馬千戶所，隸中府。曰留守前衞，曰龍江左衞，曰龍驤衞，曰飛熊衞，曰天策衞，曰豹韜衞，曰豹韜左衞，隸前府。曰留守後衞，曰橫海衞，曰鷹揚衞，曰興武衞，曰江陰衞，隸後府。

又親軍衞指揮使司十有七：曰金吾前衞，曰金吾後衞，曰金吾左衞，曰金吾右衞，曰羽林左衞，曰羽林右衞，曰羽林前衞，曰府軍衞，曰府軍左衞，曰府軍右衞，曰府軍後衞，曰虎賁左衞，曰錦衣衞，曰旗手衞，曰江淮衞，曰濟州衞，曰孝陵衞。與左府所屬十衞，右府所屬五衞，前府所屬七衞，後府所屬五衞，並聽中府節制。各衞領所一百一十有八。

王府護衞指揮使司，設官如京衞。

王府儀衞司。儀衞正一人，正五品，儀衞副二人，從五品，典仗六人，正六品。儀衞，掌侍衞儀仗。護衞，掌防禦非常，護衞王邸。有征調，則聽命於朝。

明初，諸王府置護軍府。洪武三年置儀衞司，司設正、副各一人，秩比正、副千戶；司仗六人，秩比百戶。四年改司仗爲典仗。五年置親王護衞指揮使司，每王府設三護衞，衞設左、右、前、後、中五所，所千戶二人，百戶十人。又設圍子手二所，每所千戶一人。九年罷護軍府。建文中，改儀衞司爲儀仗司，增置吏目一人。成祖初復舊制。

總兵官、副總兵、參將、遊擊將軍、守備、把總，無品級，無定員。總鎮一方者爲鎮守，獨鎮一路者爲分守，各守一城一堡者爲守備，與主將同守一城者爲協守。又有提督、提調、巡視、備禦、領班、備倭等名。

凡總兵、副總兵，率以公、侯、伯、都督充之。其總兵掛印稱將軍者，雲南曰征南將軍，大同曰征西前將軍，湖廣曰平蠻將軍，兩廣曰征蠻將軍，遼東曰征虜前將軍，宣府曰鎮朔將軍，甘肅曰平羌將軍，寧夏曰征西將軍，交阯曰副將軍，延綏曰鎮西將軍。諸印，洪熙元年制頒。其在薊鎮、貴州、湖廣、四川及儹運淮安者，不得稱將軍掛印。宣德間，又設山西、陝西二總兵。嘉靖間，分設廣東、廣西、貴州、湖廣二總兵爲四，改設福建、保定副總兵爲總兵，又添設浙江總兵。萬曆間，又增設於臨洮、山海。天啓間，增設登萊。至崇禎時，益紛不可紀，而位權亦非復當日。蓋明初，雖參將、遊擊、把總，亦多有充以勳戚都督等官，至後則杳然矣。

鎮守薊州總兵官一人，舊設。隆慶二年改爲總理練兵事務兼鎮守，駐三屯營。協守副總兵三人。東路副總兵，隆慶三年添設，駐建昌營，管理燕河營、臺頭營、石門寨、山海關四路。中路副總兵，萬曆四年改設，駐三屯營，帶管馬蘭峪、松棚峪、喜峯口、太平寨四路。西路副總兵，隆慶三年添設，駐石匣營，管理墻子嶺、曹家寨、古北口、石塘嶺四路。分守參將十一人，曰通州參將，曰山海關參將，曰石門寨參將，曰燕河營參將，曰臺頭營參將，曰太平寨參將，曰馬蘭峪參將，曰墻子嶺參將，曰古北口參將，曰石塘嶺參將，曰喜峯口參將。遊擊將軍六人，統領南兵遊擊將軍三人，領班遊擊將軍七人，坐營官八人，守備八人，把總一人，提調官二十六人。

鎭守昌平總兵官一人，舊設副總兵，又有提督武臣。嘉靖三十八年裁副總兵，以提督改爲鎭守總兵，駐昌平城，聽總督節制。分守參將三人，曰居庸關參將，曰黄花鎭參將，曰横嶺口參將，遊擊將軍二人，坐營官三人，守備十人，提調官一人。

鎭守遼東總兵官一人，舊設，駐廣寧。隆慶元年令冬月移駐河東遼陽適中之地，調度防禦，應援海州、瀋陽。協守副總兵一人，遼陽副總兵舊爲分守，嘉靖四十五年改爲協守，駐遼陽城，節制開原、海州、險山、瀋陽等處。分守參將五人，曰開原參將，曰錦義右參將，曰海蓋右參將，曰寧遠參將，曰寬奠堡參將，遊擊將軍八人，守備五人，坐營中軍官一人，備禦十九人。

鎭守保定總兵官一人。弘治十八年初設保定副總兵，後改爲參將。正德九年復爲分守副總兵。嘉靖二十年改爲鎭守。三十年改設鎭守總兵官。萬曆元年令春秋兩防移駐浮圖峪，遇有警，移駐紫荆關，以備入援。分守參將四人，曰紫荆關參將，曰龍固二關參將，曰馬水口參將，曰倒馬關參將，遊擊將軍六人，坐營中軍官一人，守備七人，把總七人，忠順官二人。

鎭守宣府總兵官一人，舊設，駐宣府鎭城。協守副總兵一人，副總兵舊亦駐鎭城，嘉靖二十八年移駐永寧城。分守參將七人，曰北路獨石馬營參將，曰東路懷來永寧參將，曰上西路萬全右衞參將，曰南路順聖蔚廣參將，曰中路葛峪堡參將，曰下西路柴溝堡參將，曰南山參將，遊擊將軍三人，坐營中軍官二人，守備三十一人，領班備禦二人，萬曆八年革。

鎮守大同總兵官一人，舊設，駐大同鎮城。協守副總兵一人，舊爲左副總兵，萬曆五年去左字，駐左衞城。分守參將九人，曰東路參將，曰北東路參將，曰中路參將，曰西路參將，曰北西路參將，曰井坪城參將，曰新坪堡參將，曰總督標下左掖參將，〔二〕曰威遠城參將，萬曆八年革。遊擊將軍二人，入衞遊擊四人，坐營中軍官二人，守備三十九人。

鎮守山西總兵官一人，舊爲副總兵，嘉靖二十年改設，駐寧武關。防秋移駐陽方口，防冬移駐偏關。協守副總兵一人，嘉靖四十四年添設，初駐偏關，後移駐老營堡。分守參將六人，曰東路代州左參將，曰西路偏頭關右參將，曰太原左參將，曰中路利民堡右參將，曰河曲縣參將，曰北樓口參將，遊擊將軍一人，坐營中軍官一人，守備十三人，操守二人。

鎮守延綏總兵官一人，舊設，駐鎮城。協守副總兵一人，定邊右副總兵，嘉靖四十一年添設，分守安定、鎮靜等處，提調大墻及墻口等處。分守參將六人，曰孤山參將，曰東路右參將，曰西路左參將，曰中路參將，曰清平參將，曰榆林保寧參將，遊擊將軍二人，入衞遊擊四人，守備十一人，坐營中軍官一人。

鎮守寧夏總兵官一人，舊設，駐鎮城。協守副總兵一人，亦舊設，同駐鎮城。分守參將四人，曰東路右參將，曰西路左參將，曰靈州左參將，曰北路平虜城參將，遊擊將軍三人，入衞遊擊一人，萬曆八年革，守備三人，備禦領班二人，萬曆九年革，坐營中軍官二人，管理鎮城都司一人，領班都司二人，萬曆九年革，管理水利屯田都司一人。

鎮守甘肅總兵官一人，舊設，駐鎮城。協守副總兵一人，甘肅左副總兵，舊設，嘉靖四十四年移駐高臺防禦，隆慶四年回駐鎮城。分守副總兵一人，涼州右副總兵，舊設。分守參將四人，曰莊浪左參將，曰肅州右參將，曰西寧參將，曰鎮番參將。遊擊將軍四人，坐營中軍官一人，守備十一人，領班備禦都司四人。

鎮守陝西總兵官一人，舊駐會城，後移駐固原。分守副總兵一人，洮岷副總兵，萬曆六年改設，駐洮州。分守參將五人，曰河州參將，曰蘭州參將，曰靖虜參將，曰陝西參將，曰階文西固參將。遊擊將軍四人，坐營中軍官二人，守備八人。

鎮守四川總兵官一人，隆慶五年添設，駐建武所。分守副總兵一人，松潘副總兵，舊設，協守參將二人，曰松潘東路左參將，曰松潘南路右參將，遊擊將軍二人，守備六人。〔三〕

鎮守雲南總兵官一人，舊設，駐雲南府。分守參將三人，曰臨元參將，曰永昌參將，曰順蒙參將，守備二人，巡撫中軍坐營官一人。

鎮守貴州總兵官一人，舊設，嘉靖三十二年加提督麻陽等處地方職銜，駐銅仁府。分守參將二人，曰提督淸浪右參將，曰提督川貴迤西左參將，守備七人，巡撫中軍官一人。

鎮守廣西總兵官一人，舊爲副總兵，嘉靖四十五年改設，駐桂林府。分守參將五人，曰潯梧左參將，曰柳慶右參將，曰永寧參將，曰思恩參將，曰昭平參將，守備三人，坐營官一人。

鎮守湖廣總兵官一人，舊設，嘉靖十年罷，十二年復設，萬曆八年又罷，十二年仍復設，駐省城。分守參將三人，曰黎平參將，曰鎮筸參將，曰鄖陽參將，守備十一人，把總一人。

鎮守廣東總兵官一人，舊爲征蠻將軍、兩廣總兵官。嘉靖四十五年分設，駐潮州府。協守副總兵一人，潮漳副總兵，萬曆三年添設，駐南澳。分守參將七人，曰潮州參將，曰瓊崖參將，曰雷廉參將，曰東山參將，曰西山參將，曰督理廣州海防參將，曰惠州參將，練兵遊擊將軍一人，守備五人，坐營中軍官二人，把總四人。

提督狼山副總兵一人，嘉靖三十七年添設，駐通州。鎮守江南副總兵一人，舊係總兵官，駐福山港，後移駐鎮江、儀眞二處。嘉靖八年裁革。十九年復設。二十九年仍革。三十二年，改設副總兵，駐金山衞。四十三年移駐吳淞。分守參將二人，曰徐州參將，曰金山參將，遊擊將軍一人，守備六人，鳳陽軍門中軍官一人，把總十三人。

鎮守浙江總兵官一人，嘉靖三十四年設，總理浙直海防。三十五年改鎮守浙直。四十二年改鎮守浙江，舊駐定海縣，後移駐省城。分守參將四人，曰杭嘉湖參將，曰寧紹參將，曰溫處參將，曰台金嚴參將，遊擊將軍二人，總捕都司一人，把總七人。

分守江西參將一人，日南贛參將，嘉靖四十三年改設，駐會昌縣。守備四人，把總六人。

鎭守福建總兵官一人，舊爲副總兵，嘉靖四十二年改設，駐福寧州。分守參將一人，日南路參將，守備三人，把總七人，坐營官一人。

鎭守山東總兵官一人，天啓中增設。總督備倭都司一人，領薊鎭班都司四人。又河南守備三人，領薊鎭班都司四人。

總督漕運總兵官一人。永樂二年設總兵、副總兵，統領官軍海運。後海運罷，專督漕運。天順元年又令兼理河道。協同督運參將一人，天順元年設，把總十二人，南京二，江南直隸二，江北直隸二，中都一，浙江二，山東一，湖廣一，江西一。

留守司。正留守一人，正二品，副留守一人，正三品，指揮同知二人，從三品。其屬，經歷司，經歷，正六品，都事，正七品。斷事司，斷事，正六品，副斷事，正七品，吏目各一人。掌中都、興都守禦防護之事。

洪武二年詔以臨濠爲中都，置留守衞指揮使司，隸鳳陽行都督府。十四年始置中都留守司，統鳳陽等八衞，鳳陽衞，鳳陽中衞，鳳陽右衞，皇陵衞，留守左衞，留守中衞，長淮衞，懷遠衞，防護皇陵，設留守一人，左、右副留守各一人。屬官經歷以下，如前所列。嘉靖十八年改荆州左衞爲顯陵衞，置興都留守司，統顯陵、承天二衞，防護顯陵，設官如中都焉。

都指揮使司。都指揮使一人，正二品，都指揮同知二人，從二品，都指揮僉事四人，正三品。其屬，經歷司，經歷，正六品，都事，正七品。斷事司，斷事，正六品，副斷事，正七品，吏目各一人。司獄司，司獄，從九品。倉庫、草場，大使、副使各一人。行都指揮使司，設官與都指揮使司同。

都司掌一方之軍政，各率其衞所以隸於五府，而聽於兵部。凡都司並流官，或得世官，歲撫、按察其賢否，五歲考選軍政而廢置之。都指揮使及同知僉事，常以一人統司事，曰掌印，一人練兵，一人屯田，曰僉書。巡捕、〔三〕軍器、漕運、京操、備禦諸雜務，並選充之，否則曰帶俸。凡備倭守備行都指揮事者，不得建牙、陞公座。凡朝廷吉凶表箋，序銜布、按二司上。經歷、都事，典文移。斷事，理刑獄。

明初，置各行省行都督府，設官如都督府。又置各都衞指揮使司。洪武四年置各都衞斷事司，以理軍官、軍人詞訟。又以都衞節制方面，職係甚重，從朝廷選擇陞調，不許世襲。七年置西安行都衞指揮使司於河州。八年十月詔各都衞並改爲都指揮使司，凡改設都司十有三，燕山都衞爲北平都司，西安都衞爲陝西都司，太原都衞爲山西都司，杭州都衞爲浙江都司，江西都衞爲江西都司，青州都衞爲山東都司，成都都衞爲四川都司，福州都衞爲福建都司，武昌都衞爲湖廣都司，廣東都衞爲廣東都司，廣西都衞爲廣西都司，定遼都衞爲遼東都司，河南都衞爲河南都司，行都司三，西安行都衞爲陝西行都司，大同都衞爲山西行都司，建寧都衞爲福建行都司。十五年增置貴州、雲南二都司。後以北平都司爲北平行都司。永樂元年改爲大寧都司。宣德中，增置萬全都司。計天下都司凡十有六。十三省都司外，有遼東、大寧、萬全三都司。又於建昌置四川行都司，於鄖陽置湖廣行都司。計天下行都司凡五。

明初，又於各行省置都鎭撫司，設都鎭撫，從四品，副鎭撫，從五品，知事，從八品。吳元年改都鎭撫正五品，副鎭撫正六品，知事爲提控案牘，省注。洪武六年罷。

衞指揮使司，設官如京衞。品秩並同。外衞各統於都司、行都司或留守司。率世官，或有流官。凡襲替、陞授、優給、優養及屬所軍政，掌印、僉書報都指揮使司，達所隸都督府，移兵部。每歲，撫、按察其賢否，五歲一考選軍政，廢置之。凡管理衞事，惟屬掌印、僉書。不論指揮使、同知、僉事，考選其才者充之。分理屯田、驗軍、營操、巡捕、漕運、備禦、出哨、入衞、戍守、軍器諸雜務，曰見任管事；不任事入隊，曰帶俸差操。征行，則率其屬，聽所命主帥調度。

所，千戶所，正千戶一人，正五品，副千戶二人，從五品，鎭撫二人，從六品。其屬，吏目一人。

所轄百戶所凡十，共百戶十人，正六品。陞授、改調、增置無定員。總旗二十人，小旗百人。其守禦千戶所，軍民千戶所設官並同。凡千戶，一人掌印，一人僉書，曰管軍。千戶、百戶，有試，有實授。其掌印，恒以一人兼數印。凡軍政，衞下於所，千戶督百戶，百戶下總旗、小旗，率其卒伍以聽令。鎭撫無獄事，則管軍，百戶缺，則代之。其守禦千戶所，不隸衞，而自達於都司。凡衞所皆隸都司，而都司又分隸五軍都督府。浙江都司、山東都司、遼東都司，隸左軍都督府。陝西都司、陝西行都司、四川都司、四川行都司、廣西都司、雲南都司、貴州都司，隸右軍都督府。中都留守司、河南都司，隸中軍都督府。興都留守司、湖廣都司、湖廣行都司、福建都司、福建行都司、江西都司、廣東都司，隸前軍都督府。大寧都司、萬全都司、山西都司、山西行都司，隸後軍都督府。

明初，置千戶所，設正千戶，正五品，副千戶，從五品，鎭撫、百戶，正六品。又立各萬戶府，設正萬戶，正四品，副萬戶，從四品，知事，從八品，照磨，正九品。尋以名不稱實，遂罷萬戶府，而設指揮使及千戶等官。覈諸將所部有兵五千者爲指揮使，千人者爲千戶，百人者爲百戶，五十人爲總旗，十人爲小旗。

洪武二年置刻期百戶所，選能疾行者二百人，以百戶領之。七年申定衞所之制。先是，內外衞所，凡一衞統十千戶，一千戶統十百戶，百戶領總旗二，總旗領小旗五，小旗領軍十。至是更定其制，每衞設前、後、中、左、右五千戶所，大率以五千六百人爲一衞，一千一百二十人爲一千戶所，一百一十二人爲一百戶所，每百戶所設總旗二人，小旗十人。二十年始命各衞立掌印、僉書，專職理事，以指揮使掌印，同知、僉事各領一所。士卒有武藝不嫻、器械不利者，皆責所領之官。二十三年又設軍民指揮使司、軍民千戶所，計天下內外衞凡五百四十有七，所凡二千五百九十有三。自衞指揮以下其官多世襲，其軍士亦父子相繼，爲一代定制。

土官，宣慰使司，宣慰使一人，從三品，同知一人，正四品，副使一人，從四品，僉事一人，正五品。經歷司，經歷一人，從七品，都事一人，正八品。

宣撫司，宣撫使一人，從四品，同知一人，正五品，副使一人，從五品，僉事一人，正六品。經歷司，經歷一人，從八品，知事一人，正九品，照磨一人，從九品。

安撫司，安撫使一人，從五品，同知一人，正六品，副使一人，從六品，僉事一人，正七品。其屬，吏目一人，從九品。

招討司，招討使一人，從五品，副招討一人，正六品。其屬，吏目一人，從九品。

長官司，長官一人，正六品，副長官一人，從七品。其屬，吏目一人，未入流。

蠻夷長官司，長官、副長官各一人，品同上。又有蠻夷官、苗民官及千夫長、副千夫長等官。

軍民府、土州、土縣，設官如府州縣。

洪武七年，西南諸蠻夷朝貢，多因元官授之，稍與約束，定征傜差發之法。漸爲宣慰司者十一，爲招討司者一，爲宣撫司者十，爲安撫司者十九，爲長官司者百七十有三。其府州縣正貳屬官，或土或流，大率宣慰等司經歷皆流官，府州縣佐貳多流官，皆因其俗，使之附輯諸蠻，謹守疆土，修職貢，供征調，無相攜貳。有相讐者，疏上聽命於天子。又有番夷都指揮使司三，衞指揮使司三百八十五，宣慰司三，招討司六，萬戶府四，千戶所四十一，站七，地面七，寨一，詳見兵志衞所中。並以附寨番夷官其地。

校勘記

〔一〕曰總督標下左掖參將　原脫「下」字，據明會典卷一二六補。

〔二〕守備六人　明會典卷一二六守備下有「總兵坐營官一員」。

〔三〕巡捕　原作「巡補」，據明史稿志五八職官志改。